“十二五”职业教育国家规划立项教材

财政部规划中等职业学校财经商贸类教材

银行柜面业务处理

闫 寒 郑 鹏 主编

中国财经出版传媒集团

中国财政经济出版社

图书在版编目（CIP）数据

银行柜面业务处理／闫寒，郑鹏主编．—北京：中国财政经济出版社，2017.3
“十二五”职业教育国家规划立项教材　财政部规划中等职业学校财经商贸类教材
ISBN 978－7－5095－6172－0

Ⅰ.①银…　Ⅱ.①闫…②郑…　Ⅲ.①银行业务－中等专业学校－教材　Ⅳ.①F830.4

中国版本图书馆 CIP 数据核字（2015）第 080750 号

责任编辑：马立祥　　　　责任校对：杨瑞琦
封面设计：汪俊宇　　　　版式设计：董生平

中国财政经济出版社 出版

URL：http：//www.cfeph.cn

E－mail：cfeph@cfeph.cn

社址：北京市海淀区阜成路甲 28 号　邮政编码：100142

营销中心电话：88190406　北京财经书店电话：64033436　84041336

北京富生印刷厂印刷　各地新华书店经销

787×1092 毫米　16 开　18.25 印张　440 000 字

2017 年 4 月第 1 版　2017 年 4 月北京第 1 次印刷

定价：42.00 元

ISBN 978－7－5095－6172－0/F・4972

（图书出现印装问题，本社负责调换）

本社质量投诉电话：010－88190744

打击盗版举报热线：010－88190492、QQ：634579818

编写 说明

本教材是“十二五”职业教育国家规划立项教材、财政部规划中等职业学校财经商贸类教材。

结合当前商业银行经营综合化、电子化、“一站式”服务和综合柜员制的发展趋势，以及提高中职学生从事银行窗口服务工作的操作技能、现场管理能力等，我们编写了本教材。

本书具有以下特色：

1. 定位明确：紧扣中职学生的特点及培养目标，有针对性地设计编排教材。本书具有较强的行业特色和职教特色，培养学生从事银行柜员岗位所需良好职业道德和相关岗位应知应会的基本知识、基本技能、业务规定和业务流程。

2. 内容适时：根据行业企业发展需要和完成职业岗位实际工作任务所需要的知识、能力、素质要求，选取教学内容。既为学生后续实训课程学习打基础，也符合就业上岗实际工作的需要。在内容上不仅强调知识的系统性、完整性，尤其注重实用性和适用性，实现与岗位需要的接轨。

3. 结构新颖：基于“任务驱动”教学改革理念，按照项目引领教材，以真实工作任务（或活动）为基点。每一工作任务（或活动）又以学生职业能力培养为重点，根据不同业务具体要求，以业务处理流程为线索，科学设计学习性工作任务并构建教材结构。

4. 教学引领：基于行业企业工作过程的课程开发与设计，充分体现了职业性、实践性和开放性的要求。强调学生在校学习与实际工作的一致性，在过程中学习，掌握业务操作规范和要领。教师可根据课程内容和学生特点，灵活运用穿插的多种小模块，如“案例导读”、“小贴士”、“小链接”、“小案例”等，启发引导学生积极思考、乐于实践。做到教、学、做相结合，理论与实践一体化。

5. 资源优化：即立足银行业务实际，整合、介绍各项最新的、实用的银行业务知识。相关资料来自中国人民银行、银行监督管理委员会和各家商业银行

（信用社）的实践。

本书由云南财经职业学院闫寒和武汉市财政学校郑鹏担任主编，并编写项目一、项目二、项目四、项目六，云南省注册会计师管理与资产评估中心赵志清编写项目三、项目五中任务一至任务五，福建龙岩财经学校何东编写项目五中任务六、项目七，闫寒负责大纲的编写、书稿的修改和总纂。

本书对参考课时建议如下：

课程内容	理论学时数	实训学时数	总学时
项目一　商业银行柜面从业准备	4	4	8
项目二　储蓄柜面业务	10	10	20
项目三　人民币对公存款柜面业务	4	4	8
项目四　银行卡柜面业务	4	4	8
项目五　柜面代理业务	4	4	8
项目六　结算业务	6	6	12
项目七　电子银行业务	4	4	8
合计	36	36	72

在编写中，我们参考和使用了一些著作的成果以及因特网上的相关资料，并得到了很多专家、领导、朋友的帮助与支持，在此深表感谢！

本书为用书学校任课老师提供了课后练习的答案和电子课件，如有需要，请登录中国财经教育网（http：//cjjc. cfeph. cn 或 www. zgcjjy. com）下载。

由于编者水平有限，疏漏和不足之处在所难免，恳请读者不吝赐教！

编　者

2017 年 1 月

目录

项目一
1 商业银行柜面从业人员准备

学习目标

□ 掌握商业银行柜面业务基本流程
□ 掌握商业银行柜面基本技能

任务一
掌握商业银行柜面业务基本流程

【案例导读】

银行柜员的一天

说起银行，这绝对是个大众并不陌生的地方，平常无论是取钱、办卡，还是交水电费、电话费，总有一种理由让您穿行在叫号的人群中。但您是否了解窗口另一边的世界呢？银行内的工作，特别是银行的现金柜台，在大多数市民眼里既熟悉又神秘。现在就让我们走近这些在岗位中辛勤耕耘的银行柜员，体验他们一天的工作。

清晨8时整，某支行人员陆续来到营业网点，接钞箱、打扫卫生、换行服……

8时30分，营业大厅内，所有员工准时召开晨会。9名员工着装整齐对面站立，精神十足地听着行长安排当天的工作。20分钟后，晨会结束。柜员走上自己的岗位，纷纷启动机器设备，整理好业务章戳，领取现金整钞，做起“热身”准备，准备开始一天的工作。

9时整，营业网点准时对外营业，保安打开大门，大厅里一下子就涌进几位客户。“请1001号顾客到2号窗口。”排号机叫号。一个微笑、一句“您好”、一个招手礼，

2 号窗口的柜员起身伸手，迎来了第一位客户。只见她熟练地接过存折和现金，放入点钞机，手指在键盘上飞快地操作着，现金打捆、打印存折和存款凭单，然后加盖章戳，一气呵成后，一句“请慢走”，客户欣然离去。“如果是单纯的存取款业务，一般能在两分钟内完成，而挂失、开户等业务就需要进行身份核实程序，花费的时间就要稍长些。”行长说：“银行的服务原则是不能让客户长时间等待，一天几百笔的业务就得靠柜员眼疾手快来争分夺秒了。”

整个上午，办理业务的客户一个接着一个，柜员几乎都没有停下来过。直到 11 时 30 分，大家才开始轮流出去吃午饭。“规定的半小时吃饭时间，我们不能回家吃饭，只能在附近饭店随便吃点，然后重返岗位继续工作。”一位柜员说。

下午 2 时许，前来办理业务的客户又开始多了起来，汇款、转账、办理保险、开通网银、打印交易明细、信用卡还款、外币兑换……各种业务有条不紊地进行着。“越是到人多的时候，越要沉着仔细，这样才能保证‘零差错’。”一位柜员说。

下午 5 时整，银行停止对外营业。副行长介绍说：“此时柜员的工作远未结束，他们还要对一天的账目进行逐笔清点，上缴现金、凭证，打印日终报表，核对无误后才能离岗。”在“吱吱嘎嘎”的打印声中，柜台里依旧是一片繁忙。

晚上 6 时 30 分，一天的工作结束，柜员们关灯、锁门，带着欣慰的笑容汇入街上的人流中……

资料来源：李小龙：“银行柜员的一天”，《驻马店新闻网》，2013 年 2 月 27 日。

知识准备

商业银行柜面业务基本流程见图 1－1。

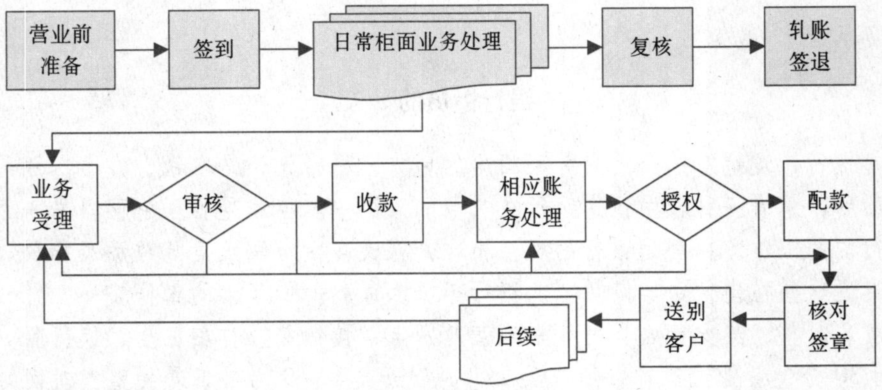

图 1－1 商业银行柜面业务基本流程图

活动一　做好营业前准备

场景描述

201×年7月1日上午8：00，模拟银行KW市分行柜员李红（柜员号：203001）于营业前提前到达网点，按往常一样提前做好柜台营业前的一系列准备工作。

1. 检查自身着装并挂好工号牌，检查随身携带物品用具是否符合制度要求。

2. 检查安全防卫器具是否正常完好，二道门是否上锁。

3. 检查并开启各类机器设备，保证正常运转。

4. 柜员实物钱箱出库；检查钱箱封口是否完好；钱箱与登记簿记录是否一致；自有库存现金是否满足正常营业的现金收付。

5. 重要单证出库；核对各种重要单证与登记簿结存是否一致；是否满足正常营业需要。

6. 检查各类印章是否齐全；调整各种印章的使用日期，使其为当天实际日期。

相关知识

一、柜员现金业务管理

1. 柜员领入现金：前台柜员在办理现金收付业务前，向管库员领入现金。领款时，柜员应填制两联记账凭证，并注明领入现金的金额、券别等，经主管签章后进入系统操作。交易成功并经授权后打印两联记账凭证，加盖名章后交管库员凭以出库。管库员审核无误后配款，换人复核后出库，在记账凭证上加盖现金付讫章和名章，一联留存，另一联连同现金交领款柜员点收。

2. 柜员现金入库：前台柜员现金箱余额超过限额或其他原因需要向管库员缴交现金。入库时，应填制两联记账凭证，并注明入库现金的金额、券别等，经主管签章后进入系统操作。交易成功并经授权后打印两联记账凭证，加盖名章后连同现金交管库员。管库员点收核对现金，换人复核后入库，在记账凭证上加盖现金收讫章和名章，一联留存，另一联交柜员。

3. 柜员现金内调：柜员之间发生现金调拨时，调出柜员填制两联记账凭证，注明调出现金金额、券别等，加盖名章后将记账凭证连同现金交调入柜员。调入柜员清点现金并核对记账凭证无误后，进入系统操作。交易成功并经授权后打印调出柜员填制的两联记账凭证，加盖现金收讫章和名章，一联留存作当天记账凭证，另一联交调出柜员附当日传票后。

4. 假币收缴：柜员在处理日常现金业务时，发现客户假币，经两名以上营业人员同时认定后按规定没收。处理时应向客户说明情况，追查来源，同时在假币正面和背面加盖

“假币”戳记，填写人民银行统一印制的一式二联“假币收缴凭证”，加盖认定柜员名章和处理柜员名章，第二联交客户。

5. 对外现金收付：柜员既管理现金箱，也管理现金实物，对经办的现金收付业务实行一手清。

(1) 现金收入：柜员受理客户交存现金及现金收款凭证的流程操作为：审查现金收款凭证、初点现金、清点细数、系统交易、签章、现金入箱、回单交客户。

(2) 现金付出：柜员受理客户提交的现金付款凭证的流程操作为：审查现金付款凭证、系统交易、付款、现金交客户。

小贴士

现金收付应按照“三先三后”（即先点大数、后点细数，先点主币、后点辅币，先点大面额票币、后点小面额票币）及“唱收唱付”程序操作。

二、重要单证的管理

重要单证按性质分为有价单证和重要空白凭证两种（见表1-1）。

表1-1 商业银行重要单证一览表

重要单证分类	特点	具体种类
有价单证	印有面额的特殊凭证	国库券、金融债券、建设债券、企业债券、定额存单、旅行支票、印有固定面额的其他有价单证等
重要空白凭证	无面额的经银行或单位填写金额并签章后，具有支付票款效力的空白凭证。	各类存折、存单、汇票、支票、银行本票、信用证、信用证修改书、空白信用卡、空白储蓄卡、联行报单、贷款收款凭证、国库券收款凭证、其他重要空白凭证等

对重要单证的管理：(1) 必须由专人负责保管，建立严密的进、出库和领用制度，坚持“章证分管”的原则。(2) 应纳入表外核算，有价单证以面额入户，重要空白凭证以一份（本）一元的假定价格入户。(3) 每班使用重要单证时，必须顺号使用，不得跳号。(4) 重要单证在未使用前，不得事先加盖业务公章和个人名章。(5) 每日营业终了，柜员及重要单证保管人员必须核点各类重要单证的库存数量、号码，与重要单证登记簿及报表表外科目核对，做到账实、账表相符。

三、印章的管理

商业银行印章包括业务印章和个人名章，业务印章一般又分为重要业务印章和一般业务印章两类（见表1-2）。

表 1－2　　商业银行印章一览表

印章类别		具体种类
业务印章	重要业务印章	汇票专用章、本票专用章、签证章、会计业务专用章、储蓄业务专用章、贷款审批专用章、结算专用章、票据清算专用章等
	一般业务印章	现金清讫章（现金收讫章、现金付讫章）、转讫章等
个人名章		

小贴士

柜台办理电子汇划、银行汇票业务时，章、证、机（密押器、压数机）必须实行三人保管。

对印章的管理：(1) 各种印章应按规定用途使用，不得超用途使用。(2) 各种印章在启用前必须在印章使用保管登记簿上预留印鉴印模，填写启用日期，领用保管人要签名盖章。(3) 各种印章办理交接时必须由会计主管监交，并在登记簿上签名盖章。(4) 各种旧印章停止使用时，在登记簿上注明停止使用的日期及原因，并编表连同印章上缴。(5) 做到“人在章在、人走章锁、严禁托人代管”。(6) 营业终了，柜员必须对所使用的印章进行认真清点，核对相符后，入箱上锁，随同现金入库保管。(7) 各种印章、名章加盖应清晰到位；要爱护使用，经常保持印章清洁、字迹清晰。

四、重要机具的管理（见表 1－3）

表 1－3　　商业银行重要机具管理一览表

重要机具	主要管理规定
联行编押器	• 操作手册属密级文件，不得泄露和丢失 • 保管实行个人负责制。交接时由会计主管监交，交接人员和会计主管应在交接登记簿上签章。离岗人员应更改自己的开机口令，接收人员应设置自己的口令
压数机	• 指定专人使用保管
磁码机	• 营业期间保管使用人应做到人在机开，人走机锁；营业结束应上锁入库保管

【训练与评价】

201×年 7 月 12 日上午 8：00，你作为模拟银行 KW 市分行柜员（柜员号：203005）于营业前提前到达网点，按工作要领提前做好柜台营业前的一系列准备工作。

在完成营业前准备工作中，不足之处在于：________________________________

____

（自评：☆☆☆☆☆　小组评：☆☆☆☆☆　老师评：☆☆☆☆☆　合计：____☆）

活动二　完成签到注册

场景描述

201×年7月1日上午8：50，模拟银行KW市分行柜员李红（柜员号：203001）做好了营业前准备工作，由主管进行主机开机后，在自己的工作终端上签到注册操作，准备办理柜面业务。

1. 刷卡，在主机开启成功后，柜员李红用自己的权限卡刷卡，登陆签到界面。

2. 输入交易部门号、柜员号、电子钱箱号、操作密码，进入柜台交易画面（见图1-2）。

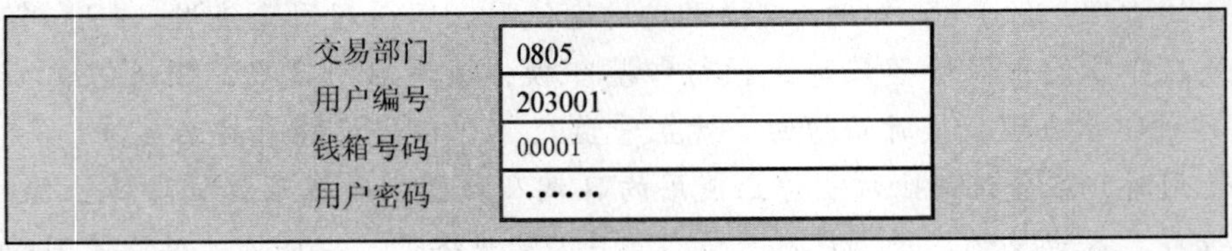

图1-2　签到界面

3. 经主管授权后领取电子钱箱，核对实物钱箱与电子钱箱款项必须一致（见图1-3）。

4. 柜员根据业务量的情况，决定所要领取的空白重要凭证的数量、种类，向库管员领用重要空白凭证（见图1-4）。

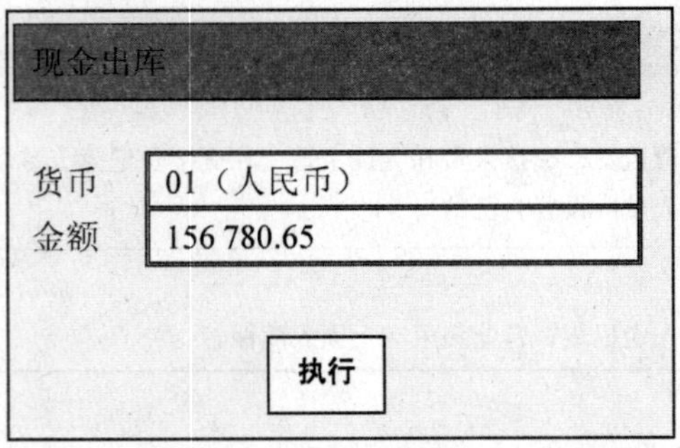

图1-3　现金出库界面

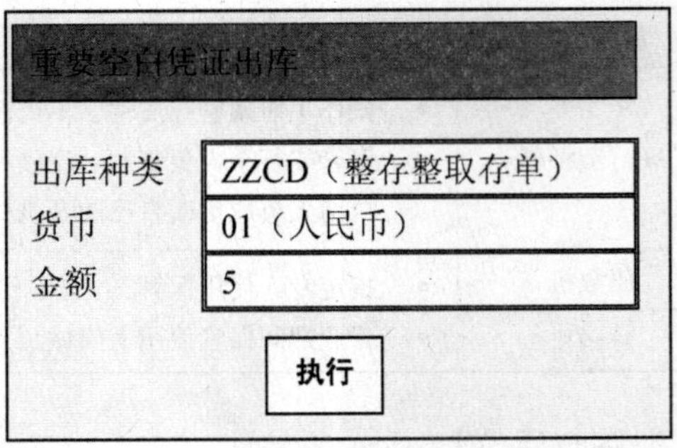

图1-4　重要空白凭证出库界面

相关知识

权限卡是指业务人员在办理业务时所必须持有的，表明、控制其业务处理权限范围的磁卡。

交易部门是柜员所在行、所代码。

柜员号是柜员在一个中心范围内的唯一标识，也是柜员进入综合应用系统的唯一合法身份，由系统运行中心按营业机构编码分配。经管辖行批准后，主管对所属柜员号可进行增加、减少、修改。

小贴士

初始登录，柜员未设立钱箱，钱箱号可不输入。

初始密码是每个业务人员首次使用权限卡时或权限卡处于待启用状态时，由会计结算部门负责人在计算机上为其启用权限卡，设定初始密码。柜员首次使用系统，必须首先修改自己的初始密码。

每个柜员都需要建立自己的钱箱号。柜员钱箱只许本柜员使用，如果一个柜员不注册钱箱，则只能做转账业务而不能做现金业务。

操作密码不得使用初始密码或简单的重复数字、顺序数字，并要严格保密，防止泄露，且每月至少要更换一次操作密码。

【训练与评价】

201×年7月12日上午8：50，你作为模拟银行KW市分行柜员（柜员号：203005）在自己的工作终端上签到注册。

（自评：☆☆☆☆☆　小组评：☆☆☆☆☆　老师评：☆☆☆☆☆　合计：____☆）

活动三　处理日常柜面业务

场景描述

201×年7月1日上午9：00，模拟银行KW市分行刚开始营业，不一会儿营业大厅内就出现了来办理不同业务的客户，有办理个人存款的、有办理个人取款的、有办理个人转账业务的、也有咨询个人理财业务的……柜员李红（柜员号：203001）精神饱满地开始了一天的柜面业务处理工作。

相关知识

银行柜员要根据客户的不同业务要求进行具体不同的业务操作（将在以后的章节中详细论述），但在处理日常柜面业务时必须注意以下几点：

1. 账务处理实行审核授权制度，柜面人员各自在授权的范围内进行账务处理；凡经系统设定须经授权才能办理的业务，必须经主管人员审核授权后才能办理，严禁越职、越权进行账务处理。

2. 业务处理顺序为：现金收入，先收款后记账；现金支出，先记账后付款；资金划收，先收报后记账；资金划付，先记账后发报；转账业务，先记借后记贷；代收他行票据，收妥入账。

3. 柜面人员根据每笔业务的类型和核算要求，按照系统操作规定输入业务信息，选择正确的交易码进行记账处理。核对无误后，加盖相应的业务印章和名章。

4. 柜面人员不得擅自取消和中断记账交易中打印的凭证，对柜面记账后产生的凭证、回单、文本进行妥善保管。

【训练与评价】

201×年7月12日上午9：00，你作为模拟银行KW市分行柜员（柜员号：203005）接待了今天的第一位客户，该客户想要办理活期储蓄取款业务，在处理业务时柜员应该注意哪些业务操作手续和流程？（注意：此处可以凭借自己平时对银行柜员的观察和经验回答）

（自评：☆☆☆☆☆　小组评：☆☆☆☆☆　老师评：☆☆☆☆☆　合计：____☆）

活动四　复核柜面业务

场景描述

201×年7月1日上午9：00，模拟银行KW市分行早上刚刚营业，柜员李红（柜员号：203001）办理了今天的第一笔业务，客户刘某来行从其活期储蓄存折账户中支取80 000元现金，柜员李红按规定经主管人员授权后，严格按该业务具体操作规程圆满完成了任务，其中多次对凭证、现金、印鉴等进行自我即时复核，包括：(1) 客户刘某提交的身份证件、取款凭条的大小写金额、活期储蓄存折上记载的客户名称等。(2) 对客户当面用机器点钞两遍。(3) 银行记账凭证打印核对后请客户签字。(4) 客户签字后经再次核对加盖银行业务印章。(5) 现金及回单递交客户前再次核对现金把数。客户刘某对柜员李红的服务评价为非常满意。

相关知识

复核是严密操作程序、加强制约机制、确保资金安全的重要一环。柜面业务的复核包括：即时复核、在日终轧账前复核、事后稽核人员全面复核（见表1－4）。

表1－4　柜面业务复核一览表

及时复核	日终轧账前复核	事后稽核人员全面复核
• 凭证记账日期与经济业务发生的时间是否吻合 • 会计分录是否正确 • 由银行填制的凭证，种类、金额等有关项目是否正确齐全 • 印鉴是否相符 • 超限额的存、取款交易，信用卡业务，活期部分冻结，个人电子汇划业务等	• 规定额度以下的业务 • 现金实物与电子钱箱中的现金余额核对 • 重要空白凭证实物与电子钱箱中的重要空白凭证核对	• 当日所有业务凭证在次日由事后稽核员全面复核

【训练与评价】

201×年7月12日上午，你作为模拟银行KW市分行柜员（柜员号：203005）为客户王某办理活期储蓄存折续存业务，存款10000元，在处理业务时柜员应该在哪些环节进行自我及时复核？（注意：此处可以凭借自己平时对银行柜员的观察和经验回答）

（自评：☆☆☆☆☆　小组评：☆☆☆☆☆　老师评：☆☆☆☆☆　合计：____☆）

活动五　完成轧账签退

场景描述

201×年7月1日下午5：00，模拟银行KW市分行营业结束，柜员李红（柜员号：203001）办理完最后一位客户的业务后，对实物钱箱中的现金进行清点，对电子钱箱和实物钱箱余额进行核对；清点重要空白凭证实物，并将其与电子钱箱中的重要空白凭证进行核对；整理核对自己办理的记账凭证和交易清单，在业务系统内作轧账签退处理，将自己负责的“柜员平账报告表”交主管后，主管核对无误后网点总轧账下班。一天的工作顺利圆满结束，明天又将是新的开始。

相关知识

日终营业结束，先由柜员轧账签退后，再由网点进行总轧账签退。

1. 柜员结平现金，核对重要空白凭证。

2. 柜员检查自己负责的平账器是否结平为零，如果不为零，表明柜员当日所做交易有错或还有未做完的业务，须纠错或继续做业务。对当日不能核销账项应挂账处理，次日对所挂账务必须查明原因进行相应处理。

3. 柜员打印“柜员平账报告表”。

4. 整理核对记账凭证和交易清单，其要点是：交易清单的数量与“柜员平账报告表”上的交易清单数相符，交易清单上的序号（传票号）保持连续；按传票号从小到大的顺序整理、排列交易清单，原始凭证作为交易清单的附件。

5. 柜员将“柜员平账报告表”和交易清单一并交主管，确认无误后正式签退。

6. 待所有柜员都正式签退后，由主管打印“网点日终平账报告表”，并与每个柜员的平账报告表核对，无误后签退。

【训练与评价】

201×年7月12日下午5：00，你作为模拟银行KW市分行柜员（柜员号：203005）办理完日常业务后进行日终轧账签退工作。

（自评：☆☆☆☆☆　小组评：☆☆☆☆☆　老师评：☆☆☆☆☆　合计：____☆）

任务二
掌握商业银行柜面基本技能

【案例导读】

优质服务对柜员技能的要求

客户在银行办理业务的满意度取决于什么？是银行的优质服务。银行一线柜员作为体现银行服务的桥梁和窗口，应具备哪些素质和技能呢？

"反应快"。如何在第一时间作出反应，客户需要何种金融服务，就需要对规章制度进行不断学习、对银行产品相关知识进行深刻了解和对业务流程进行熟练掌握。要求柜员经常练习技能，熟悉业务知识。比如某客户要给她在北京上学的儿子办理一笔汇款，柜员根据业务知识要立刻反应出"汇款、无卡续存、ATM 自助转账、网上银行或电话银行。办理汇款 2 分钟，无卡续存 40 秒、ATM 自助转账不占用柜员时间"。如果该客户和她儿子都有卡，建议到 ATM 自助转账（或者通过网银、电话银行），可以免排队、免填单；如果只是孩子有卡，可以无卡续存，比汇款节约 80 秒时间；否则，就只能汇款了。

"手快"。打字、数字小键盘、点钞、柜面操作要快。打字谁都会，但是银行柜员要通过大量的练习才能打字快；要想数字敲得快，要求柜员"五指定位"；虽然点钞用验钞机很快，但是如果收到一些比较旧的钱，你在那里点半天都点不准，行吗？还有就是必须非常熟悉操作系统，一般都是输入正确的交易码，才能进入相应的操作界面。

"准确"。工作中严格按照各项规章制度为客户办理业务。打字、数字小键盘、点钞、柜面操作要准，要细心，尽量做到零差错。

（资料来源：中国论文网 www. xzbu. com："'排队现象'对柜员技能的要求"，http://www. xzbu. com/3/view－1417159. htm，2012 年 4 月 14 日。）

活动一　熟练数字书写技能

业务描述

201×年 7 月 5 日，模拟银行 KW 市分行柜员李红（柜员号：203001）受理了客户罗某填写的一份整存整取存款凭条及现金，凭条上书写的小写金额为"102 478. 9"，大写金额为

"拾万两千四百七十八元九角"，柜员李红耐心细致地为客户说明了大小写金额的错误："小写金额前写'¥'；大写金额应该是'壹拾万零贰仟肆佰柒拾捌元玖角整'。"并请客户另外填写新凭条。

相关知识

一、阿拉伯数字书写（见图1－5）

1. 笔顺自上而下，先左后右，一个一个写，不要连写以免分辨不清。
2. 斜度约以60度为准。
3. 高度以账表格的二分之一为准。
4. 数字6的竖上伸至上半格的四分之一处。
5. 除7和9上低下半格的四分之一，下伸次行上半格的四分之一外，其余数字都要靠在底线上。
6. 0不能有缺口。
7. 从有效数最高位起，以后各格必须写完。
8. 数字写错用划线改正法，左端签章。
9. 小写金额前写"¥"以后，数字之后就不再写"元"。

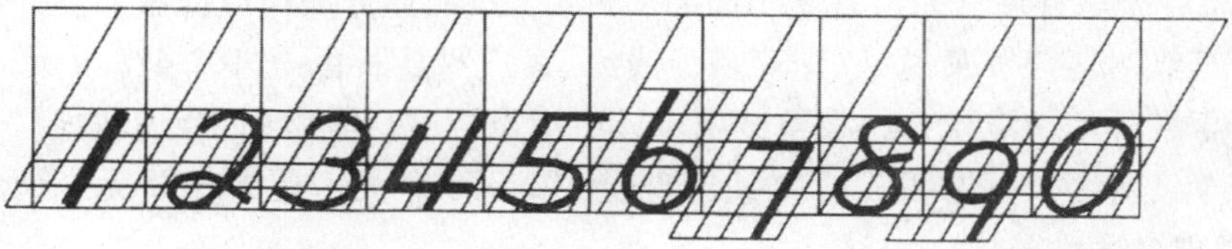

图1－5　阿拉伯数字规范写法（手写体）

二、中文大写数字书写

1. 用规范正楷大写数字书写。
2. "人民币"与数字之间不得留有空隙。有固定格式的重要凭证，大写金额栏一般印有"人民币"字样，数字应紧接在人民币后面书写，在"人民币"与数字之间不得留有空隙。大写金额栏没有印好"人民币"字样的，应加填"人民币"三字。
3. "零"的写法：小写数字尾部有"0"时，大写数字不写"零"；小写数字中间有一个"0"时，大写数字一定写"零"；小写数字中间有连续几个"0"时，大写数字只写一个"零"。
4. "整"字的用法：大写金额"元"以下没有"角、分"或有"角"无"分"时，应写"整"字；大写金额"元"以下有"角、分"时，不写"整"字。
5. 壹拾几的"壹"字不得遗漏。
6. 凡重要凭证大小写金额填写错误时，不能更改，应另填新凭证。

【训练与评价】

201×年7月23日，你作为模拟银行KW市分行柜员（柜员号：203005）受理了客户张某填写的一份活期储蓄存款凭条及现金，凭条上书写的小写金额为“124 306.57”，大写金额为“十二万四千三百零六元五角七分整”，请你耐心细致地为客户说明大小写金额的错误，并请客户另外填写新凭条。

正确的小写金额是：________________

正确的大写金额是：________________

（自评：☆☆☆☆☆　小组评：☆☆☆☆☆　老师评：☆☆☆☆☆　合计：____☆）

活动二　熟练点钞技术

业务描述

201×年7月5日，模拟银行KW市分行柜员李红（柜员号：203001）受理了客户罗某重新填写的整存整取存款凭条及现金102 478.9元，按照业务操作流程做如下处理：

1. 柜员李红对客户罗某说：“您存多少钱?”客户罗某回答：“102 478.9元。”
2. 柜员李红开始清点现金，将整钞用点钞机清点两遍，零钞用手点钞两遍。
3. 柜员李红对客户罗某说：“收到您现金102 378.9元，还差100元。请您再核对一遍。”于是将现金递给客户。
4. 客户罗某在柜台前再次核对现金后确实差100元，补足后再次将现金交予柜员李红，并说：“存102 478.9元”
5. 柜员李红再次清点现金，将整钞用点钞机清点两遍并扎把，零钞用手点钞两遍。刷存折磁条，录入系统，打印存款凭条并请客户签字确认后加盖业务印章和个人名章，将现金收入现金尾箱、记账凭证收入传票格、回单交予客户并礼貌地送别客户。

议一议

柜员李红在业务操作流程中遵循了很多业务规范，请你举例说明。

相关知识

一、机器点钞技术

随着金融事业的发展，银行柜面的收付业务量也日益增加，机器点钞已成为商业银行柜面经办人员点钞的主要方法。运用机器点钞应注意以下几点：

1. 操作程序与手工点钞基本相同，包括：持票拆把放钞——点钞机点数——点钞机记数——扎把——盖章。

2. 送钞是机器点钞的关键。送钞时手要平稳，钞票放置的位置、角度要合适。

3. 提高速度的关键在于提高操作的连续性，做到动作衔接紧密、迅速准确、快而不乱。

小贴士

机器点钞是连续操作，归纳起来要做到“五个二”，即：
二看：看清跑道票面，看准记数。
二清：券别把数分清，接钞台取清。
二防：防留张，防机器吃钞。
二复：发现钞券有裂缝和夹带纸片要复，记数不准要复。
二经常：经常检查机器底部，经常保养维修点钞机。

二、手工点钞技术

100 元、50 元面值的纸币用机器点钞非常方便，但 20 元以下面值的纸币和硬币无法使用点钞机，必须通过手工点钞来完成（见表 1－5）。

表 1－5 手工点钞技术一览表

<table>
<tr><th colspan="2">手工点钞技术</th><th>具体种类</th></tr>
<tr><td rowspan="8">1. 手持式点钞法
（即将钞券拿在手上进行清点）</td><td rowspan="3">（1）单指单张点钞法
优点：捻钞手指可接触每张钞券，票面可视面积大，容易发现假券和挑剔损伤券，适用面较广</td><td>• 拇指捻点法</td></tr>
<tr><td>• 食指拨点法</td></tr>
<tr><td>• 中指拨点法</td></tr>
<tr><td rowspan="5">（2）多指多张点钞法
优点：每次捻点几张，速度较快
缺点：票面可视面积小，不宜发现假券和损伤券</td><td>• 四指依次捻点法</td></tr>
<tr><td>• 四指齐下捻点法</td></tr>
<tr><td>• 一指多张点钞法</td></tr>
<tr><td>• 五指拨动点钞法</td></tr>
<tr><td>• 扇面点钞法</td></tr>
<tr><td rowspan="7">2. 手按式点钞法
（即将钞券安放在桌面上进行清点）</td><td rowspan="2">（1）单指单张点钞法</td><td>• 食指捻点法</td></tr>
<tr><td>• 拇指捻点法</td></tr>
<tr><td rowspan="5">（2）多指多张点钞法</td><td>• 单指推动点钞法</td></tr>
<tr><td>• 翻点法</td></tr>
<tr><td>• 多指捻点法</td></tr>
<tr><td>• 多指拨点法</td></tr>
<tr><td>• 多指推点法</td></tr>
<tr><td>备注</td><td colspan="2">• 根据不同需要选择不同点钞法
• 根据“准”和“快”的原则选择适合自己的点钞法
• 实际工作中，采用手工点钞：一般初点时用单指单张点钞，复点时用多指多张点钞
• 手工点钞基本环节：起把——清点——记数——剔旧——墩齐——扎把——盖章
• 做到“五好钱捆”标准：即数字点准、票币墩齐、残币挑净、包绳捆紧、盖章清楚</td></tr>
</table>

小案例

优秀银行柜员手指快过点钞机

单指单张点百元钞票，一个普通的银行柜台人员10分钟内能点多少？答案是约15万元，并捆扎好。为提高一线柜员服务技能，某银行长沙分行昨日举办会计业务技能竞赛，包括手持式单指单张点钞、手持式单指单张挑错、翻录传票、综合录入四个项目，来自该行各营业网点的100余名选手参加了比赛。

该行相关部门负责人介绍，经过平时的努力学习和培训，比赛结果显示，该行普通临柜人员采用单指单张点百元钞并捆扎好，10分钟可点钞约18万元，优秀的可达到21万元以上，速度比点钞机还快。

【训练与评价】

201×年7月24日，你作为模拟银行KW市分行柜员（柜员号：203005）受理了客户赵某填写的一份活期储蓄存款凭条及现金14 306.57元，模拟此业务操作流程，并用机器点钞和手工点钞两种方法完成清点客户现金这一项工作环节。

收入现金注意："三先三后"、"唱收唱付"。
机器点钞注意：操作程序连贯，清点两遍。
手工点钞注意：点钞准确，清点两遍。
业务操作流程是否规范，不规范之处在于________________________________
（自评：☆☆☆☆☆　小组评：☆☆☆☆☆　老师评：☆☆☆☆☆　合计：____☆）

活动三　掌握货币反假技能

业务描述

201×年7月7日，模拟银行KW市分行柜员李红（柜员号：203001）受理了客户刘军活期储蓄存款凭条和现金30 000元，经点钞机及手工清点各两遍后，发现客户提交的现金中有一张2005年版面值100元的纸币是假币，货币编号为"LN37638313"，经主管王佳（柜员号：203011）同时认定后按规定和业务程序予以当面收缴。

1. 两人向客户出示《反假货币上岗资格证书》，在假币正反面上加盖蓝色油墨的"假币"戳记。

2. 填写人民银行统一格式一式二联的《假币收缴凭证》（见图1-6）。

3. 柜员和主管加盖个人名章和"假币收缴专用章"交客户核对并签字，第二联《假币收缴凭证》交客户，并告知客户如对被收缴的货币真伪有异议，可在3个工作日内向中国人民银行当地分支机构或中国人民银行授权的当地鉴定机构申请鉴定。

4. 对收缴的假币登记造册，妥善保管。

假币收缴凭证

Receipt for the Seizure of Counterfeit Currency

收缴单位（盖章）：模拟银行 KW 市分行　　201×年 07 月 07 日　　编号：000007

Financial institution（stamp）：　　Date　　No：

模拟银行KW市分行 201×.07.07 假币收缴专用章

<table>
<tr><td colspan="4">持有人（或交款单位）：（Seized from：）</td><td colspan="4">刘军</td></tr>
<tr><td colspan="4">身份证（或其他有效证件）号码：（Identification card or other valid document number of the counterfeit currency holder：）</td><td colspan="4">530103199207110120</td></tr>
<tr><td>币种：
Currency：</td><td>人民币</td><td>券别：
Denomination：</td><td>100 元</td><td>版别：
Series：</td><td>2005</td><td>冠字号码：
Counterfeit currency number：</td><td>LN37638313</td></tr>
<tr><td>数量：（张、枚）
Amount：（Sheet）</td><td colspan="3">1</td><td colspan="2">合计面额：
Total face value：</td><td colspan="2">100 元</td></tr>
<tr><td colspan="4">假币来源及制作方法：
The origin of the counterfeit currency and the producing method：</td><td colspan="4">持有人收到的货款。假币属于伪造货币。</td></tr>
<tr><td colspan="4">持有人（或交款单位经办人）签字：
Signature of the counterfeit currency holder：</td><td colspan="4">刘军</td></tr>
</table>

第一联　收缴单位留存

经办（cashier）：李　红　　　　复核（check－up）：王　佳

图 1－6　假币收缴凭证

相关知识

一、人民币反假技能

假币通常分为两种：伪造货币和变造货币。伪造的货币是指仿照真币的图案、形状、色彩等，采取各种手段制造的假币。变造的货币是指在真币的基础上，利用挖补、揭层、涂改、拼凑、移位、重印等多种方法制作，使其改变形态的假币。鉴别方法见表 1－6。

二、人民币假币收缴

中国人民银行制定了《中国人民银行假币收缴、鉴定管理办法》规定：金融机构在办理业务时发现假币应予以收缴。收缴假币时应该做到：

1. 由该金融机构两名以上业务人员当面予以收缴。

2. 对假人民币纸币，应当面加盖“假币”字样的戳记 。

3. 对假外币纸币及各种假硬币，应当面以统一格式的专用袋加封，封口处加盖“假币”字样戳记，并在专用袋上标明币种、券别、面额、张（枚）数、冠字号码、收缴人、复核人名章等细项。

表 1－6 真假人民币纸币鉴别方法一览表

鉴别方法		技术要点
1. 人工鉴别方法	（1）眼看法	• 看钞票的水印是否清晰、看有无安全线、看多色接线图纹的颜色相接处是否过度平稳、看凹印部位图案是否均由点线构成
	（2）手摸法	• 触摸凹印部位的线条是否有凹凸感觉、触摸纸质厚薄及挺括程度
	（3）耳听法	• 听纸张抖动后是否发出清脆的声音
	（4）笔拓法	• 将薄纸敷在钞票水印位置上用铅笔拓
2. 机具鉴别方法	（1）紫外线灯管	• 利用紫外光照射，激发荧光物质发光，真币无荧光反应；假币有荧光反应
	（2）磁性触头	• 钞票特定部位在磁性触头上擦拭，真币有磁性油墨，有反应；假币无磁性油墨，无反应
	（3）高倍放大镜	• 在放大镜下放大 5～20 倍，真币底纹线清晰连续；假币底纹线模糊间断
	（4）防伪点钞机	• 在机器点钞的运行过程中，如出现假币则机器会自动停机或报警

小贴士

对假人民币纸币，应在正面水印窗处竖向加盖蓝色油墨的“假币”戳记；在背面正中位置横向加盖蓝色油墨的“假币”戳记。加盖的“假币”戳记要清晰、完整。

严禁在假外币纸币上加盖“假币”戳记。

4. 收缴假币的金融机构（简称“收缴单位”）向持有人出具中国人民银行统一印制的《假币收缴凭证》。

5. 告知持有人如对被收缴的货币真伪有异议，可向中国人民银行当地分支机构或中国人民银行授权的当地鉴定机构申请鉴定。

6. 收缴的假币，不得再交予持有人。

7. 收缴人员必须具有鉴定技能并获得上岗资格。

【知识链接】

所谓“冠字号码”是指人民币纸币上的编码。其中，“冠字”是印在纸币上用来标记印刷批次的两个或三个英文字母，由印钞厂按一定规律编排和印刷；“号码”则是印在冠字后面的阿拉伯数字流水号，用来标明每张钞票在同冠字批次中的排列顺序。人民币纸币冠字号码是央行人民币印制生产管理控制的措施之一，根据人民币印制生产管理的需要不断调整变化。随着现金发行量的增加，人民币纸币冠字号码排列方式会不断调整变化，如“A00A000001”、“A000A00001”等排列方式。人民币纸币冠字号码排列方式并非人民币防伪技术和特征，不能以冠字号码排列方式作为判断人民币真伪的依据。

【训练与评价】

201×年7月24日，你作为模拟银行KW市分行柜员（柜员号：203005）受理了客户赵敏填写的一份活期储蓄存款凭条及现金14 306.57元，经点钞机及手工清点各两遍后，发现客户提交的现金中有2张2005年版面值100元的纸币是假币，货币编号为“TJ55269834”、“AZ88278654”，经主管同时认定后按规定和业务程序予以当面收缴。请你作为柜员完成《假币收缴凭证》（见图1－7）。

假币收缴凭证

Receipt for the Seizure of Counterfeit Currency

收缴单位（盖章）： 年 月 日 编号：000008

Financial institution（stamp）： Date No：

持有人（或交款单位）：（Seized from：）							
身份证（或其他有效证件）号码：（Identification card or other valid document number of the counterfeit currency holder：）							
币种： Currency：		券别： Denomination：		版别： Series：		冠字号码： Counterfeit currency number：	
数量：（张、枚） Amount：（Sheet）				合计面额： Total face value：			
假币来源及制作方法： The origin of the counterfeit currency and the producing method：							
持有人（或交款单位经办人）签字： Signature of the counterfeit currency holder：							

第一联 收缴单位留存

经办（cashier）： 复核（check－up）：

图1－7 假币收缴凭证

（自评：☆☆☆☆☆ 小组评：☆☆☆☆☆ 老师评：☆☆☆☆☆ 合计：____☆）

活动四 熟练计算机输入技能

业务描述

201×年7月9日，模拟银行KW市分行柜员李红（柜员号：203001）受理了客户杨杰定期整存整取开户申请和现金10 000元，经审核清点无误后，将客户资料录入系统，对客户的姓名、住址等中文信息，柜员李红选择了自己熟练的五笔输入法录入，对客户的身份证号码、电话号码、存款金额等数字信息，李红用数字小键盘准确迅速地完成了录入，打印出存折、存款凭条请客户确认签字并送别客户后，客户杨杰对柜员李红的服务评价非常满意。

相关知识

一、中文输入技能

目前，已经通过验证的汉字输入法达100多种。其中，五笔字型输入法是使用最广泛的方法之一。在专业录入人员中，特别是一些窗口行业的工作人员，如银行、邮电等部门的营业员中，绝大多数人都使用五笔字型输入法。

作为银行柜员，其操作技能要求如下：

1. 必须牢记基准键位与手指的对应关系。准确熟练地掌握基准键位与各手指所管辖范围及其他各键之间的距离、位置。

2. 必须熟记字根表。除了背字根助记词外，还要多做书面的拆分编码联系，达到“见字即分”的境界。

3. 多练习“盲打”，提高汉字输入速度。

4. 要加强实战练习，切忌打一句看一句、打一字看一字，一定要等待全篇文章打完或某一段打完后再校对，养成良好的汉字输入习惯。

二、电脑传票输入技能

电脑传票输入是指将传票上的账号、金额、代码等各种数据按照计算机处理程序的要求，在保证准确率的前提下通过计算机键盘快速输入系统的一项技能。在商场收银、会计记账、银行临柜等凡是和数字有关的岗位几乎都会用到这一技能，而操作人员电脑传票输入技能水平直接影响工作的准确性和效率。

衡量电脑传票输入技能水平的指标有两个：一是准确率，二是速度。其中准确率是衡量技术水平的首要指标，必须严格要求达到100%的准确率。在此前提下，通过训练尽可能提高输入速度。

1. 右手键盘输入指法。电脑传票输入使用的是位于键盘右部的副键盘数字区。右手五个手指分工见表1－7。

表1－7　　副键盘数字区五指分工一览表

手指	分工区域
食指	1、4、7键
中指	2、5、8键
无名指	3、6、9键和小数点键
大拇指	0键
小拇指	回车键

2. 银行柜员技能要求：

（1）坐姿必须端正、自然；键盘高度以人坐端正后手臂能自然抬起的位置为准；传票应放在座位正前方桌面上，尽量不要放在键盘上。

（2）根据数据位置、传票本大小，将传票捻成扇形便于翻页；左手小指、无名指、中指自然弯曲压在传票的左端，大拇指、食指进行翻页；大拇指翻过一页后，食指放于其下面将传票压住，同时，大拇指伸向下一页作翻页准备。

（3）养成正确的右手指法习惯，使右手击键动作连贯，保持匀速有节奏，提高输入的准确率和速度。

（4）必须强调脑、眼、左右手的协调配合。眼睛盯在传票数据上，不允许看键盘；大脑注意力集中在传票数据上，并提前记忆数据内容和进行合理校对；左右手要同时工作，在右手输入时大脑就要将正在输入的数据记忆下来，并用左手翻下一张传票，而不能等右手输入完成后才开始翻页。

【训练与评价】

201×年7月26日，你作为模拟银行KW市分行柜员（柜员号：203005）受理了客户张华活期储蓄存款开户申请及现金37 864.50元，客户张华身份证号码：53010119960801467；通讯地址：KW市春雨路198号。请在操作系统中用五笔录入中文信息，用数字小键盘录入数字信息，检查核对无误后，统计所用时间。

中文录入所用时间：________________________

（自评：☆☆☆☆☆　小组评：☆☆☆☆☆　老师评：☆☆☆☆☆　合计：____☆）

数字小键盘录入所用时间：________________________

（自评：☆☆☆☆☆　小组评：☆☆☆☆☆　老师评：☆☆☆☆☆　合计：____☆）

活动五　运用柜面服务营销技能

业务描述

201×年7月11日，模拟银行KW市分行柜员李红（柜员号：203001）受理了客户周波活期储蓄存折开户申请，当柜员一边审核客户提供的相关资料和单据时，注意到客户是一位25岁左右的青年，于是微笑着向客户进行了询问："您还没有开通本行的网上银行业务吧？"在得到了客户的否定回答后，柜员李红向客户进行了营销："个人网上银行是我行客户通过互联网享受的综合性个人银行服务，包括账户查询、转账汇款、缴费支付、信用卡、个人贷款、投资理财（基金、黄金、外汇等）等各类服务，以及利用电子渠道服务优势提供的网上银行特有服务。您不用跑网点排长队，不用发愁错过营业时间。申请免费，使用免费，办理业务手续费相比柜台均有不同程度折扣和优惠。"客户笑了笑，没有积极或抗拒的表现，柜员李红乘势接着说："您现在办理只需要在开户申请书中选择电子银行开通选项，不需另外填写电子银行申请表。”客户停顿了一会儿，说：“安全吗?”柜员李红肯定地回答：“我们为您提供先进的网银盾，并提供短信通知、身份认证、限额控制、多重密码验证等安全设置，多重保护您的资金安全。”说到这儿见客户有点儿动心，李红便亲切地接着又说：“本行网上银行功能设计人性化，步骤简单，您无需学习即会使用。”客户点头同意办理并在开户申请书上划上了开通选项。5 分钟后客户拿着办好的活期存折、储蓄卡和网银盾，满意地离开了网点。

议一议

柜员李红成功地将网上银行产品向客户周波进行了营销，从整个办理业务的过程中，你觉得李红采取的哪些营销策略值得借鉴?

相关知识

商业银行市场营销是指把适当的产品和服务，在适当的时间、适当的地点、适当的价格、适当的方式销售给客户的一系列市场经营活动和过程。柜面服务营销活动是商业银行促销的一种主要方式，为了提高工作效率、改善服务质量、引入市场意识，商业银行柜员必须具备以下柜面服务营销技能。

一、坚定的职业道德

1. 应熟悉财经金融法律法规，例如《商业银行法》、《银行业监督管理法》、《储蓄管理条例》、《贷款通则》、《票据法》、《反洗钱法》 等。

2. 应树立从事银行业的荣誉感、使命感、责任感，以银行的发展为己任，认真实践企业文化和培养团队合作精神。

3. 树立客户至上的服务意识，以客户为本，尊重客户，以专业化、人性化、个性化的服务赢得客户，提高服务技能、服务质量、服务效率。

二、良好的柜员形象

1. 应统一着装，保持整洁；发型自然，不染异色；仪表大方，装饰得体；精神饱满，举止端庄。

2. 应使用“您好、请、谢谢、对不起、再见”十字文明用语，规范使用服务用语；语句清晰、音量适中、语言文雅、礼貌用语。

3. 应以亲切、温馨的微笑有效缩短与客户间的距离，创造良好的心理气氛。

三、创新的营销策略

1. 为不同客户提供层次化、专门化服务，以更好满足不同群体客户的需要。

2. 引入营销理念，为客户提供超值服务，使客户得到额外满足。例如营业厅提供大堂经理导购咨询台、个人金融理财专区面对面、无干扰服务方式等。

【训练与评价】

201×年7月28日，你作为模拟银行KW市分行柜员（柜员号：203005）分别向不同的客户营销下列金融产品：公务卡、人寿两全保险（分红型）、贵金属投资，注意该产品的特点以及所采取的营销策略。

（自评：☆☆☆☆☆　小组评：☆☆☆☆☆　老师评：☆☆☆☆☆　合计：____☆）

复习与思考

一、判断改错题

1. 一般而言，柜员在办理业务中如超过权限，必须获得授权。（　　）
2. 柜员在每日营业过程中，只需在营业终了对现金箱进行轧点。（　　）
3. 柜员在办理现金收入业务时，要遵循“先记账后收款”的原则。（　　）
4. 柜员在办理现金付出业务时，要遵循“先付款后记账”的原则。（　　）
5. 重要单证应纳入表外科目核算。（　　）
6. 柜员在每日营业终了，对所用印章认真清点核对无误后，可以将其放置在柜台上。（　　）
7. 银行重要机具必须实行专人使用保管。（　　）
8. 小写金额前写“¥”以后，数字之后还要写“元”。（　　）
9. 柜员应根据“准”和“快”的原则选择适合自己的点钞法。（　　）
10. 柜员发现客户假币时，经柜员自己认定后按规定予以没收。（　　）
11. 衡量柜员电脑传票输入水平的指标就是一个“快”字。（　　）
12. 柜员的优质服务就是要求柜员微笑服务。（　　）
13. 柜员在每日营业终了，应整理核对记账凭证和交易清单。（　　）

二、单项选择题

1. 下列属于前台临柜柜员岗位职责的是（　　）。

A. 掌管监控设施和特殊业务授权　　B. 编制营业日、月、季、年报告

C. 核对当班收入现金和结存重要单证　　D. 稽核前一天会计业务凭证

2. 下列应纳入表外科目核算的是（　　）。

A. 现金　　B. 活期存款

C. 存款凭条　　D. 活期存折

3. 柜员办理了一笔现金收入业务，应使用的印章是（　　）。

A. 结算专用章　　B. 现金付讫章

C. 现金收讫章　　D. 票据清算专用章

4. 柜员手工点钞应做到（　　）标准。

A. “三好钱捆”　　B. “五好钱捆”

C. “六好钱捆”　　D. “十好钱捆”

5. 衡量柜员电脑传票输入技术水平的首要指标是（　　）。

A. 速度　　B. 服务态度

C. 准确率　　D. 营销技巧

三、多项选择题

1. 商业银行对柜员的管理通常通过（　　）来实现。

A. 授权　　B. 权限卡

C. 操作日志　　D. 外部监控

2. 柜员现金箱管理中要求柜员应在（　　）轧点现金尾箱。

A. 营业开始　　B. 临时离岗

C. 中午休息前　　D. 营业终了

3. 柜员经办现金收入业务时应遵循（　　）原则。

A. 先收款　　B. 后收款

C. 先记账　　D. 后记账

4. 柜员经办现金付出业务时应遵循（　　）原则。

A. 先记账　　B. 后记账

C. 先付款　　D. 后付款

5. 商业银行重要单证包括（　　）。

A. 国库券　　B. 各类存折

C. 空白银行卡　　D. 联行报单

6. 下列关于商业银行印章管理的说法正确的是（　　）。

A. 人在章在，人走章锁　　B. 托人代管，托人签章

C. 业务印章、名章加盖清晰　　D. 可以超用途使用

7. 下列属于商业银行重要机具的是（　　）。

A. 点钞机　　B. 密押器

C. 压数机　　D. 磁码机

8. 下列数字书写中正确的是（　　）。

A. ¥1 000 元　　B. 人民币拾贰万元整

C. ¥12 000　　D. 人民币壹拾叁万伍仟陆佰零柒元捌角整

9. 柜员应熟悉的金融法规包括（　　）。

A. 《储蓄管理条例》　　B. 《贷款通则》

C. 《票据法》　　D. 《反洗钱法》

10. 柜面业务复核一般包括（　　）。

A. 柜员即时复核　　B. 客户即时复核

C. 柜员日终轧账前复核　　D. 事后稽核人员全面复核

四、案例分析题

1. 某储户上午到银行取款，经办柜员进行完账务处理，将现金和存折一起交客户，并请储户当面点清，储户当时未提出异议便离开了柜台。当天下午储户返回银行，称上午所取的现金少了一张，要求银行给个说法。请分析本案例中，银行柜员在业务操作中有无不妥之处？银行是否应承担相应责任？为什么？柜员从本案例中得到哪些启示？

2. 甲储户到柜台存入人民币 55 000 元。他先交给银行柜员50000，另外 5 000 元还在他手中清点。柜员接过 50 000 元现金后进行了清点，并等待甲储户缴纳其他现金。此时有另一乙储户来办理取款业务，经办人员为减少乙储户的等待时间，就先为乙储户办理了取款业务，并从甲储户已交来的现金中拿出一部分付给乙储户。乙储户走后，柜员向甲储户索要未缴纳的现金。甲储户称，所有现金都已交给柜员，柜员短缺的款项可能是多付给乙储户了。双方争执不下，银行柜员就和甲储户一起调阅录像资料，结果由于录像资料不清楚，不能给银行方面提供有力的证据，甲储户的态度就越发强硬起来。最终由银行柜员赔付了短款。请问本案例中银行柜员在处理业务时有哪些不妥之处？从中可以得到哪些启示？

3. 201×年3月21日，客户李某到银行支取 10 000 元，柜员王某为其办成了“存入 10 000 元”，并请客户李某在存入的凭证上签字确认，请问柜员王某应如何处理？若客户李某拒不承认，银行至少损失多少元？柜员应从本案例中得到哪些启示？

五、业务题

1. 根据小写金额写出大写金额

（1）¥0.39

（2）¥17.04

（3）¥809.30

（4）¥1 004.68

（5）¥120 040.30

2. 根据大写金额写出小写金额

（1）人民币贰角捌分

（2）人民币壹拾伍元壹角陆分

（3）人民币玖佰零肆元零柒分

（4）人民币壹万壹仟元伍角整

（5）人民币伍拾伍万零叁元贰角玖分

项目二 2 储蓄柜面业务

学习目标

- □ 掌握人民币活期储蓄柜面业务基本业务操作流程及有关业务规定
- □ 掌握人民币整存整取定期储蓄柜面业务基本业务操作流程及有关业务规定
- □ 熟悉人民币零存整取（含教育储蓄）柜面业务基本业务操作流程及有关业务规定
- □ 掌握人民币定活两便储蓄柜面业务基本业务操作流程及有关业务规定
- □ 熟悉人民币个人通知存款柜面业务基本业务操作流程及有关业务规定

任务一 办理人民币活期储蓄柜面业务

【案例导读】

储蓄——积累财富的第一步

储蓄：最安全收益也最低，在牛市中，他跑不过CPI，被众人所不屑；在金融危机之时，它又以其最安全最稳妥的理财方式，不仅战胜了通缩背景下的CPI，更远胜于市场中的众多“股神”们。

即便当我们进行各类投资时，储蓄也不能完全舍弃。不仅对国人来说，储蓄是最常用也是最基本的理财方式，即便对崇尚消费的美国人，在金融危机发生后也重新认识到储蓄的重要性，通过强制储蓄来抑制个人的消费欲。储蓄作为最为保守的理财方式，目的不在于获取较高的收益，而在于保证资本不缩水的同时获取安全稳定的最低收益。这是我们维系生活的最后保障，也是我们积累财富的第一步。任何投资都需要一定的本金，而良好的储蓄习惯正是实现财富积累的敲门砖。有资料显示，美国第一学府哈佛大学毕业出来的人，到后来都很富有，这并不是因为他们出身名校或收入丰厚，他们跟普通百姓不一样的地方就是不超额消费并强制储蓄。哈佛大学第一堂经济学课，只教两个概念：花钱要区分“投资”行为或“消费”行为；每月先储蓄30%的工资，剩下来的才消费。储蓄是每月生活最重要的目标，每月坚持超额完成储蓄，剩下的钱会越来越多，这就是著名的“哈佛理财教条”。无论是牛市还是熊市，不管是处于财富积累初期还是已具规模，储蓄始终是构成资产组合中不可或缺的一部分。

（资料来源：“理财的七种武器之拳头——储蓄”，东方财富网。）

知识准备

人民币活期储蓄存款是指不确定存期、客户可随时存取款、存取金额不限的一种储蓄方式。人民币活期储蓄存款1元起存（支票户除外），多存不限，由银行发给存折（含普通存折、活期一本通）或借记卡，开户后可凭存折或卡随时存取，客户欲留银行印鉴或密码的，凭印鉴或密码支取。清户或结息时按当日银行挂牌公告活期利率计息。其特点是存取金额及时间无限制、手续简便、适应性强，可凭活期存折或卡在银行辖属网点或自助设备通存通兑。

活动一　开　户

业务描述

201×年7月12日，客户王永（身份证号：530102199110010123；通讯地址：KW市滨江路58号；联系电话：55667788；邮政编码：650030）到模拟银行KW市分行个人业务柜申请储蓄业务开户，并存入现金5 000元，柜员李红（柜员号：203001）接待了客户，圆满地完成了业务。

业务流程

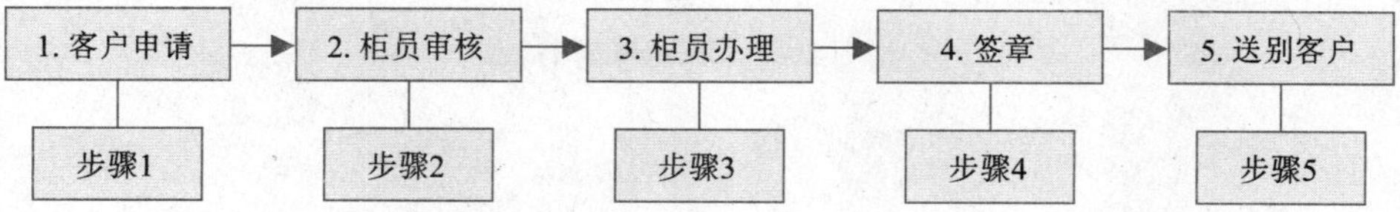

业务实施

步骤1 客户申请：客户根据需要选择开立个人结算账户或个人储蓄账户（实务中，客户开立结算账户为多，以备结算也可使用），填写开户申请书（见图2－1）；提交有效身份证件、现金（现金开户）。

银行开立个人银行账户申请书

网点：**模拟银行KW市分行**　　**201×年07月12日**　　编号：**000001**

<table>
<tr><td colspan="4">客户填写：（以下各项确认时请在□内打“√”）</td></tr>
<tr><td>户　名</td><td>王永</td><td>☑身份证　□其他</td><td>证件号码</td><td>530102199110010123</td></tr>
<tr><td>身份证地址</td><td colspan="2">KW市滨江路58号</td><td>电话</td><td>55667788</td></tr>
<tr><td>现住址</td><td colspan="2">KW市滨江路58号</td><td>邮政编码</td><td>650030</td></tr>
<tr><td>代理人姓名</td><td></td><td>□身份证　□其他</td><td>证件号码</td><td></td></tr>
<tr><td>住址</td><td colspan="2"></td><td>电话</td><td></td></tr>
<tr><td>币种</td><td colspan="2">☑人民币　□港币　□美元　□其他</td><td>金额</td><td>十 亿 千 百 十 万 千 百 十 元 角 分
￥ 5 0 0 0 0 0</td></tr>
<tr><td rowspan="3">个人结算账户</td><td colspan="4">☑活期一本通存折户　　申请借记卡 □是　☑否</td></tr>
<tr><td colspan="4">□个人支票</td></tr>
<tr><td colspan="4">开立活期一本通或申请借记卡，我行将为您开通电话银行查询服务，如果您不需要此服务，请选择：
□　电话银行查询服务</td></tr>
<tr><td colspan="5">□定活两便</td></tr>
<tr><td colspan="5">□通知存款　种类　□一 天　□七 天</td></tr>
<tr><td colspan="5">□教育储蓄　□零存整取　存期</td></tr>
<tr><td colspan="5">□存本取息　□整存零取　存期　　个月取款（息）一次</td></tr>
<tr><td colspan="5">□整存整取存单　存期　　□到期约定转存</td></tr>
<tr><td colspan="5">□国　债　存期　　□其他</td></tr>
<tr><td>支取方式</td><td colspan="4">☑凭密码（密码必须为六位数字，不足六位无效）□凭存折（只有密码方式才能通存通兑）</td></tr>
<tr><td>客户确认栏</td><td colspan="2">本人已详尽阅读并自愿遵守本申请书附加的《客户须知》和《个人人民币银行结算账户管理协议书》的规定，并保证本申请书上所填内容真实、有效、无误，如有伪造、欺诈，愿承担法律责任。
申请（代理人）签字：王永</td><td colspan="2">备注：</td></tr>
<tr><td colspan="5">银行打印：</td></tr>
</table>

事后监督：　　业务主管：　　复核：　　经办：

图2－1　开户申请书

相关知识

一、人民币活期储蓄存款的账户类型（见表2－1）

表2－1　人民币活期储蓄存款账户类型比较一览表

分类标准	账户类型	业务规定
按账户的载体或介质	普通存折户	• 起存金额人民币1元 • 单币种账户 • 交易记录和余额记录直观
	活期一本通	• 起存金额人民币1元 • 多币种账户 • 交易记录和余额记录直观；方便保管多种货币
	借记卡	• 起存金额人民币1元 • 与存折或一本通相勾联的结算账户 • 既可以通过存折直观交易记录和余额记录；又可以办理储蓄和结算双重业务
	个人支票户	• 各家银行开办个人支票账户的要求不同，起存金额不同，但金额较高。例如工商银行为1万元，招商银行为50万元等 • 以个人信用为保证，以支票为结算凭证的活期结算账户 • 减少现金流通
按账户性质	个人结算账户	可以办理个人转账、代收付等结算业务和现金存取业务
	活期储蓄账户	仅限于办理现金存取业务
	备注	• 《人民币银行结算账户管理办法》实施后，个人在办理对外的资金转出或接受外部的资金转入时（包括本人异地账户汇款）只能通过结算账户办理。储蓄账户只能办理本人名下的存取款业务和转账，而不能对他人或单位转账，也不能接受他人或单位的资金转入 • 活期储蓄账户一般只能开立一个存折；个人结算账户既可以开立存折，同时又可以开立借记卡

想一想

客户赵某向银行柜员咨询：想申请开立一个人民币活期储蓄账户，用于办理日常资金收付及其工资、奖金和现金的支取，作为银行柜员请你为客户王某选择适合的账户类型并说明原因。

二、个人存款账户实名制

我国于2000年4月1日正式实施了《个人存款账户实名制》，即个人在金融机构开立存款账户办理储蓄存款时，应当出示本人法定身份证件，使用身份证件上的姓名；金融机构要按照规定进行核对，并登记身份证件上的姓名和号码，以确定储户对开立账户上的存款享有所有权的一项制度。实行个人存款账户实名制的主要目的是为了保护个人存款账户的真实性，保护存款人的合法权益。

小贴士

学生证、机动车驾驶证、介绍信以及法定身份证件的复印件不能作为实名证件使用。

法定身份证件是指：(1) 居住在境内的16周岁以上的中国公民，为居民身份证或者临时居民身份证。(2) 居住在境内的16周岁以下的中国公民，为户口簿。(3) 中国人民解放军军人，为军人身份证件；中国人民武装警察，为武装警察身份证件。(4) 香港、澳门居民，为港澳居民往来内地通行证；台湾居民，为台湾居民往来大陆通行证或者其他有效旅行证件。(5) 外国公民，为护照。

步骤2 柜员审核： 审核申请书填写内容（包括户名、金额、住址、有效身份证件名称、号码、选择的储种、是否预留印鉴或密码等）；鉴别有效身份证件，若为代理人开户，同时审核代理人的有效身份证件。

相关知识

《个人存款账户实名制》规定了代理存款制度。代理他人新开立个人存款账户时，代理人应当持被代理人以及代理人的法定身份证件办理；以后在该账户再次存款时，不用持代理人或被代理人的身份证件。

步骤3 柜员办理：

（1）按现金收款程序鉴别、清点现金，无误后入现金箱。

（2）系统录入操作（见图2-2），选择“活期储蓄现金开户”交易，根据开户申请书依次输入客户姓名、储种、币种、金额、账户、性质（结算/储蓄，或钞/汇）、证件号码、电话、地址等各项开户资料。请客户留存密码或其他支取方式，如客户选择密码支取方式，必须由客户通过密码小键盘输入密码，录入后提交。

（3）打印存折（普通存折或活期一本通）（见图2-3），打印存款凭条（见图2-4）并请客户核对签字。

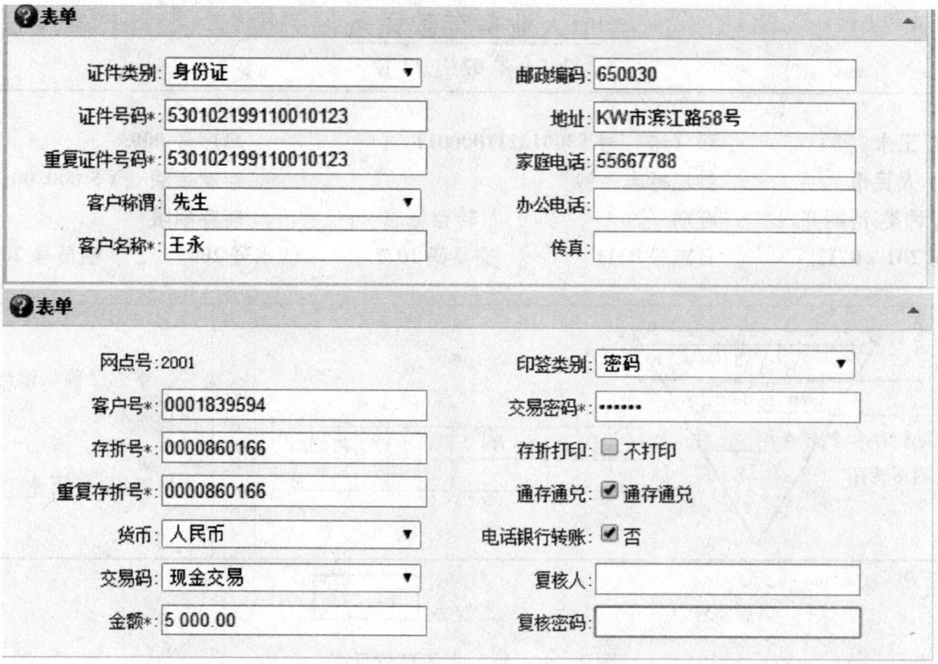

表单

证件类别：身份证
邮政编码：650030
证件号码*：530102199110010123
地址：KW市滨江路58号
重复证件号码*：530102199110010123
家庭电话：55667788
客户称谓：先生
办公电话：
客户名称*：王永
传真：

表单

网点号：2001
印签类别：密码
客户号*：0001839594
交易密码*：••••••
存折号*：0000860166
存折打印：不打印
重复存折号*：0000860166
通存通兑：通存通兑
货币：人民币
电话银行转账：否
交易码：现金交易
复核人：
金额*：5 000.00
复核密码：

图 2－2　活期储蓄存款开户操作界面

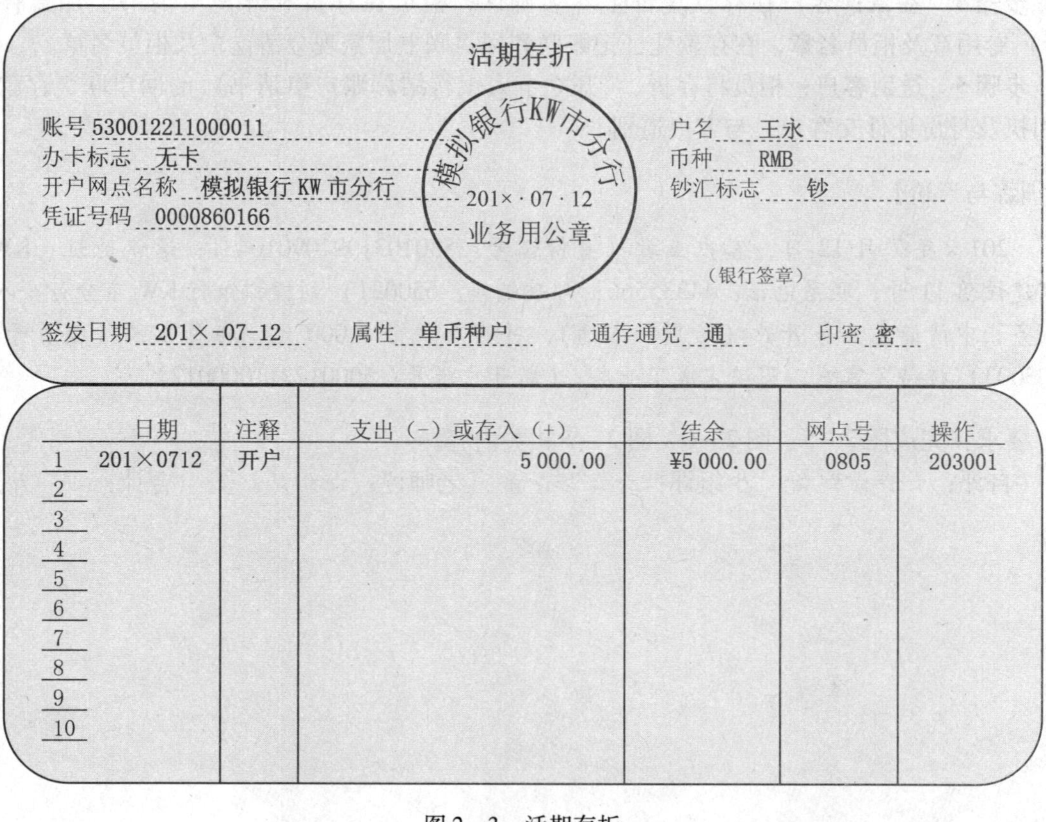

活期存折

账号 530012211000011　户名 王永
办卡标志 无卡　币种 RMB
开户网点名称 模拟银行 KW 市分行　钞汇标志 钞
凭证号码 0000860166

模拟银行KW市分行
201×·07·12
业务用公章

（银行签章）

签发日期 201×-07-12　属性 单币种户　通存通兑 通　印密 密

	日期	注释	支出（－）或存入（＋）	结余	网点号	操作
1	201×0712	开户	5 000.00	¥5 000.00	0805	203001
2						
3						
4						
5						
6						
7						
8						
9						
10						

图 2－3　活期存折

个人业务存款凭条

201×年 07 月 12 日

银行打印	户名 王永　　账（卡）号 530012211000011　　顺序号 0003 币种 人民币　　钞汇标志　钞　　存款金额　¥5 000.00 业务种类 活期开户　　存期　　转存标志　　转存期限 日期 201×0712　　日志号 0311　　交易码 1027　　流水号 2005　　柜员号 203001
客户备注	账（卡）号 币种＿＿＿　序号＿＿＿ 存期＿＿＿　□钞　□汇 □到期转存　约转存期＿＿月 □到期不转存 模拟银行KW市分行 201×.07.12 现讫章 (01) 金额：亿 千 百 十 万 千 百 十 元 角 分
客户确认	本人已确认银行打印记录正确无误。 客户签名：王永

事后监督　　　　经办 李　红

图 2-4　个人业务存款凭条

步骤 4　签章： 客户在存款凭证上签名确认；柜员在存折和开户申请书上加盖存单（折）专用章及柜员名章，在存款凭证记账联和回执联上加盖现金清讫章及柜员名章。

步骤 5　送别客户： 柜员将存折、《开立个人银行结算账户申请书》的回单联、存款凭证回执及身份证件交客户，与客户道别。

【训练与评价】

201×年 7 月 12 日，客户王敏（身份证号：530103199109010431；通讯地址：KW 市建设路 11 号；联系电话：44335566；邮政编码：650031）到模拟银行 KW 市分行个人业务柜申请储蓄业务开户（活期一本通），并存入现金 8 000 元，柜员李强（柜员号：203003）接待了客户，圆满完成了业务。（新开户账号：500012211000012）

要求：完成图 2-5、图 2-6、图 2-7 相关内容。

（自评：☆☆☆☆☆　小组评：☆☆☆☆☆　老师评：☆☆☆☆☆　合计：＿＿☆）

银行开立个人银行账户申请书

网点：　　　　　　　　　　　　　　　年　　月　　日　　　　　　　　　　　　　　编号：**000002**

<table>
<tr><td colspan="16">客户填写：（以下各项确认时请在□内打“√”）</td></tr>
<tr><td colspan="2">户　　名</td><td></td><td>□身份证　□其他</td><td colspan="2">证件号码</td><td colspan="10"></td></tr>
<tr><td colspan="2">身份证地址</td><td colspan="2"></td><td colspan="2">电话</td><td colspan="10"></td></tr>
<tr><td colspan="2">现住址</td><td colspan="2"></td><td colspan="2">邮政编码</td><td colspan="10"></td></tr>
<tr><td colspan="2">代理人姓名</td><td></td><td>□身份证　□其他</td><td colspan="2">证件号码</td><td colspan="10"></td></tr>
<tr><td colspan="2">住址</td><td colspan="2"></td><td colspan="2">电话</td><td colspan="10"></td></tr>
<tr><td rowspan="2">币种</td><td colspan="2" rowspan="2">□人民币　□港币　□美元　□其他</td><td rowspan="2">金额</td><td>十</td><td>亿</td><td>千</td><td>百</td><td>十</td><td>万</td><td>千</td><td>百</td><td>十</td><td>元</td><td>角</td><td>分</td></tr>
<tr><td></td><td></td><td></td><td></td><td></td><td></td><td></td><td></td><td></td><td></td><td></td><td></td></tr>
<tr><td colspan="2" rowspan="3">个人结算账户</td><td colspan="14">□活期一本通存折户　　申请借记卡 □是　　□否</td></tr>
<tr><td colspan="14">□个人支票</td></tr>
<tr><td colspan="14">开立活期一本通或申请借记卡，我行将为您开通电话银行查询服务，如果您不需要此服务，请选择：
□　电话银行查询服务</td></tr>
<tr><td colspan="16">□定活两便</td></tr>
<tr><td colspan="16">□通知存款　　种类　□一 天　　□七 天</td></tr>
<tr><td colspan="16">□教育储蓄　　□零存整取　　存期</td></tr>
<tr><td colspan="16">□存本取息　　□整存零取　　存期</td></tr>
<tr><td colspan="16">□整存整取存单　存期　　　　□到期约定转存　　　个月取款（息）一次</td></tr>
<tr><td colspan="16">□国　　债　　存期　　　　　□其他</td></tr>
<tr><td>支取方式</td><td colspan="15">□凭密码（密码必须为六位数字，不足六位无效）□凭存折（只有密码方式才能通存通兑）</td></tr>
<tr><td>客户确认栏</td><td colspan="4">本人已详尽阅读并自愿遵守本申请书附加的《客户须知》和《个人人民币银行结算账户管理协议书》的规定，并保证本申请书上所填内容真实、有效、无误，如有伪造、欺诈，愿承担法律责任。
申请（代理人）签字：</td><td colspan="11">备注：</td></tr>
<tr><td colspan="16">银行打印：</td></tr>
<tr><td colspan="16"></td></tr>
</table>

事后监督：　　　　　　　　业务主管：　　　　　　　　复核：　　　　　　　　经办：

图 2－5　开户申请书

个人业务存款凭条

年　月　日

银行打印	户名	账（卡）号		顺序号	
	币种	钞汇标志		存款金额	
	业务种类	存期	转存标志	转存期限	
	日期	日志号	交易码	流水号	柜员号

客户备注	账（卡）号______ 币种______ 序号______ 存期______ □钞 □汇 □到期转存 约转存期____月 □到期不转存 金额：亿 千 百 十 万 千 百 十 元 角 分	客户确认	本人已确认银行打印记录正确无误。 客户签名：______

事后监督　　　　经办

图 2-6　个人业务存款凭条

活期存折

账号______　　户名______

办卡标志______　　币种______

开户网点名称______　　钞汇标志______

凭证号码______

（银行签章）

签发日期______　属性______　通存通兑______　印密______

	日期	注释	支出（-）或存入（+）	结余	网点号	操作
1						
2						
3						
4						
5						
6						
7						
8						
9						
10						

图 2-7　活期存折

活动二　续　　存

业务描述

201×年8月25日，客户王永到模拟银行KW市分行个人业务柜续存现金6 165.60元，柜员李红（柜员号：203001）接待了客户，圆满完成了业务。

业务流程

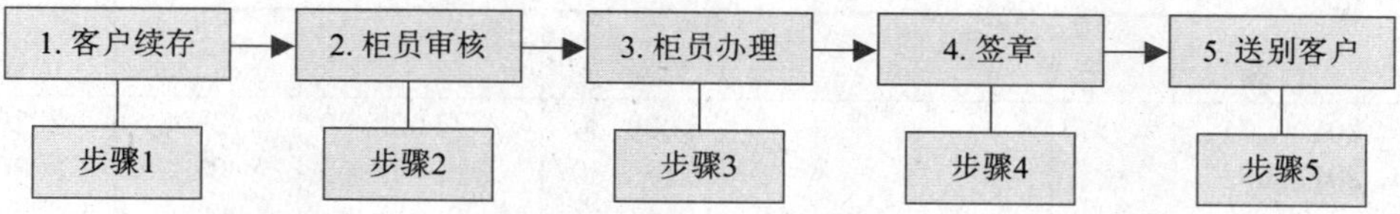

业务实施

步骤1　客户续存： 客户提交存折或卡并提交现金。

步骤2　柜员审核： 刷折或卡，由系统读取磁条信息，将系统内该客户的存款账户与存折或卡的账号、户名、存款余额核对相符。

> **小贴士**
>
> 客户办理续存业务时，可以填写存款凭条，也可以免填单。

步骤3　柜员办理：

（1）按现金收款程序鉴别、清点现金，无误后入现金箱。

（2）系统录入操作（见图2－8），选择“活期储蓄现金存款”交易，输入金额进行记账处理。

（3）打印存折（见图2－9）、打印存款凭条（见图2－10）并请客户核对签字。

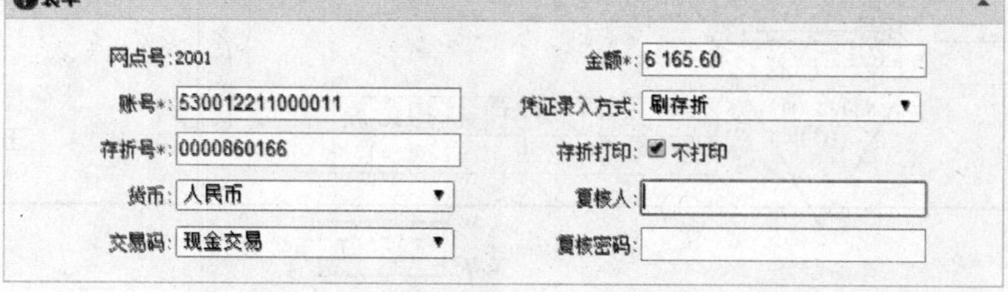

图2－8　活期储蓄存款续存操作界面

活期存折

账号 530012211000011　　　　户名 王永

办卡标志 无卡　　　　币种 RMB

开户网点名称 模拟银行 KW 市分行　　　　钞汇标志 钞

凭证号码 0000860166

（模拟银行KW市分行 201×·07·12 业务用公章 (01)）　　（银行签章）

签发日期 201×-07-12　　属性 单币种户　　通存通兑 通　　印密 密

	日期	注释	支出（-）或存入（+）	结余	网点号	操作
1	201×0712	开户	5 000.00	¥5 000.00	0805	203001
2	201×0825	续存	6 165.60	¥11 165.60	0805	203001
3						
4						
5						
6						
7						
8						
9						
10						

图 2-9　活期存折

个人业务存款凭条

201×年 08 月 25 日

银行打印：

户名 王永	账（卡）号 530012211000011		顺序号 0020	
币种 人民币	钞汇标志 钞		存款金额 ¥6 156.60	
业务种类 活期开户	存期	转存标志	转存期限	
日期 201×0825	日志号 123	交易码 2701	流水号 7654	柜员号 203001

客户备注：

账（卡）号______（模拟银行KW市分行 201×-08-25 清讫章 (01)）

币种______ 序号______

存期______ □钞 □汇

□到期转存　约转存期______月

□到期不转存

金额	亿	千	百	十	万	千	百	十	元	角	分

客户确认：本人已确认银行打印记录正确无误。

客户签名：王永

事后监督　　　　经办 李红

图 2-10　个人业务存款凭条

步骤4 签章：客户在存款凭证上签名确认；柜员在存款凭证记账联和回执联上加盖清讫章及柜员名章。

步骤5 送别客户：柜员将存折、存款凭证回执交客户，与客户道别。

【训练与评价】

201×年8月27日，客户王敏到模拟银行KW市分行个人业务柜续存现金2 050.80元，柜员李强（柜员号：203003）接待了客户，圆满完成了业务。

要求：完成图2－7、图2－11相关内容。

（自评：☆☆☆☆☆　小组评：☆☆☆☆☆　老师评：☆☆☆☆☆　合计：____☆）

个人业务取款凭条

年　月　日

<table>
<tr><td>银行打印</td><td colspan="2">户名　　账（卡）号　　顺序号
币种　　钞汇标志　　存款金额
业务种类　　存期　　转存标志　　转存期限
日期　　日志号　　交易码　　流水号　　柜员号</td></tr>
<tr><td>客户备注</td><td>账（卡）号____
币种____ 序号____
存期____ □钞 □汇
□到期转存　约转存期____月
□到期不转存
金额 | 亿 | 千 | 百 | 十 | 万 | 千 | 百 | 十 | 元 | 角 | 分 |</td><td>客户确认：本人已确认银行打印记录正确无误。
客户签名：____</td></tr>
</table>

事后监督　　　　经办

图2－11　个人业务存款凭条

活动三　支　取

业务描述

201×年9月10日，客户王永到模拟银行KW市分行个人业务柜支取现金3 478.50元，柜员李红（柜员号：203001）接待了客户，圆满完成了业务。

业务流程

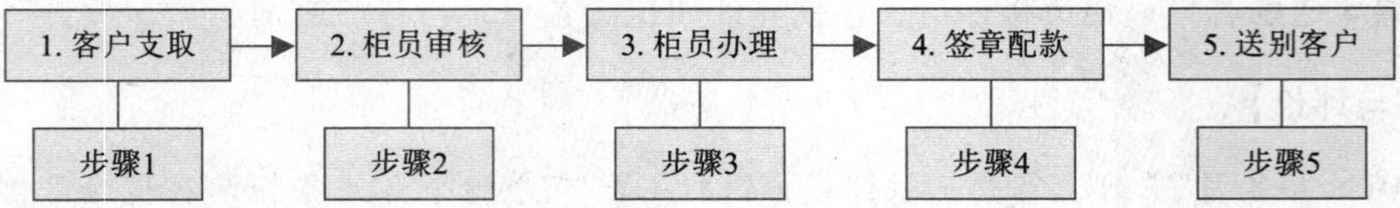

业务实施

步骤1　客户支取：客户提交存折或卡、有效身份证件（大额取款客户），若代理取款需提交代理人身份证件。

> **小贴士**
>
> 客户办理支取业务时，可以填写取款凭条，也可以免填单。

步骤2　柜员审核：刷折或卡，由系统读取磁条信息，将系统内该客户的存款账户与存折或卡的账号、户名、存款余额核对相符。审核有效身份证件（大额取款客户）及代理人身份证件（代理取款客户）。

步骤3　柜员办理：

（1）系统录入操作（见图2-12），选择“活期储蓄现金取款”交易，输入金额进行记账处理。

（2）打印存折（见图2-13）、打印取款凭条（见图2-14）并请客户核对签字。

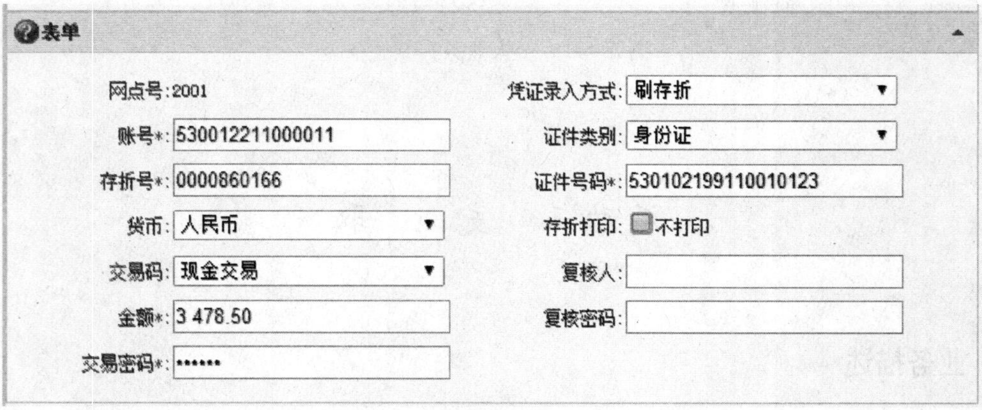
表单

网点号：2001
凭证录入方式：刷存折
账号*：530012211000011
证件类别：身份证
存折号*：0000860166
证件号码*：530102199110010123
货币：人民币
存折打印：不打印
交易码：现金交易
复核人：
金额*：3 478.50
复核密码：
交易密码*：••••••

图2-12　活期储蓄存款支取操作界面

活期存折

账号 530012211000011　　户名 王永
办卡标志 无卡　　币种 RMB
开户网点名称 模拟银行 KW 市分行　　钞汇标志 钞
凭证号码 0000860166

模拟银行KW市分行
201×·07·12
业务用公章
(01)
（银行签章）

签发日期 201×-07-12　属性 单币种户　通存通兑 通　印密 密

	日期	注释	支出（-）或存入（+）	结余	网点号	操作
1	201×0712	开户	5 000.00	¥5 000.00	0805	203001
2	201×0825	续存	6 165.60	¥11 165.60	0805	203001
3	201×0910	支取	-3 478.50	¥7 687.10	0805	203001
4						
5						
6						
7						
8						
9						
10						

图 2－13　活期存折

个人业务取款凭条

201×年 09 月 10 日

银行打印	**户名 王永**	**账（卡）号 530012211000011**		**顺序号 0031**
	币种 人民币	**钞汇标志　钞**		**存款金额　¥3 478.50**
	业务种类 活期取款	**存期**	**转存标志**	**转存期限**
	日期 201×0910	**日志号 2341**	**交易码 2727**	**流水号 0806**　**柜员号 23001**

客户备注	账（卡）号______ 序号______ 币种______ 存期______ □钞 □汇 □到期转存　约转存期______月 □到期不转存 金额：亿 千 百 十 万 千 百 十 元 角 分	客户确认：本人已确认银行打印记录正确无误。 客户签名：王永

模拟银行KW市分行
201×-09-10
清讫章
(01)

事后监督　　经办 李　红

图 2－14　个人业务取款凭条

步骤 4　签章配款： 客户在取款凭证上签名确认；柜员核对存折打印记录无误后，配款并在取款凭证记账联和回执联上加盖清讫章及柜员名章。

步骤5 送别客户：现金、存折、身份证件（大额取款客户）、代理人身份证件（代理取款）、取款凭证回执交客户，与客户道别。

【训练与评价】

201×年9月15日，客户王敏到模拟银行KW市分行个人业务柜支取现金3 456.50元，柜员李强（柜员号：203003）接待了客户，圆满完成了业务。

要求：完成图2－7、图2－15相关内容。

（自评：☆☆☆☆☆　小组评：☆☆☆☆☆　老师评：☆☆☆☆☆　合计：____☆）

个人业务存款凭条

年　月　日

<table>
<tr><td>银行打印</td><td colspan="3">户名　　账（卡）号　　顺序号
币种　　钞汇标志　　存款金额
业务种类　　存期　　转存标志　　转存期限
日期　　日志号　　交易码　　流水号　　柜员号</td></tr>
<tr><td>客户备注</td><td>账（卡）号____________
币种__________ 序号__________
存期__________ □钞 □汇
□到期转存　约转存期____月
□到期不转存

金额<table><tr><td>亿</td><td>千</td><td>百</td><td>十</td><td>万</td><td>千</td><td>百</td><td>十</td><td>元</td><td>角</td><td>分</td></tr><tr><td></td><td></td><td></td><td></td><td></td><td></td><td></td><td></td><td></td><td></td><td></td></tr></table></td><td>客户确认</td><td>本人已确认银行打印记录正确无误。

客户签名：________</td></tr>
</table>

事后监督　　　　经办

图2－15　个人业务取款凭条

活动四　销　户

业务描述

201×年10月7日（当日银行挂牌活期存款利率为0.35%），客户王永到模拟银行KW市分行个人业务柜要求将其活期账户销户，柜员李红（柜员号：203001）接待了客户，圆满完成了业务。

相关知识

销户是商业银行根据客户要求，注销该客户在该行内的账户，并进行结息。商业银行计息规定如下：

1. 结息日、付息日。人民币活期储蓄存款自2005年9月21日起，每季度结息一次，每季末月的20日为结息日，21日支付利息，银行将利息转入储户账户。如果储户在结息日前销户，银行将按当日挂牌活期利率计算利息并连同本金支付给储户。

2. 计息起点。本金以“元”为起息点，元以下不计息。利息计算至分位，分以下四舍五入。分段计息时，各段利息计至厘位，合计利息计至分位。

3. 计息天数。存期采用对年、对月、对日的办法计算，每月按30天计算，每年按360天计算，不足一个月的零头天数按实存天数计算。（注：目前有部分银行按实际每月天数计算利息，每年按365天计息。）

存款天数一律“算头不算尾”，即由存入日起算至支取日的前一天为止。

小测试

客户李某于201×年2月10日开立人民币活期储蓄存款账户，同年3月9日到银行结清账户，请问计息天数为多少天？

4. 计息利率。人民币活期储蓄存款在存入期间遇利率调整，按结息日挂牌公告的活期储蓄存款利率计算利息。

5. 计息方法。人民币活期储蓄存款采用“日积数计息法”，计算公式如下：

应付利息＝累计日积数×日利率（‰）

累计日积数＝本金×存款天数

日利率＝年利率（%）÷360

小测试

客户李某于201×年2月10日存入1 000.50元，开立人民币活期储蓄存款账户，同年3月9日到银行结清账户，支取当日银行挂牌活期储蓄存款利率为0.36%，计算银行应付客户李某多少利息？

6. 有关利息所得税金的规定。根据国务院及国家税务总局的有关规定，1999年11月1日以后孳生的储蓄存款利息所得，依法征收20%的个人所得税。自2007年8月15日起，将储蓄存款利息所得个人所得税的适用税率由20%调减为5%。自2008年10月9日起，对储蓄存款利息所得暂免征收个人所得税。储蓄利息所得应该按照政策调整前和调整后分时段计算，要按照不同的税率计征个人所得税。计算公式如下：

应纳税额＝应付利息×税率

实付利息＝应付利息－应纳税额

做一做

9月21日根据计息有关规定，为客户王永结计利息（活期存款利率为0.35%）并转入储户账户。

业务流程

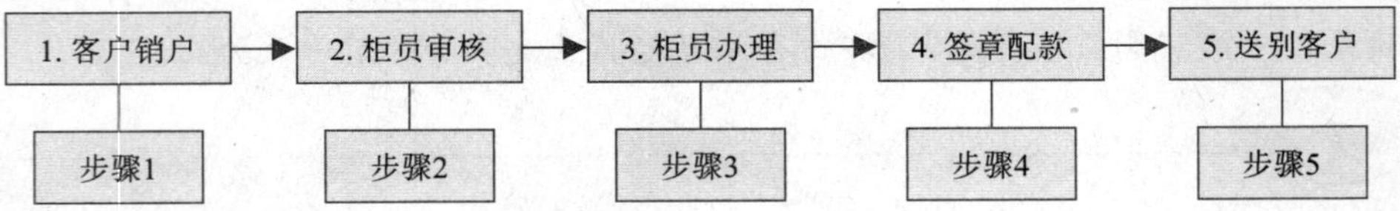

业务实施

步骤1　客户销户：客户提交存折或卡、有效身份证件。

步骤2　柜员审核：刷折或卡，由系统读取磁条信息，将系统内该客户的存款账与存折或卡的账号、户名、存款余额核对相符；审核有效身份证件。

步骤3　柜员办理：

（1）系统录入操作（见图2－16），选择“活期储蓄销户”交易，输入金额进行记账处理。

（2）登记、打印活期存折（见图2－17）。

（3）打印取款凭条（见图2－18）并请客户核对签字。

（4）打印利息清单（见图2－19）并请客户核对签字。

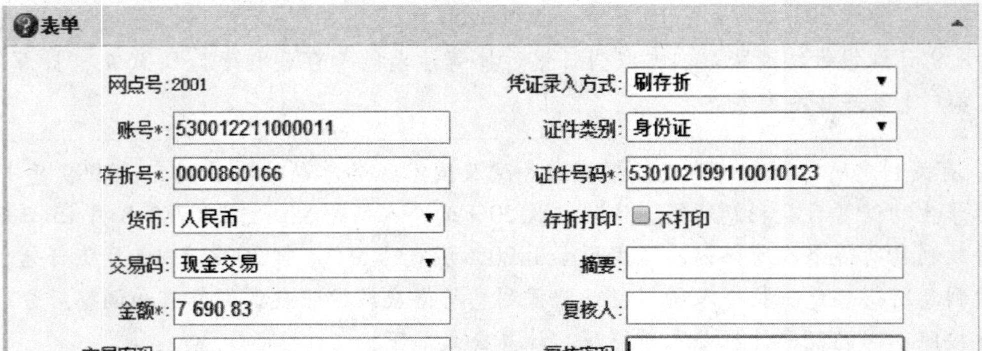

图2－16　活期储蓄存款销户系统操作界面

活期存折

账号 530012211000011　　户名 王永

办卡标志 无卡　　币种 RMB

开户网点名称 模拟银行KW市分行　　钞汇标志 钞

凭证号码 0000860166

（印章：模拟银行KW市分行 201×·07·12 业务用公章 (01)）　　销 户 （银行签章）

签发日期 201×-07-12　属性 单币种户　通存通兑 通　印密 密

	日期	注释	支出（-）或存入（+）	结余	网点号	操作
1	201×0712	开户	5 000.00	¥5 000.00	0805	203001
2	201×0825	续存	6 165.60	¥11 165.60	0805	203001
3	201×0910	支取	-3 478.50	¥7 687.10	0805	203001
4	201×0921	利息	3.73	¥7 690.83	0805	000001
5	201×1007	支取	-7 690.83	0.00	0805	203001
6						
7						
8						
9						
10						

图 2-17　活期存折

个人业务取款凭条

201×年 10 月 07 日

银行打印	户名 王永	账（卡）号 530012211000011		顺序号 0041
	币种 人民币	钞汇标志 钞		存款金额 ¥7 690.83
	业务种类 活期取款	存期	转存标志	转存期限
	日期 201×1007	日志号 4321	交易码 1551　流水号 0065	柜员号 203001

客户备注	账（卡）号＿＿＿＿ 币种＿＿＿＿ 序号＿＿＿＿ 存期＿＿＿＿ □钞 □汇 □到期转存 约转存期＿＿月 □到期不转存 金额：亿 千 百 十 万 千 百 十 元 角 分	客户确认：本人已确认银行打印记录正确无误。 客户签名：王永

（印章：模拟银行KW市分行 201×-08-25 清讫章 (01)）

事后监督　　经办 李 红

图 2-18　个人业务取款凭条

储蓄存款利息清单

201×年10月07日

户名	王永			账　号	530012211000011		
储种	本金	类别	利率%	利息	应税利息	税率%	税金
活期	7 690. 83		0. 35	1. 20	1. 20	0	0. 00
网点号	现转标志	税后利息	税后本息合计	操　作	备注		
8050	现钞	1. 20	7 692. 03	23001			

第二联　客户留存　　　　事后监督　　　　复核（授权）　　　　经办

图2－19　利息清单

小贴士

客户若留存已销户的活期存折，柜员应破坏活期存折磁条的完整性，在最后一笔交易记录的下一行批注“某年某月某日销户，以下空白”字样（或加盖作废印章），并在存折封皮上加盖“销户”印章后交客户。

步骤4　签章配款：客户在取款凭证、利息清单上签名确认；柜员核对存折打印记录无误后，配款并在取款凭证、利息清单记账联和回执联上加盖清讫章及柜员名章；在存折上加盖销户章。

【训练与评价】

201×年10月24日（当日银行挂牌活期存款利率为0.35%），客户王敏到模拟银行KW市分行个人业务柜要求将其活期账户销户，柜员李强（柜员号：203003）接待了客户，圆满完成了业务。

步骤5　送别客户：现金、身份证件、代理人身份证件（代理销户）、取款凭证回执交客户，与客户道别。结清存折、取款凭证、利息清单记账联留存银行。

要求：计算银行应付利息并完成图2－7、图2－20、图2－21相关内容。

（自评：☆☆☆☆☆　小组评：☆☆☆☆☆　老师评：☆☆☆☆☆　合计：____☆）

银行应付利息＝______________________________

个人业务取款凭条

年　　月　　日

<table>
<tr><td rowspan="4">银行打印</td><td>户名</td><td colspan="2">账（卡）号</td><td colspan="2">顺序号</td></tr>
<tr><td>币种</td><td colspan="2">钞汇标志</td><td colspan="2">存款金额</td></tr>
<tr><td>业务种类</td><td>存期</td><td>转存标志</td><td colspan="2">转存期限</td></tr>
<tr><td>日期</td><td>日志号</td><td>交易码</td><td>流水号</td><td>柜员号</td></tr>
<tr><td>客户备注</td><td colspan="3">账（卡）号____________
币种________　序号________
存期________　□钞　□汇
□到期转存　约转存期____月
□到期不转存
金额：亿 千 百 十 万 千 百 十 元 角 分</td><td>客户确认</td><td>本人已确认银行打印记录正确无误。
客户签名：________</td></tr>
</table>

事后监督　　　　经办

图 2－20　个人业务取款凭条

储蓄存款利息清单

年　　月　　日

户名				账　号			
储种	本金	类别	利率%	利息	应税利息	税率%	税金
网点号	现转标志	税后利息	税后本息合计	操　作	备注		

第二联　客户留存　　　　事后监督　　　　复核（授权）　　　　经办

图 2－21　利息清单

活动五　特殊业务

业务描述

201×年 9 月 24 日客户王永到模拟银行 KW 市分行个人业务柜要求补登存折，柜员李红（柜员号：203001）接待了客户，圆满完成了业务。

相关知识

常见的柜面特殊业务包括：

1. 补登折。可通过以下途径处理：(1) 可由柜员在有折存款、取款交易中直接登折。(2) 可由柜员刷读存折账号、凭证号等信息，使用系统中活期储蓄补登折交易，在存折上打印未登折信息。(3) 可由储户在存折补登机上自己操作，在存折上打印未登折信息。

2. 换折。客户存折因保存不当或其他原因造成存折不能继续使用时，核对旧存折无误后，选择换折交易，打印新存折，并在新存折上加盖业务公章，将新存折交客户收执，破坏旧存折磁条的完整性，作为签单服务凭证的附件。

3. 更改密码。可分为两种情况处理：(1) 如果客户忘记旧密码，首先按挂失进行处理，然后再为储户更改密码，旧密码可以不输，但须授权。(2) 如果客户要求更换其预留的密码，必须首先核对旧密码，然后输入其新密码。

4. 挂失。可分为两种情况处理：(1) 口头（函电）挂失的，在提供有关要素以及银行查实挂失人款项未被他人领取后办理，客户必须在 5 天内补办书面申请挂失手续。(2) 书面挂失的，客户须到原存款行办理，挂失时客户应持本人有效身份证件，并提供账户、户名、开户时间、金额、币种、期限等有关存款内容，经银行审核无误后，查实确未支付即可办理挂失。客户须填写储蓄挂失申请书，其中一联回单由客户留存，并在 7 日后持申请书及本人身份证件到开户行领取新存折办理转存或取现手续。

业务流程

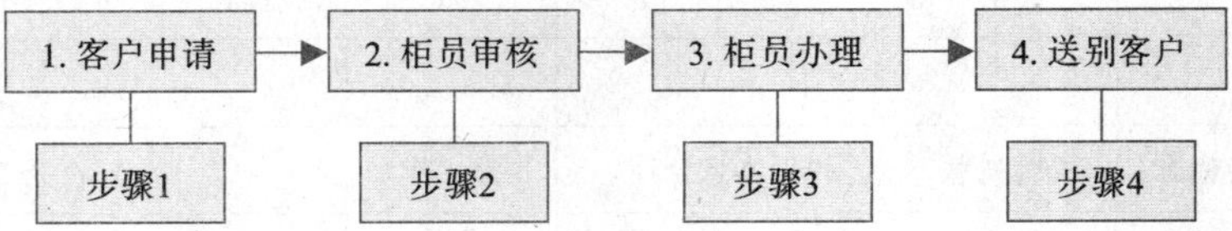

业务实施

步骤 1　客户申请： 客户提交存折或卡。

步骤 2　柜员审核： 刷折或卡，由系统读取磁条信息，将系统内该客户的存款账与存折或卡的账号、户名、存款余额核对相符。

步骤 3　柜员办理： 系统录入操作，选择“活期储蓄补登折”交易，打印存折（见图 2-22）。

想一想

201×年 10 月 24 日，客户王敏到模拟银行 KW 市分行个人业务柜要求销户时，柜员李强（柜员号：203003）接待了客户，在处理业务时是否有需要补登折的业务，如果有是哪一笔业务？

步骤 4　送别客户： 柜员将存折交客户，与客户道别。

活期存折

账号 530012211000011　　户名 王永

办卡标志 无卡　　币种 RMB

开户网点名称 模拟银行KW市分行　　钞汇标志 钞

凭证号码 0000860166

模拟银行KW市分行
201×·07·12
业务用公章
(01)

（银行签章）

签发日期 201×-07-12　　属性 单币种户　　通存通兑 通　　印密 密

	日期	注释	支出（-）或存入（+）	结余	网点号	操作
1	201×0712	开户	5 000.00	¥5 000.00	0805	203001
2	201×0825	续存	6 165.60	¥11 165.60	0805	203001
3	201×0910	支取	-3 478.50	¥7 687.10	0805	203001
4	201×0921	利息	3.73	¥7 690.83	0805	000001
5						
6						
7						
8						
9						
10						

图 2－22　活期存折

任务二
办理人民币整存整取定期储蓄柜面业务

【案例导读】

存钱不当也“破财”

在各类投资收益都得不到保证的情况下，储蓄成为大多数市民的理财选择。存钱也有技术要求，否则会由于操作方式不当令存款受到损失。

种类期限不注意会损失利息。很多人认为，现在储蓄存款利率很低，存定期储蓄存款和存活期储蓄存款一样，都得不到多少利息，其实这种认识是很片面的，虽说现在储蓄存款利率不算太高，但如果有100 000元，在半年以后用，很明显定期储蓄存款半年得到的利息要高于活期储蓄存款半年的利息，因此，在选择存款种类、期限时应根据自己的消费水平以及用款情况，能够存定期储蓄存款三个月的绝不存活期储蓄存款，能够存定期储蓄存款半年的绝不存定期储蓄存款三个月。

大单拆小单费点心思"少破财"。很多人喜欢把到期日相差时间很近的几张定期储蓄存单等一起到期后，拿到银行进行转存，让自己拥有一张"大"存单，或是拿着大笔现金，到银行存成一笔"大"存单。这种存款方式从理财的角度来看，有时可能会产生损失。这意味着，如果储户因为某种不得已情况需要提前支取，将会遭遇利息上的损失，存"大单"意味着风险更大。因此，储户应当学会将"大单"拆成"小单"，比如将10万元拆成几张小单，一旦遇到有钱急用，可以将利息损失减小到最低。

少提前支取多收益，逾期不取息少拿。对于存钱一族来说，影响收益的还有两条：提前支取和逾期不取。有些人在急需用钱时，往往把定期储蓄存款提前支取，损失了利息。事实上，现在可以用做临时"融资"的渠道很多，比如信用卡取现、典当、保单贷款，现在有些银行也开展了定期存单贷款业务，市民在定期储蓄存款提前支取时不妨比较一下，看究竟是提前支取划算，还是采用其他方式更合算，算好账才能把定期储蓄存款提前支取的利息损失降到最低点。还有一些"马大哈"，不注意定期储蓄存单的到期日，往往存单已经到期很久才会去银行办理取款手续，这样一来会损失利息。因此储户应常翻看存单，定期存单到期赶快到银行进行支取或者采用到期自动转存业务。

（资料来源：http：//www.360doc.com/content/12/1028/20/7782022_244319400.shtml，2012年10月28日。）

知识准备

人民币整存整取定期储蓄存款是一种约定存期、整笔存入本金、到期一次支取本息的储蓄方式。一般50元起存，多存不限。存期分3个月、6个月、1年、2年、3年和5年。由储蓄机构发给存单（折），到期凭存单（折）支取本息。预留密码后，到期支取可办理通兑。其特点是利率较高、可约定转存、可质押贷款、可全部提前支取或部分提前支取（只能进行一次部分提前支取）。

活动一　开　户

业务描述

201×年8月13日，客户王冬（身份证号：530102199009010770；通讯地址：KW市滨江路168号；联系电话：55678678；邮政编码：650030）到模拟银行KW市分行个人业务柜申请办理整存整取储蓄存单，并存入现金20 000元，存期1年（存入日银行挂牌整存整取利率为3.25%），柜员李红（柜员号：203001）接待了客户，圆满完成了业务。

业务流程

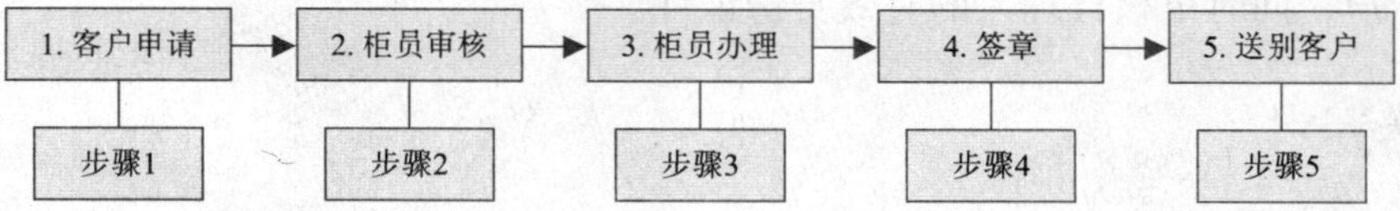

业务实施

步骤 1　客户申请：客户填写开户申请书（见图 2－23），提交有效身份证件、现金（现金开户）。

银行开立个人银行账户申请书

网点：**模拟银行 KW 市分行**　　**201×**年**08**月**13**日　　编号：**000002**

客户填写：（以下各项确认时请在□内打"√"）				
户　名	王冬	☑身份证　□其他	证件号码	530102199009010770
身份证地址	KW 市滨江路 168 号		电话	55678678
现住址	KW 市滨江路 168 号		邮政编码	650030
代理人姓名		□身份证　□其他	证件号码	
住址			电话	

币种	金额	十	亿	千	百	十	万	千	百	十	元	角	分
☑人民币　□港币　□美元　□其他						¥	2	0	0	0	0	0	0

个人结算账户	□活期一本通存折户　　申请借记卡 □是　　□否
	□个人支票
	开立活期一本通或申请借记卡，我行将为您开通电话银行查询服务，如果您不需要此服务，请选择： □　电话银行查询服务
□定活两便	
□通知存款　种类 □一 天　□七 天	
□教育储蓄　□零存整取　存期	
□存本取息　□整存零取　存期　　个月取款（息）一次	
☑整存整取存单　存期 **一年**　　☑到期约定转存	
□国　债　存期　　□其他	
支取方式	☑凭密码（密码必须为六位数字，不足六位无效）□凭存折（只有密码方式才能通存通兑）
客户确认栏	本人已详尽阅读并自愿遵守本申请书附加的《客户须知》和《个人人民币银行结算账户管理协议书》的规定，并保证本申请书上所填内容真实、有效、无误，如有伪造、欺诈，愿承担法律责任。 申请（代理人）签字：**王冬**
	备注：
银行打印：	

事后监督：　　业务主管：　　复核：　　经办：

图 2－23　开户申请书

步骤2　柜员审核：审核申请书填写内容（包括户名、金额、住址、有效身份证件名称、号码、选择的储种、是否预留印鉴或密码、是否约定转存等）；鉴别有效身份证件，若为代理人开户，同时审核代理人的有效身份证件。

相关知识

约定转存是指银行接受储户的委托，在储户委托的转账日期按照约定的转存金额和转账方式进行账务转存。减少客户往来银行的时间，更加有利于资金的增值。

约定转存是银行根据当前个人理财意识增强的社会趋势而提倡的一种新的存款理念。约定转存期，存款人在存款时就需对存期和转存期有个预判，进行统筹考虑，由于转存期可以选择3个月、半年、一年等各档定期存款期限，存款人完全能够按实际需要来灵活组合存期和转存期，有利于在实践中提高理财技巧。

“约定转存”和“自动转存”的区别一：约定转存是客户可在存款时约定到期后转存的期限和金额。自动转存是银行根据与客户的约定代替客户办理转存手续。

区别二：约定转存有期限选择，如原存入期限为一年，约定转存可以定两年或半年不限，而自动转存则是转存期限与原存入期限相同，依照原定存期不限期转存下去。

区别三：约定转存的存单如果支取日不是存单对应的当天则视同提前支取，需要提供身份证件，而自动转存视同到期支取，不用提供身份证明。

步骤3　柜员办理：

（1）按现金收款程序鉴别、清点现金，无误后入现金箱。

（2）系统录入操作（见图2－24），选择“定期储蓄现金开户”交易，根据开户申请书依次输入客户姓名、储种、币种、金额、账户、性质（结算/储蓄，或钞/汇）、证件号码、

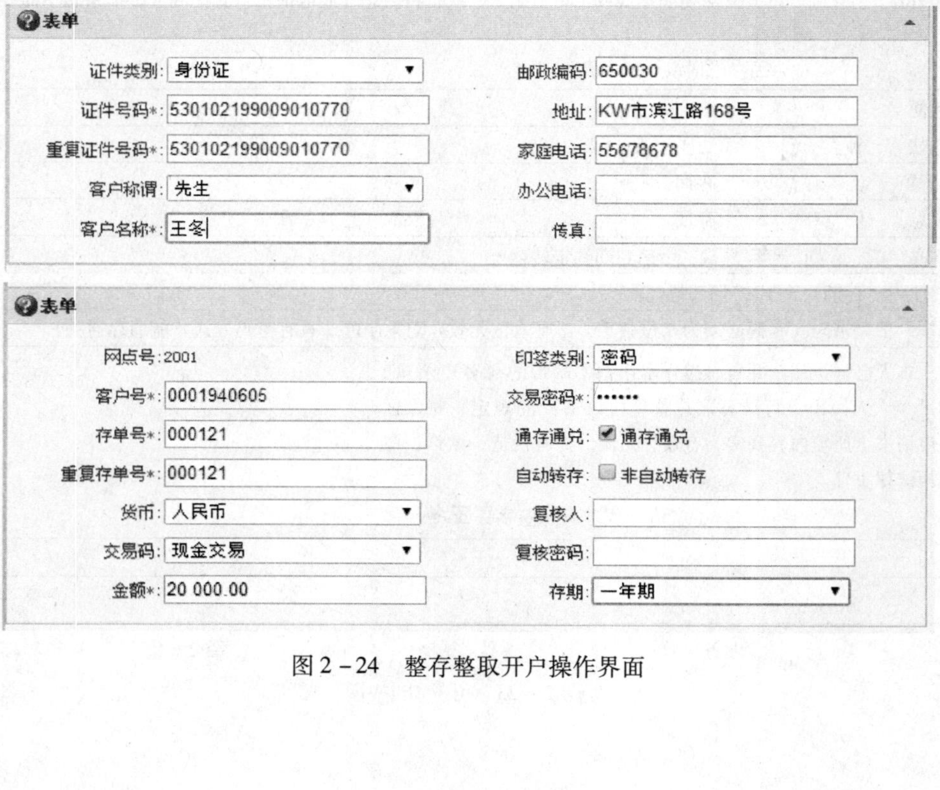

图2－24　整存整取开户操作界面

电话、地址等各项开户资料。请客户留存密码或其他支取方式，如客户选择密码支取方式，必须由客户通过密码小键盘输入密码，录入后提交。

（3）打印存单或定期存款一本通（见图2－25）、打印存款凭条（见图2－26）并请客户核对签字。

整存整取定期储蓄存单

（KW）000121

户名：王冬　　账号：530012215000001　　储种：整存整取

币种：人民币　　金额（大写）：贰万元整

开户行名：模拟银行KW市分行

存入日期	金额（小写）	存期	年利率%	起息日	到期日	支取方式	转存标志
201×－08－13	¥20 000.00	一年	3.25	201×－08－13	201×－08－13	凭密	约定转存

（印章：模拟银行KW市分行 存单（折）专用章 (01)）

客户印鉴　事后监督　支取时：复核（授权）　柜员　存入时：复核（授权）　柜员 李红

图2－25　整存整取定期储蓄存单

个人业务存款凭条

201×年 08 月 13 日

银行打印	户名 王冬	账（卡）号 530012215000001		顺序号 0047	
	币种 人民币	钞汇标志　钞		存款金额　¥20 000.00	
	业务种类 双整开户	存期 一年	转存标志 约转	转存期限 一年	
	日期 201×0813	日志号 3245	交易码 2731	流水号 1311	柜员号 203001

客户备注	账（卡）号＿＿＿＿ 币种＿＿＿＿＿＿　序号＿＿＿＿ 存期＿＿＿＿＿＿　□钞　□汇 □到期转存　约转存期＿＿＿月 □到期不转存 金额：亿 千 百 十 万 千 百 十 元 角 分	客户确认	本人已确认银行打印记录正确无误。 客户签名：王冬

（印章：模拟银行KW市分行 201×-08-13 清讫章 (01)）

事后监督　　经办 李红

图2－26　定期储蓄存款凭条

步骤4　签章：客户在存款凭证上签名确认；柜员在存单和开户申请书上加盖存单（折）专用章及柜员名章，在存款凭证记账联和回执联上加盖清讫章及柜员名章。

步骤5　送别客户：柜员将存单、《开立个人银行结算账户申请书》的回单联、存款凭条回执及身份证件交客户，与客户道别。

【训练与评价】

201×年8月23日，客户张丹（身份证号：530103199211010231；通讯地址：KW市建设路101号；联系电话：5674567；邮政编码：650031）到模拟银行KW市分行个人业务柜申请整存整取定期储蓄业务，存期1年，利率3.25%，存入现金30 000元，柜员李强（柜员号：203003）接待了客户，圆满完成了业务。（新开户账号：500012215000012）

要求：完成图2－27、图2－28、图2－29相关内容。

（自评：☆☆☆☆☆　小组评：☆☆☆☆☆　老师评：☆☆☆☆☆　合计：____☆）

银行开立个人银行账户申请书

网点：　　　　　　　　　　　　年　　月　　日　　　　　　　　　　编号：**000012**

客户填写：（以下各项确认时请在□内打“√”）				
户　名		□身份证　□其他	证件号码	
身份证地址			电话	
现住址			邮政编码	
代理人姓名		□身份证　□其他	证件号码	
住址			电话	

币种	□人民币　□港币　□美元　□其他	金额	十	亿	千	百	十	万	千	百	十	元	角	分

个人结算账户	□活期一本通存折户　　申请借记卡 □是　□否
	□个人支票
	开立活期一本通或申请借记卡，我行将为您开通电话银行查询服务，如果您不需要此服务，请选择： □　电话银行查询服务
□定活两便	
□通知存款　种类　□一 天　□七 天	
□教育储蓄　□零存整取　存期	
□存本取息　□整存零取　存期　　　个月取款（息）一次	
□整存整取存单　存期　　　□到期约定转存	
□国　债　存期　　　□其他	
支取方式	□凭密码（密码必须为六位数字，不足六位无效）□凭存折（只有密码方式才能通存通兑）
客户确认栏	本人已详尽阅读并自愿遵守本申请书附加的《客户须知》和《个人人民币银行结算账户管理协议书》的规定，并保证本申请书上所填内容真实、有效、无误，如有伪造、欺诈，愿承担法律责任。 申请（代理人）签字：　　　　备注：
银行打印：	

事后监督：　　　　　业务主管：　　　　　复核：　　　　　经办：

图2－27　开户申请书

整存整取定期储蓄存单

（KW）000132

户名：　　　　　　　　账号：　　　　　　　　储种：
币种：　　　　　　　　金额（大写）：
开户行名：

存入日期	金额（小写）	存期	年利率%	起息日	到期日	支取方式	转存标志

客户印鉴　　事后监督　　支取时：复核（授权）　　柜员　　存入时：复核（授权）　　柜员

图 2－28　整存整取定期储蓄存单

个人业务存款凭条

年　　月　　日

<table>
<tr><td>银行打印</td><td colspan="2">户名　　　　账（卡）号　　　　顺序号
币种　　　　钞汇标志　　　　存款金额
业务种类　　　　存期　　转存标志　　转存期限
日期　　日志号　　交易码　　流水号　　柜员号</td></tr>
<tr><td>客户备注</td><td>账（卡）号____________________
币种__________　序号__________
存期_________　□钞　□汇
□到期转存　约转存期____月　金额 亿 千 百 十 万 千 百 十 元 角 分
□到期不转存</td><td>客户确认：本人已确认银行打印记录正确无误。

客户签名：________</td></tr>
</table>

事后监督　　　　经办

图 2－29　定期储蓄存款凭条

活动二　部分提前支取

业务描述

201×年 12 月 28 日，客户王冬持本人身份证件及 201×年 8 月 13 日模拟银行 KW 市分行签发的编号为（KW）000121 的整存整取储蓄存单来行要求提前支取 8 000 元，柜员李红（柜员号：203001）接待了客户，圆满地完成了业务。（支取日银行挂牌整存整取利率为 3.25%，活期储蓄存款利率为 0.35%）

业务流程

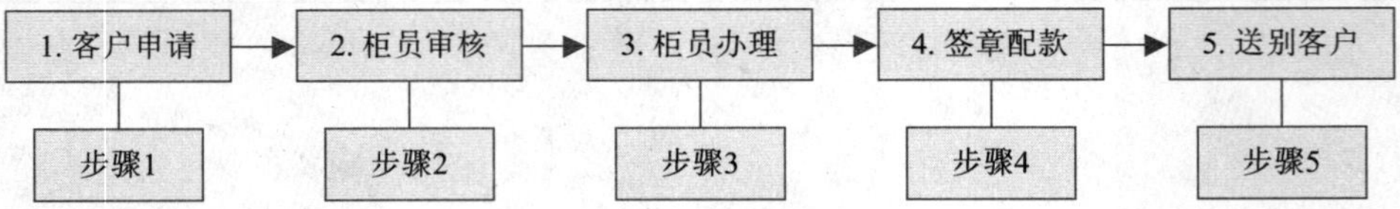

业务实施

步骤1　客户申请：客户提交存单或存折、有效身份证件。如代为办理，须同时提供代办人有效身份证件。

步骤2　柜员审核：审核存单或存折中整存整取业务是否到期，核对真伪，审核有效身份证件。

步骤3　柜员办理：

（1）系统录入操作（见图2－30），选择“整存整取提前支取”交易，输入存单号码，核对屏幕显示的账号与存单的账号一致后，输入币种、金额、身份证件类型及号码，由客户输入密码。

（2）收回存单，将证件名称、发证机关及证件号码摘录在存单上，在存单上加盖“提前支取”戳记。

（3）打印利息清单（见图2－31）及取款凭条（见图2－32）并请客户核对签字，打印新存单（见图2－33）。

相关知识

任何人过日子都会遇到急用钱的事，而在此时多数人家持有的定期储蓄存单一般都不可能正好到期。这些人家往往只好把自己的定期储蓄存单提前支取，以应燃眉之急。但提前支取，方法不同，利息损失也就会不同，所以在提前支取时考虑如何支取很重要。现在多数银行都推出了定期储蓄存款部分提前支取业务。因此，为减少利息损失，在进行提前支取时最好采用这种支取方式。

人民币整存整取定期储蓄存款计息规定：

1. 到期日。人民币整存整取定期储蓄存款的到期日以对年、对月、对日为准。若开户日为到期月份所缺日期，则以到期月份的最末一天为到期日。

小测试

1. 客户李某于201×年3月10日开立人民币整存整取定期储蓄存款账户，期限为3个月，请问这笔存款的到期日是哪一天？

2. 客户王某于201×年3月31日开立人民币整存整取定期储蓄存款账户，期限为6个月，请问这笔存款的到期日是哪一天？

2. 计息起点。本金实际数额为起息点，利息计算至分位，分以下四舍五入。分段计息时，各段利息计至厘位，合计利息计至分位。

3. 计息天数。存期采用对年、对月、对日的办法计算；存款天数一律“算头不算尾”，即由存入日起算至支取日的前一天为止。

4. 计息利率：

（1）按存入日挂牌公告的相应期限档次整存整取定期存款利率计息。定期存款利随本清，遇利率调整，不分段计息。

（2）全部或部分提前支取的，支取部分按支取日挂牌公告的活期储蓄存款利率计息，未提前支取部分仍按原存单利率计息。

（3）逾期支取的，超过存单约定存期部分，除约定自动转存外，按支取日挂牌公告的活期储蓄存款利率计息。

5. 计息方法。人民币整存整取定期存款采用逐笔计息法计算利息。计算公式如下：

应付利息 = 本金 × 存期 × 利率

6. 约定转存、自动转存利息计算。银行对约定转存及自动转存的储蓄存款以转存日的利率为计息依据，转存时，都会把原来储蓄存款的本金和利息都按约定转成定期储蓄存款。

7. 有关利息所得税金的规定（与人民币活期储蓄存款的有关规定相同）。

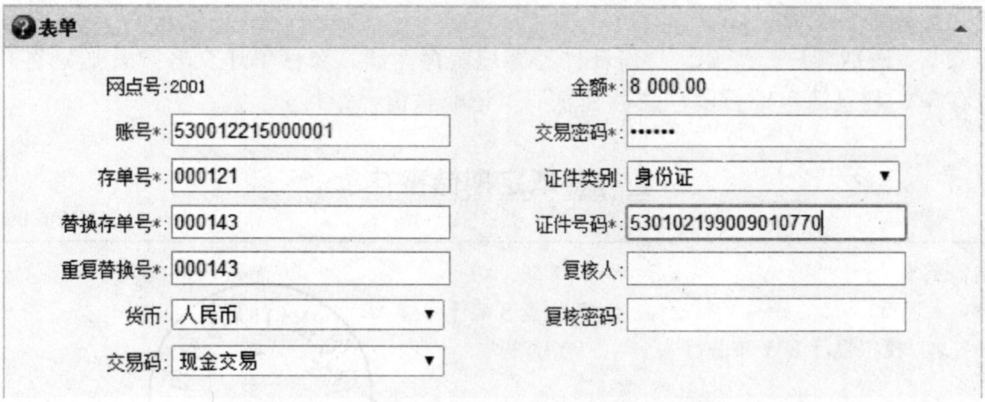

图 2-30 整存整取部分提前支取操作界面

储蓄存款利息清单

201×年12月28日

户名	王冬			账 号	530012215000001		
储种	本金	类别	利率%	利息	应税利息	税率%	税金
活期	**8 000.00**		**0.35**	**10.56**	**10.66**	**0**	**0.00**
网点号	现转标志	税后利息	税后本息合计	操 作	备注		
8050	**现钞**	**10.66**	**8 010.66**	**203001**			

第二联 客户留存　　事后监督　　复核（授权）　　经办

图 2-31 利息清单

个人业务取款凭条

201×年12月28日

银行打印	户名 王冬	账（卡）号 530012215000001		顺序号 0047
	币种 人民币	钞汇标志 钞		取款金额 ￥8 010.66
	业务种类 双整提前支取 存期		转存标志	转存期限
	日期 201×1228	日志号 3256	交易码 2735	流水号 0813 柜员号 203001
客户备注	账（卡）号 模拟银行KW市分行 币种 201×-12-28 存期 □钞 □汇 清讫章 (01) □到期转存 约转存期 月 □到期不转存	金额 亿 千 百 十 万 千 百 十 元 角 分	客户确认	本人已确认银行打印记录正确无误。 客户签名：王冬

事后监督　　经办 李红

图2-32 个人业务取款凭条

步骤4 签章配款：客户在取款凭证、利息清单上签名确认；柜员核对打印记录无误后，配款并在取款凭证、利息清单记账联和回执联上加盖清讫章及柜员名章；在新的整存整取存单上加盖业务公章、名章。

步骤5 送别客户：现金、身份证件、客户留存凭证、新存单递交客户并送别客户；整存整取存单、利息清单银行留存联、利息清单记账联留存银行。

整存整取定期储蓄存单

（KW）000143

户名：王冬　　账号：530012215000001　　储种：整存整取

币种：人民币　　金额（大写）：壹万贰仟元整

开户行名：模拟银行 KW 市分行

模拟银行KW市分行 存单（折）专用章 (01)

存入日期	金额（小写）	存期	年利率%	起息日	到期日	支取方式	转存标志
201×-08-13	￥12 000.00	一年	3.25	201×-08-13	201×-08-13	凭密	约定转存

客户印鉴　事后监督　支取时：复核（授权）　柜员　存入时：复核（授权）　柜员 李红

图2-33 整存整取定期储蓄存单

【训练与评价】

201×年11月8日，客户张丹持本人身份证件及201×年8月23日模拟银行KW分行签发的编号为（KW）00132的整存整取储蓄存单来行要求部分提前支取10 000元，柜员李强（柜员号：203003）接待了客户，圆满完成了业务。（支取日银行挂牌整存整取利率为3.25%，活期储蓄存款利率为0.35%）

要求：完成图2－34、图2－35、图2－36相关内容。

（自评：☆☆☆☆☆　小组评：☆☆☆☆☆　老师评：☆☆☆☆☆　合计：____☆）

储蓄存款利息清单

年　月　日

户名				账　号			
储种	本金	类别	利率%	利息	应税利息	税率%	税金
网点号	现转标志	税后利息	税后本息合计	操　作	备注		

第二联　客户留存　　事后监督　　复核（授权）　　经办

图2－34　利息清单

个人业务取款凭条

年　月　日

<table>
<tr><td rowspan="4">银行打印</td><td>户名</td><td>账（卡）号</td><td></td><td>顺序号</td><td></td></tr>
<tr><td>币种</td><td>钞汇标志</td><td></td><td>取款金额</td><td></td></tr>
<tr><td>业务种类</td><td>存期</td><td>转存标志</td><td>转存期限</td><td></td></tr>
<tr><td>日期</td><td>日志号</td><td>交易码</td><td>流水号</td><td>柜员号</td></tr>
<tr><td>客户备注</td><td colspan="3">账（卡）号________
币种________　序号________
存期________　□钞　□汇
□到期转存　约转存期____月
□到期不转存
金额：亿 千 百 十 万 千 百 十 元 角 分</td><td>客户确认</td><td>本人已确认银行打印记录正确无误。
客户签名：________</td></tr>
</table>

事后监督　　经办

图2－35　个人业务取款凭条

整存整取定期储蓄存单

（KW）000154

户名：　　账号：　　储种：

币种：　　金额（大写）：

开户行名：

存入日期	金额（小写）	存期	年利率%	起息日	到期日	支取方式	转存标志

客户印鉴　　事后监督　　支取时：复核（授权）　　柜员　　存入时：复核（授权）　　柜员

图2－36　整存整取定期储蓄存单

活动三　全部提前支取

业务描述

201×年12月28日，客户王冬持本人身份证件及201×年8月13日模拟银行KW市分行签发的编号为（KW）000121的整存整取储蓄存单来行要求全部提前支取，柜员李红（柜员号：203001）接待了客户，圆满地完成了业务。（支取日银行挂牌整存整取利率为3.25%，活期储蓄存款利率为0.35%）

业务流程

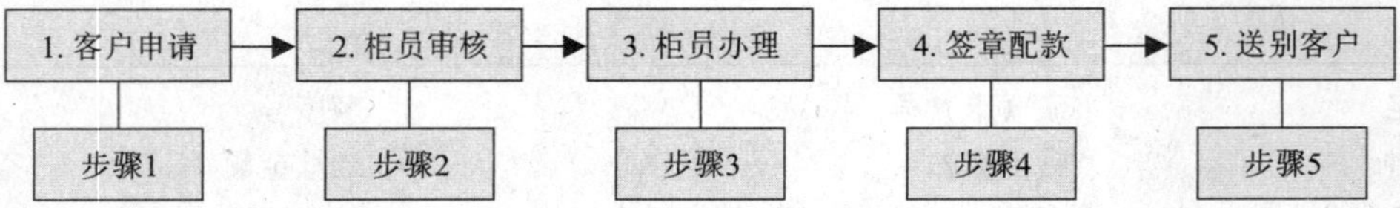

业务实施

人民币整存整取定期储蓄存款全部提前支取参照部分提前支取业务流程，不同之处在于：柜员不需打印新的整存整取存单，利息按照全部支取金额、实存天数及支取日银行挂牌活期存款利率计算（见图2-37、图2-38）。

储蓄存款利息清单

201×年12月28日

户名	王冬			账　号	530012215000001		
储种	本金	类别	利率%	利息	应税利息	税率%	税金
活期	20 000.00		0.35	26.64	26.64	0	0.00
网点号	现转标志	税后利息	税后本息合计	操　作	备注		
8050	现钞	26.64	20 026.64	203001			

第二联　客户留存　　　　事后监督　　　　复核（授权）　　　　经办

图2-37　利息清单

个人业务取款凭条

201×年 12 月 28 日

银行打印	户名 王冬	账（卡）号 530012215000001		顺序号 0047	
	币种 人民币	钞汇标志　钞		取款金额　￥20 026. 64	
	业务种类 双整提前支取	存期	转存标志	转存期限	
	日期 201×1228	日志号 3256	交易码 2735	流水号 0813	柜员号 203001
客户备注	账（卡）号＿＿＿＿ 币种＿＿＿＿　序号＿＿＿＿ 存期＿＿＿＿　□钞　□汇 □到期转存　约转存期＿＿月 □到期不转存	金额：亿 千 百 十 万 千 百 十 元 角 分		客户确认	本人已确认银行打印记录正确无误。 客户签名：王冬

（印章：模拟银行KW市分行　201×.12.28　清讫章　(01)）

事后监督　　　　经办　李　红

图 2－38　个人业务取款凭条

【训练与评价】

201×年 12 月 31 日，客户张丹持本人身份证件及 201×年 11 月 8 日模拟银行 KW 分行签发的编号为（KW）00154 的整存整取储蓄存单（见图 2－36）来行要求全部提前支取，柜员李强（柜员号：203003）接待了客户，圆满完成了业务。（支取日银行挂牌整存整取利率为 3. 25%，活期储蓄存款利率为 0. 35%）

要求：完成图 2－39、图 2－40 相关内容。

（自评：☆☆☆☆☆　小组评：☆☆☆☆☆　老师评：☆☆☆☆☆　合计：＿＿☆）

储蓄存款利息清单

年　月　日

户名				账　号			
储种	本金	类别	利率%	利息	应税利息	税率%	税金
网点号	现转标志	税后利息	税后本息合计	操　作	备注		

第二联　客户留存　　事后监督　　复核（授权）　　经办

图 2－39　利息清单

个人业务取款凭条

年 月 日

银行打印	户名	账（卡）号		顺序号	
	币种	钞汇标志		取款金额	
	业务种类	存期	转存标志	转存期限	
	日期	日志号	交易码	流水号	柜员号

客户备注	账（卡）号________ 币种______ 序号______ 存期______ □钞 □汇 □到期转存 约转存期___月 □到期不转存	金额 亿 千 百 十 万 千 百 十 元 角 分	客户确认	本人已确认银行打印记录正确无误。 客户签名：______

事后监督　　　　经办

图 2－40　个人业务取款凭条

活动四　到期支取

业务描述

201×年 8 月 13 日，客户王冬持本人身份证件及一年前模拟银行 KW 市分行签发的编号为（KW）000143，金额为 12 000 元的整存整取储蓄存单（见图 2－33）来行要求支取，柜员李红（柜员号：203001）接待了客户，圆满地完成了业务。

业务流程

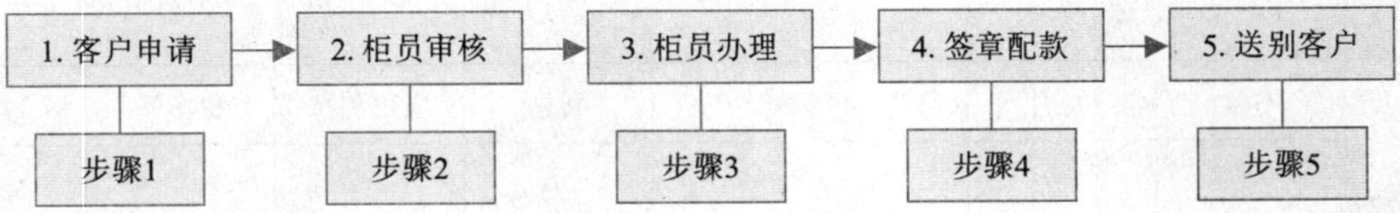

业务实施

人民币整存整取定期储蓄存款到期支取参照部分提前支取业务流程，不同之处在于：柜员不需打印新的整存整取存单，利息按照全部支取金额、实存天数及存入日银行挂牌整存整取定期存款利率计算（见图 2－41、图 2－42）。

储蓄存款利息清单

201×年 08 月 13 日

户名	王冬			账　号	530012215000001		
储种	本金	类别	利率%	利息	应税利息	税率%	税金
整整	12 000.00		3.25	390.00	390.00	0	0.00
网点号	现转标志	税后利息	税后本息合计	操　作	备注		
8050	现钞	390.00	12 390.00	203001			

第二联　客户留存　　　　事后监督　　　　复核（授权）　　　　经办

图 2－41　利息清单

个人业务取款凭条

201×年 08 月 13 日

银行打印	户名 王冬	账（卡）号 530012215000001		顺序号 0058
	币种 人民币	钞汇标志　钞		取款金额　¥12 390.00
	业务种类 双整支取	存期 一年	转存标志 约转	转存期限
	日期 201×0813	日志号 2365	交易码 7253	流水号 0178　柜员号 203001

客户备注	账（卡）号＿＿＿＿ 币种＿＿＿＿　序号＿＿＿＿ 存期＿＿＿＿　□钞　□汇 □到期转存　约转存期＿＿月 □到期不转存 金额：亿 千 百 十 万 千 百 十 元 角 分	客户确认	本人已确认银行打印记录正确无误。 客户签名：王冬

模拟银行KW市分行　201×-08-13　清讫章（01）

事后监督　　　　经办 李　红

图 2－42　个人业务取款凭条

【训练与评价】

201×年 8 月 23 日，客户张丹持本人身份证件及一年前模拟银行 KW 分行签发的编号为（KW）00154 的整存整取储蓄存单（见图 2－36）来行要求到期支取，柜员李强（柜员号：203003）接待了客户，圆满完成了业务。

要求：完成图 2－43、图 2－44 相关内容。

（自评：☆☆☆☆☆　小组评：☆☆☆☆☆　老师评：☆☆☆☆☆　合计：＿＿☆）

储蓄存款利息清单

年　月　日

户名				账　号			
储种	本金	类别	利率%	利息	应税利息	税率%	税金
网点号	现转标志	税后利息	税后本息合计	操　作	备注		

第二联　客户留存　　事后监督　　复核（授权）　　经办

图 2－43　利息清单

个人业务取款凭条

年　月　日

银行打印	**户名**	**账（卡）号**		**顺序号**	
	币种	**钞汇标志**		**取款金额**	
	业务种类	**存期**	**转存标志**	**转存期限**	
	日期	**日志号**	**交易码**	**流水号**	**柜员号**
客户备注	账（卡）号______ 币种______ 序号______ 存期______ □钞 □汇 □到期转存 约转存期___月 □到期不转存	金额：亿 千 百 十 万 千 百 十 元 角 分		客户确认	本人已确认银行打印记录正确无误。 客户签名：______

事后监督　　经办

图 2－44　个人业务取款凭条

活动五　逾期支取

业务描述

201×年 10 月 20 日，客户王冬持本人身份证件及一年前模拟银行 KW 市分行签发的编号为（KW）000143，金额为 12 000 元的整存整取储蓄存单（见图 2－36）来行要求支取，柜员李红（柜员号：203001）接待了客户，圆满地完成了业务。（支取日银行挂牌活期储蓄存款利率为 0.35%）

业务流程

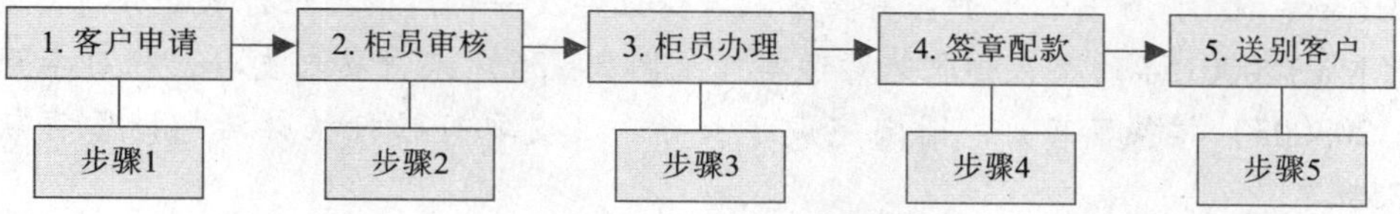

业务实施

人民币整存整取定期储蓄存款逾期支取参照部分提前支取业务流程，不同之处在于：柜员不需打印新的整存整取存单，利息按照到期利息和逾期利息的合计数计算（见图 2－45、图 2－46）。

储蓄存款利息清单

201×年 10 月 20 日

户名	王冬			账　号	530012215000001		
储种	本金	类别	利率%	利息	应税利息	税率%	税金
活期	**12 390.00**		**0.35**	**8.19**	**8.19**	**0**	**0.00**
网点号	现转标志	税后利息	税后本息合计	操　作	备注		
8050	**现钞**	**8.19**	**12 398.19**	**203001**			

第二联　客户留存　　　　事后监督　　　　复核（授权）　　　　经办

图 2－45　利息清单

个人业务取款凭条

201×年 10 月 20 日

银行打印	**户名 王冬**	**账（卡）号 530012215000001**		**顺序号 0058**
	币种 人民币	**钞汇标志　钞**		**取款金额　¥12 398.19**
	业务种类 双整支取	**存期 一年**	**转存标志 约转**	**转存期限　一年**
	日期 201×0813	**日志号 2365**	**交易码 7253**	**流水号 0178**　**柜员号 203001**

客户备注	账（卡）号______ 币种______　序号______ 存期______　□钞　□汇 □到期转存　约转存期____月　金额：亿 千 百 十 万 千 百 十 元 角 分 □到期不转存 （印章：模拟银行KW市分行 201×-10-20 清讫章 (01)）	客户确认：本人已确认银行打印记录正确无误。 客户签名：王冬

事后监督　　　　经办 李　红

图 2－46　个人业务取款凭条

【训练与评价】

201×年10月15日，客户张丹持本人身份证件及一年前模拟银行KW分行签发的编号为（KW）000154的整存整取储蓄存单（见图2－36）来行要求支取，柜员李强（柜员号：203003）接待了客户，圆满完成了业务。（支取日银行挂牌活期储蓄存款利率为0.35%）

要求：完成图2－47、图2－48相关内容。

（自评：☆☆☆☆☆　小组评：☆☆☆☆☆　老师评：☆☆☆☆☆　合计：____☆）

储蓄存款利息清单

年　月　日

户名				账　号			
储种	本金	类别	利率%	利息	应税利息	税率%	税金
网点号	现转标志	税后利息	税后本息合计	操　作	备注		

第二联　客户留存　　事后监督　　复核（授权）　　经办

图2－47　利息清单

个人业务取款凭条

年　月　日

银行打印	户名	账（卡）号		顺序号	
	币种	钞汇标志		取款金额	
	业务种类	存期	转存标志	转存期限	
	日期	日志号	交易码	流水号	柜员号
客户备注	账（卡）号______ 币种______ 序号______ 存期______ □钞 □汇 □到期转存 约转存期____月 □到期不转存	金额 亿 千 百 十 万 千 百 十 元 角 分		客户确认	本人已确认银行打印记录正确无误。 客户签名：______

事后监督　　经办

图2－48　个人业务取款凭条

任务三
办理人民币零存整取定期储蓄/教育储蓄柜面业务

【案例导读】

小钱零存整取 大钱买理财 让散钱不再“沉睡”

随着经济生活水平的提高和理财意识的觉醒，人们比较看重大额资金的理财功效，而去购买基金、股票、保险等。但与此同时，许多人经常会有一些“散钱”握在手里，处于“休眠”状态，比如一些工薪族平时工资账户里的钱就常常“趴”在那里。那么，如何把这些平时的散钱纳入理财规划既能省力又能赚钱呢？且听理财达人和专家来教你如何用活工资卡里的余钱。

不少居民手中的散钱经常是备用资金，一些小钱可以采取零存整取定期储蓄、货币基金等流动性强的金融产品进行积累。零存整取是不少工薪族强制储蓄的一种方式，每月固定存入一定金额，至约定期限可以一次性提取，并且零存整取比活期利率要高不少。如果每月节余较多，建议可以将零存整取变成每月存一张定期存单，每月定存不仅可分享更高利率，而且每月都有资金到期，就现金流而言，也更为平衡。

对于较大金额的散钱可以考虑购买银行的理财产品，银行理财最低起点是5万元，既可获较高收益又不影响急用。比如银行的周末理财，利率高于同期定存，对短期闲置的资金来讲就是不错的选择。对于喜欢在股市做短线做波段的投资者来说，周五可以把从股市里转出的钱放入“周末理财”，下个周一早上就又回到客户账上，可以让资金得到充分利用。

（资料来源：汇通网，http：//money.591hx.com，2012年8月22日。）

没落的“贵族”

1999年9月，国家开办教育储蓄，凭学生本人户口簿开户，采取零存整取形式，存期分1年、3年和6年，到期分别按1年、3年和5年定期存款计息且免利息税。收益比同期零存整取存款最多高出60%。

不少银行回忆，几年前居民一进银行就争相追问“办不办教育储蓄?”一些地方甚至将教育储蓄作为亮点吸引存款。然而，这一为孩子理财的“贵族”现在已沦落到无人问津。记者走访或电话联系建行、农行等几家大型银行，一位银行人士说，近两年该产品已没人办理。2007年6月，该市教育储蓄还有3.81亿元，但人民银行表示，此储蓄很少，都已不在月度统计项目中。

银行人士分析，多种原因造成教育储蓄大幅萎缩。首先是理财渠道众多，教育储蓄的免税和利率优惠的优势不再。开办之初，国人理财单一，但现在有股票、基金、保险、银行理财产品、黄金等多种理财渠道，加之利息税取消，很多理财产品收益超过教育储蓄。其次，教育储蓄需每月存款，流动性差，且本金不能超过2万元，支取时还要凭国税部门统一印制的凭证，手续繁琐，这些都影响了教育储蓄发展。儿童理财早已不再局限于教育储蓄，而更加个性化多元化，金融部门未来还会联手其他行业，围绕儿童的学习、生活、教育、医疗、健康等各方面，提供更多增值服务，挖掘更大的蛋糕。

（资料来源：http：//www. tltea. net/jiatinglicai/22211. html，2012年7月17日。）

知识准备

人民币零存整取定期储蓄存款是一种客户按月定额存入、到期一次支取本息的储蓄方式。人民币5元起存，多存不限。存期分为1年、3年、5年。其特点是积少成多，可培养理财习惯；可全部提前支取；可约定转存；可质押贷款；利率低于整存整取定期存款，但高于活期储蓄，可使储户获得稍高的存款利息收入。

人民币教育储蓄是一种特殊的零存整取定期储蓄存款。是个人为其在校小学四年级（含四年级）以上的子女接受非义务教育（指九年义务教育之外的全日制高中、大中专、大学本科、硕士和博士研究生）积蓄资金，到期支取本息的一种定期储蓄。人民币50元起存，每户本金最高限额为2万元。存期分为1年、3年、6年。其特点是储户特定、存期灵活、总额控制、利率优惠、定向使用、贷款优先；积零成整，满足中低收入家庭小额存储；积蓄资金，解决子女非义务教育支出的需要。

活动一　开　户

业务描述

201×年9月18日客户周旺（身份证号：530103199211010310；通讯地址：KW市河滨路8号；联系电话：77889922；邮政编码：650031）到模拟银行KW分行办理零存整取定期储蓄存款存折开户，约定月存1 000元，存期1年（存入日银行挂牌零存整取利率为2.85%），柜员李红（柜员号：203001）接待了客户，圆满完成了业务。

业务流程

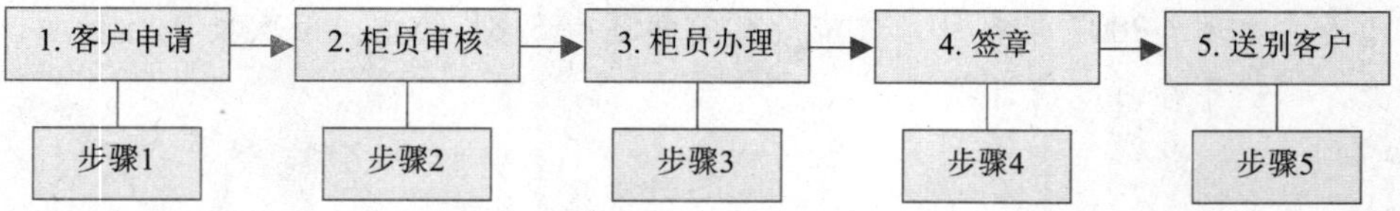

业务实施

人民币零存整取定期储蓄存款开户参照人民币活期储蓄开户流程，不同之处在于：柜员审核客户填写的申请书应选择储种为零存整取，柜员应选择零存整取操作界面，打印零存整取储蓄存折及存款凭条（见图 2－49、图 2－50、图 2－51、图 2－52）。

银行开立个人银行账户申请书

网点：**模拟银行 KW 市分行**　　**201×**年 **09** 月 **18** 日　　编号：**000003**

<table>
<tr><td colspan="16">客户填写：（以下各项确认时请在□内打“√”）</td></tr>
<tr><td colspan="2">户　名</td><td colspan="2">周旺</td><td colspan="4">☑身份证　□其他</td><td colspan="3">证件号码</td><td colspan="5">530103199211010310</td></tr>
<tr><td colspan="2">身份证地址</td><td colspan="6">KW 市河滨路 8 号</td><td colspan="3">电话</td><td colspan="5">77889922</td></tr>
<tr><td colspan="2">现住址</td><td colspan="6">KW 市河滨路 8 号</td><td colspan="3">邮政编码</td><td colspan="5">650031</td></tr>
<tr><td colspan="2">代理人姓名</td><td colspan="2"></td><td colspan="4">□身份证　□其他</td><td colspan="3">证件号码</td><td colspan="5"></td></tr>
<tr><td colspan="2">住址</td><td colspan="6"></td><td colspan="3">电话</td><td colspan="5"></td></tr>
<tr><td rowspan="2">币种</td><td colspan="2" rowspan="2">☑人民币　□港币　□美元　□其他</td><td rowspan="2">金额</td><td>十</td><td>亿</td><td>千</td><td>百</td><td>十</td><td>万</td><td>千</td><td>百</td><td>十</td><td>元</td><td>角</td><td>分</td></tr>
<tr><td></td><td></td><td></td><td></td><td></td><td>¥</td><td>1</td><td>0</td><td>0</td><td>0</td><td>0</td><td>0</td></tr>
<tr><td colspan="2" rowspan="3">个人结算账户</td><td colspan="14">□活期一本通存折户　　申请借记卡 □是　□否</td></tr>
<tr><td colspan="14">□个人支票</td></tr>
<tr><td colspan="14">开立活期一本通或申请借记卡，我行将为您开通电话银行查询服务，如果您不需要此服务，请选择：
□　电话银行查询服务</td></tr>
<tr><td colspan="16">□定活两便</td></tr>
<tr><td colspan="16">□通知存款　种类　□一 天　□七 天</td></tr>
<tr><td colspan="16">□教育储蓄　☑零存整取　存期　1 年</td></tr>
<tr><td colspan="16">□存本取息　□整存零取　存期　　个月取款（息）一次</td></tr>
<tr><td colspan="16">□整存整取存单　存期　　□到期约定转存</td></tr>
<tr><td colspan="16">□国　债　存期　　□其他</td></tr>
<tr><td colspan="2">支取方式</td><td colspan="14">☑凭密码（密码必须为六位数字，不足六位无效）□凭存折（只有密码方式才能通存通兑）</td></tr>
<tr><td>客户确认栏</td><td colspan="7">本人已详尽阅读并自愿遵守本申请书附加的《客户须知》和《个人人民币银行结算账户管理协议书》的规定，并保证本申请书上所填内容真实、有效、无误，如有伪造、欺诈，愿承担法律责任。
申请（代理人）签字：周旺</td><td colspan="8">备注：</td></tr>
<tr><td colspan="16">银行打印：</td></tr>
</table>

事后监督：　　业务主管：　　复核：　　经办：

图 2－49　开户申请书

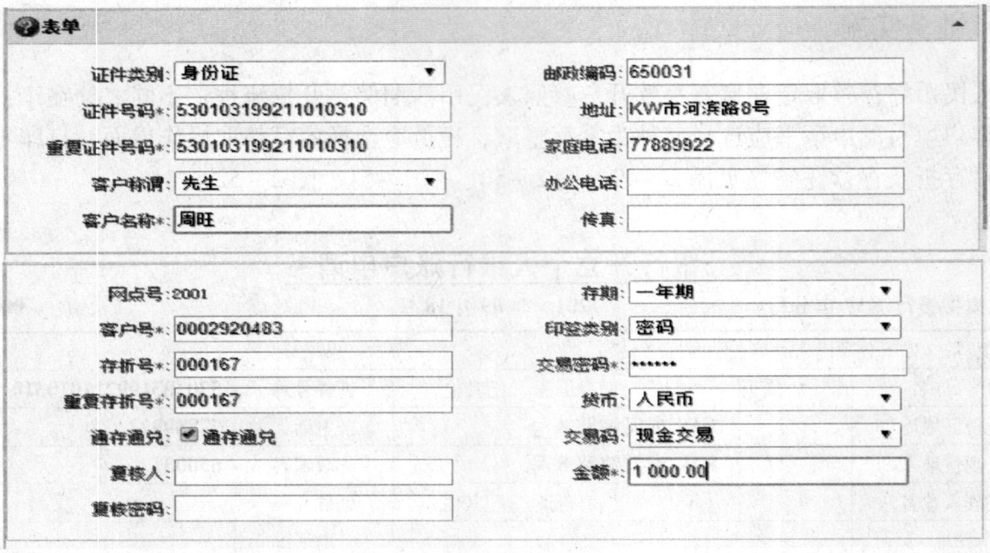

表单

证件类别：身份证　　邮政编码：650031

证件号码*：530103199211010310　　地址：KW市河滨路8号

重复证件号码*：530103199211010310　　家庭电话：77889922

客户称谓：先生　　办公电话：

客户名称*：周旺　　传真：

网点号：2001　　存期：一年期

客户号*：0002920483　　印鉴类别：密码

存折号*：000167　　交易密码*：******

重复存折号*：000167　　货币：人民币

通存通兑：通存通兑　　交易码：现金交易

复核人：　　金额*：1 000.00

复核密码：

图 2－50　零存整取开户操作界面

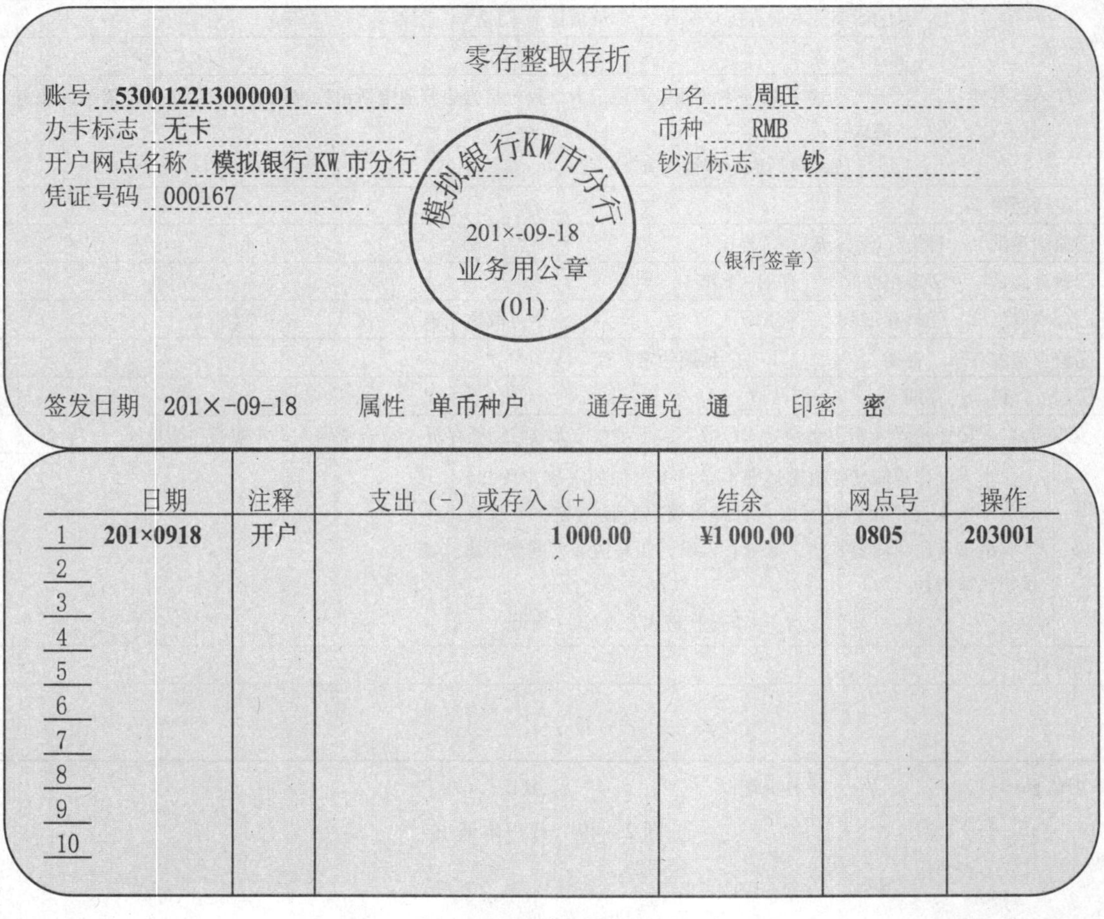

零存整取存折

账号 530012213000001　　户名 周旺

办卡标志 无卡　　币种 RMB

开户网点名称 模拟银行 KW 市分行　　钞汇标志 钞

凭证号码 000167

模拟银行KW市分行 201×-09-18 业务用公章 (01)

（银行签章）

签发日期 201×-09-18　　属性 单币种户　　通存通兑 通　　印密 密

	日期	注释	支出（－）或存入（＋）	结余	网点号	操作
1	201×0918	开户	1 000.00	¥1 000.00	0805	203001
2						
3						
4						
5						
6						
7						
8						
9						
10						

图 2－51　零存整取存折

个人业务存款凭条

201×年 09 月 18 日

银行打印	户名 周旺	账（卡）号 530012213000001		顺序号 0068	
	币种 人民币	钞汇标志　钞		存款金额　¥1 000.00	
	业务种类 零整开户	存期 一年	转存标志 约转	转存期限	
	日期 201×0918	日志号 3257	交易码 2740	流水号 2101	柜员号 203001
客户备注	账（卡）号______ 币种______ 序号______ 存期______ □钞 □汇 □到期转存　约转存期____月 □到期不转存	金额：亿 千 百 十 万 千 百 十 元 角 分	客户确认	本人已确认银行打印记录正确无误。 客户签名：周旺	

模拟银行KW市分行
201×-09-18
清讫章
(01)

事后监督　　　　经办 李　红

图 2－52　零存整取储蓄存款凭条

【训练与评价】

201×年 9 月 23 日，客户赵军（身份证号：530103199312010012；通讯地址：KW 市河滨路 101 号；联系电话：78694533；邮政编码：650031）到模拟银行 KW 市分行办理零存整取定期储蓄存款存折开户，约定月存 2 000 元，存期 1 年（存入日银行挂牌零存整取利率为 2.85%），柜员李强（柜员号：203003）接待了客户，圆满完成了业务。（新开户账号：500012213000012）

要求：完成图 2－53、图 2－54、图 2－55 相关内容。

（自评：☆☆☆☆☆　小组评：☆☆☆☆☆　老师评：☆☆☆☆☆　合计：____☆）

银行开立个人银行账户申请书

网点： 年 月 日 编号：**000004**

<table>
<tr><td colspan="16">客户填写：（以下各项确认时请在□内打“√”）</td></tr>
<tr><td colspan="2">户 名</td><td></td><td>□身份证 □其他</td><td>证件号码</td><td colspan="11"></td></tr>
<tr><td colspan="2">身份证地址</td><td colspan="2"></td><td>电话</td><td colspan="11"></td></tr>
<tr><td colspan="2">现住址</td><td colspan="2"></td><td>邮政编码</td><td colspan="11"></td></tr>
<tr><td colspan="2">代理人姓名</td><td></td><td>□身份证 □其他</td><td>证件号码</td><td colspan="11"></td></tr>
<tr><td colspan="2">住址</td><td colspan="2"></td><td>电话</td><td colspan="11"></td></tr>
<tr><td rowspan="2">币种</td><td colspan="3" rowspan="2">□人民币 □港币 □美元 □其他</td><td rowspan="2">金额</td><td>十</td><td>亿</td><td>千</td><td>百</td><td>十</td><td>万</td><td>千</td><td>百</td><td>十</td><td>元</td><td>角</td><td>分</td></tr>
<tr><td></td><td></td><td></td><td></td><td></td><td></td><td></td><td></td><td></td><td></td><td></td><td></td></tr>
<tr><td colspan="2" rowspan="3">个人结算账户</td><td colspan="14">□活期一本通存折户 申请借记卡 □是 □否</td></tr>
<tr><td colspan="14">□个人支票</td></tr>
<tr><td colspan="14">开立活期一本通或申请借记卡，我行将为您开通电话银行查询服务，如果您不需要此服务，请选择：
□ 电话银行查询服务</td></tr>
<tr><td colspan="16">□定活两便</td></tr>
<tr><td colspan="16">□通知存款 种类 □一 天 □七 天</td></tr>
<tr><td colspan="16">□教育储蓄 □零存整取 存期</td></tr>
<tr><td colspan="16">□存本取息 □整存零取 存期 个月取款（息）一次</td></tr>
<tr><td colspan="16">□整存整取存单 存期 □到期约定转存</td></tr>
<tr><td colspan="16">□国 债 存期 □其他</td></tr>
<tr><td colspan="2">支取方式</td><td colspan="14">□凭密码（密码必须为六位数字，不足六位无效）□凭存折（只有密码方式才能通存通兑）</td></tr>
<tr><td>客户确认栏</td><td colspan="4">本人已详尽阅读并自愿遵守本申请书附加的《客户须知》和《个人人民币银行结算账户管理协议书》的规定，并保证本申请书上所填内容真实、有效、无误，如有伪造、欺诈，愿承担法律责任。
申请（代理人）签字：</td><td colspan="11">备注：</td></tr>
<tr><td colspan="16">银行打印：</td></tr>
<tr><td colspan="16"></td></tr>
</table>

事后监督： 业务主管： 复核： 经办：

图 2－53 开户申请书

个人业务存款凭条

年　月　日

银行打印	户名	账（卡）号			顺序号	
	币种	钞汇标志			存款金额	
	业务种类	存期	转存标志		转存期限	
	日期	日志号	交易码	流水号	柜员号	
客户备注	账（卡）号＿＿＿＿ 币种＿＿＿＿　序号＿＿＿＿ 存期＿＿＿＿　□钞　□汇 □到期转存　约转存期＿＿月 □到期不转存	金额：亿 千 百 十 万 千 百 十 元 角 分			客户确认	本人已确认银行打印记录正确无误。 客户签名：＿＿＿＿

事后监督　　　　经办

图 2－54　存款凭条

零存整取存折

账号＿＿＿＿＿＿＿＿　户名＿＿＿＿＿＿＿＿

办卡标志＿＿＿＿＿＿　币种＿＿＿＿＿＿＿＿

开户网点名称＿＿＿＿　钞汇标志＿＿＿＿＿＿

凭证号码＿＿＿＿＿＿

（银行签章）

签发日期＿＿＿＿　属性＿＿＿＿　通存通兑＿＿＿＿　印密＿＿＿＿

日期	注释	支出（－）或存入（+）	结余	网点号	操作
1					
2					
3					
4					
5					
6					
7					
8					
9					
10					

图 2－55　零存整取存折

活动二　续　　存

业务描述

201×年11月12日客户周旺持零存整取定期储蓄存款存折到模拟银行KW分行办理续存1 000元，柜员李红（柜员号：203001）接待了客户，圆满地完成了业务。

业务流程

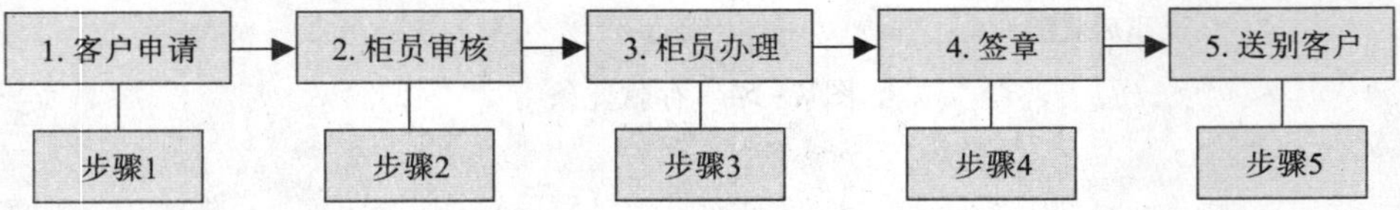

业务实施

人民币零存整取定期储蓄存款续存参照人民币活期储蓄开户流程，只是客户办理现金续存时，无须填写“存款凭条”，无需出示身份证件，只需将存折、现金递交柜员，柜员审核无误后，进行系统操作并打印存折即可（见图2－56、图2－57）。

小贴士

教育储蓄开户时客户须与银行约定每次固定存入的金额，分次存入，中途如有漏存，应在次月补齐，未补存者按零存整取定期储蓄存款的有关规定办理。

每月存入一次，每次固定金额，续存日可在每月的任何一天。

可以预存和漏存，预存次数不定，在存期内若中途漏存，应在次月补齐。未补齐或漏存次数超过1次的视为违约，违约后将不再接受客户续存及补存。柜员审核时，若发现客户漏存应提示客户补交现金，存款金额应为每月固定金额的2倍。

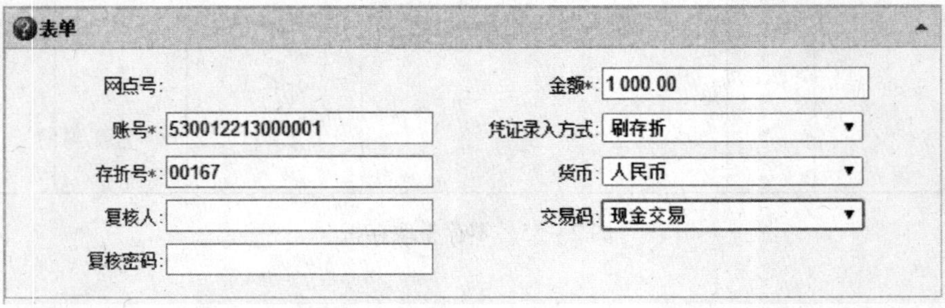

图2－56　零存整取续存操作界面

	日期	注释	支出（-）或存入（+）	结余	网点号	操作
1	201×0918	开户	1 000.00	¥1 000.00	0805	203001
2	201×1018	存入	1 000.00	¥2 000.00	0805	203001
3	201×1112	存入	1 000.00	¥3 000.00	0805	203001
4						
5						
6						
7						
8						
9						1

图 2－57 零存整取存折内页

【训练与评价】

201×年 12 月 19 日，客户赵军持零存整取定期储蓄存款存折到模拟银行 KW 市分行办理续存 2 000 元，柜员李强（柜员号：203003）接待了客户，圆满完成了业务。

要求：完成图 2－55 相关内容。

（自评：☆☆☆☆☆ 小组评：☆☆☆☆☆ 老师评：☆☆☆☆☆ 合计：____☆）

活动三 全部提前支取

业务描述

201×年 12 月 22 日客户周旺因急需用款，持零存整取定期储蓄存款存折到模拟银行 KW 分行办理全部提前支取，支取日银行挂牌活期储蓄存款利率为 0.35%，柜员李红（柜员号：203001）接待了客户，圆满地完成了业务。

业务流程

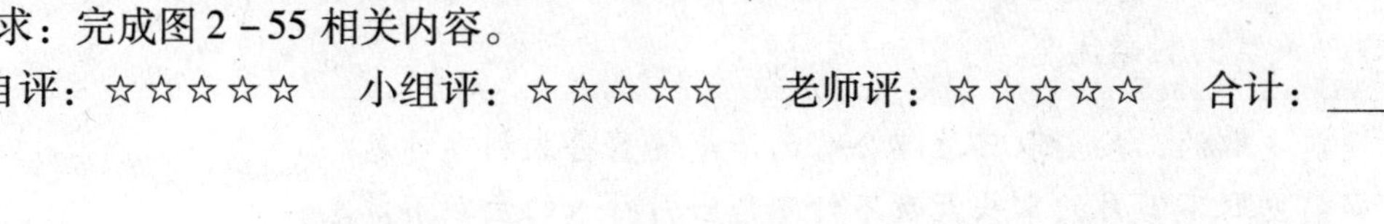

业务实施

人民币零存整取定期储蓄存款全部提前支取参照人民币定期整存整取提前支取业务流程，不同之处在于：柜员应注意审核业务是否到期，是否有漏存及违约，所付利息是否按利率规定计息。柜员审核无误后，进行系统操作并打印取款凭条、利息清单即可（见图2－58、图2－59、图2－60）。

相关知识

一、计息利率

1. 按存入日挂牌公告的相应期限档次零存整取定期储蓄存款利率计息。遇利率调整，不分段计息，利随本清。

2. 违约前存入的金额，按约定的零存整取定期储蓄存款利率计息；违约后存入的部分，支取时按活期存款利率计息。

小贴士

一年期、三年期教育储蓄按开户日同期同档次整存整取定期储蓄存款利率计息；六年期按开户日五年期整存整取定期储蓄存款利率计息。教育储蓄在存期内遇利率调整，仍按开户日利率计息。凡不能提供“正在接受非义务教育的学生身份证明”（税务局印制）的，不享受利率优惠。

3. 提前支取的，按支取日挂牌公告的活期储蓄存款利率计息。

4. 提前支取不满月的零头天数不计息，当月存入的金额不计息。

二、计息方法

人民币零存整取定期存款采用“月积数计息法”计算利息。计算公式如下：

应付利息＝月存本金×累计月积数×月利率

累计月积数＝存储月数×（存储月数＋1）÷2

小贴士

教育储蓄计息方法：应付利息＝本金×存期×利率

其中，一年期的累积月积数为78，三年期的累积月积数为666，五年期的累积月积数为1 830。

三、有关利息所得税金的规定

与人民币活期储蓄存款的有关规定相同。

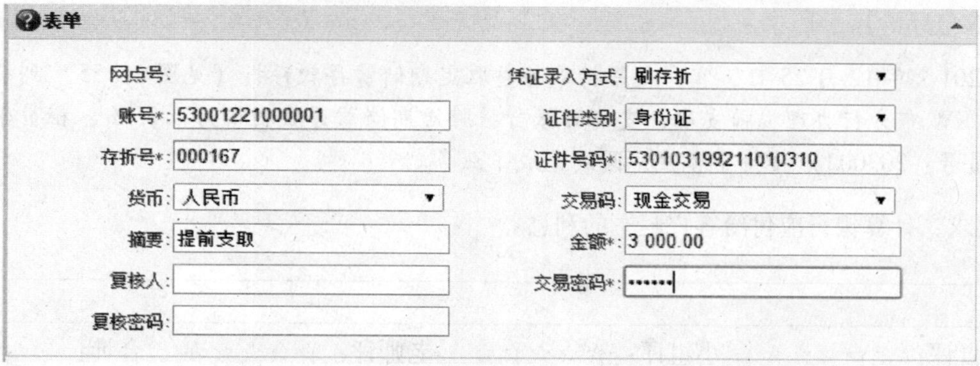

图 2－58　零存整取全部提前支取操作界面

个人业务取款凭条

201×年 12 月 22 日

银行打印

户名 周旺　　账（卡）号 530012213000001　　顺序号 0068

币种 人民币　　钞汇标志　钞　　取款金额　¥3 001. 75

业务种类 零整提前支取 存期　　转存标志　　转存期限

日期 201×1222　　日志号 3165　　交易码 7153　　流水号 1013　　柜员号 203001

客户备注

账（卡）号______　序号______

币种______　□钞　□汇

存期______

□到期转存　约转存期______

□到期不转存

金额	亿	千	百	十	万	千	百	十	元	角	分

模拟银行KW市分行　201×-12-22　清讫章　(01)

客户确认

本人已确认银行打印记录正确无误。

客户签名：周旺

事后监督　　经办 李　红

图 2－59　取款凭条

储蓄存款利息清单

201×年 12 月 22 日

户名	周旺			账　号	530012213000001		
储种	本金	类别	利率%	利息	应税利息	税率%	税金
活期	3 000. 00		0. 35	1. 75	1. 75	0	0. 00
网点号	现转标志	税后利息	税后本息合计	操　作	备注		
8050	现钞	1. 75	3 001. 75	203001			

第二联　客户留存　　事后监督　　复核（授权）　　经办

图 2－60　利息清单

【训练与评价】

201×年12月25日，客户赵军持零存整取定期储蓄存款存折（见图2-55）到模拟银行KW市分行办理提前支取，支取日银行挂牌活期储蓄存款利率为0.35%，柜员李强（柜员号：203003）接待了客户，圆满完成了业务。

要求：计算银行应付给客户赵军的利息。

____

____

（自评：☆☆☆☆☆　小组评：☆☆☆☆☆　老师评：☆☆☆☆☆　合计：____☆）

活动四　到期销户

业务描述

201×年9月28日客户周旺持1年期零存整取定期储蓄存款存折到模拟银行KW分行办理到期销户，柜员李红（柜员号：203001）接待了客户，圆满完成了业务。

业务流程

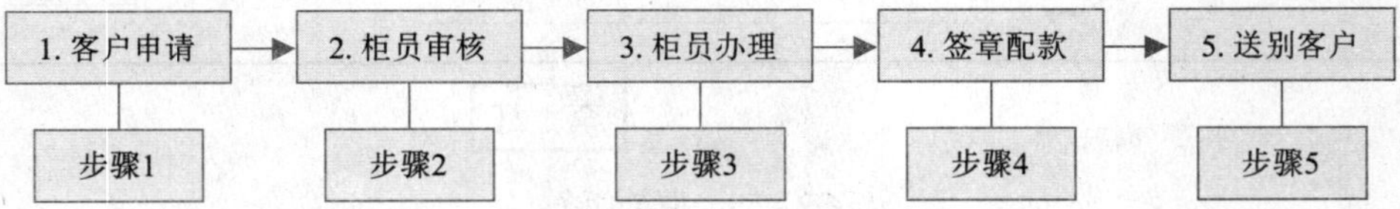

业务实施

人民币零存整取定期储蓄存款到期销户参照人民币定期整存整取到期支取业务流程，不同之处在于：柜员应注意审核是否有漏存及违约，所付利息是否按利率规定计息。柜员审核无误后，进行系统操作并打印存折、取款凭条、利息清单即可（见图2-61、图2-62、图2-63、图2-64）。

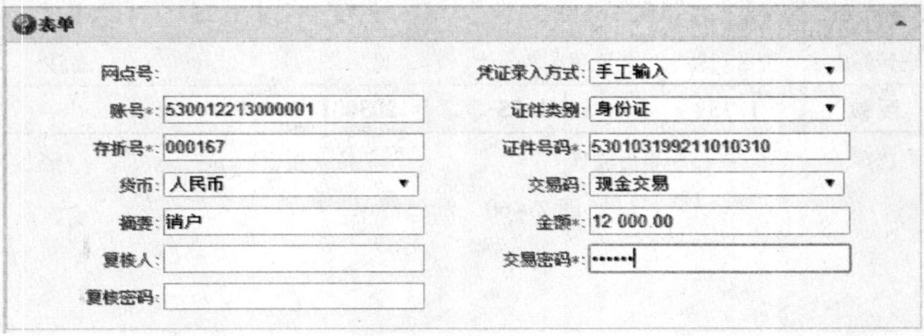

图2-61　零存整取到期销户操作界面

	日期	注释	支出（-）或存入（+）	结余	网点号	操作
1	201×0718	开户	1 000.00	¥11 000.00	0805	203001
2	201×0818	存入	1 000.00	¥12 000.00	0805	203001
3	201×0928	销户	-12 000.00	0.00	0805	203001
4						
5						
6						
7						
8						
9						2
10						

图 2－62　零存整取存折内页

个人业务取款凭条

201×年 09 月 28 日

银行打印	户名 周旺	账（卡）号 530012213000001		顺序号 0091
	币种 人民币	钞汇标志　钞		取款金额　¥12 185.25
	业务种类 零整销户	存期	转存标志	转存期限
	日期 201×1222	日志号 4265	交易码 7123	流水号 4810　柜员号 203001
客户备注	账（卡）号____ 币种____ 序号____ 存期____ □钞 □汇 □到期转存　约转存期____月 □到期不转存	金额：亿 千 百 十 万 千 百 十 元 角 分	客户确认	本人已确认银行打印记录正确无误。 客户签名：周旺

模拟银行KW市分行 201×-09-28 清讫章 (01)

事后监督　　　　经办 李红

图 2－63　取款凭条

储蓄存款利息清单

201×年 09 月 28 日

户名	周旺			账　号	530012213000001		
储种	本金	类别	利率%	利息	应税利息	税率%	税金
零整	**12 000.00**		**2.85**	**185.25**	**185.25**	**0**	**0.00**
网点号	现转标志	税后利息	税后本息合计	操　作	备注		
8050	**现钞**	**185.25**	**12 185.25**	**203001**			

第二联　客户留存　　　　事后监督　　　　复核（授权）　　　　经办

图 2－64　利息清单

【训练与评价】

201×年10月27日，客户赵军持一年期零存整取定期储蓄存款存折到模拟银行KW市分行办理到期销户手续，柜员李强（柜员号：203003）接待了客户，圆满完成了业务。

要求：计算银行应付给客户赵军的利息。

____

____

（自评：☆☆☆☆☆　小组评：☆☆☆☆☆　老师评：☆☆☆☆☆　合计：____☆）

小链接

教育储蓄业务操作流程要点：(1) 开户本金合计最高限额为人民币2万元，银行审核无误后打印“教育储蓄存折”并签章。(2) 全部提前支取时要审核储户提供的“证明”，否则只能视同普通的零存整取业务处理。(3) 到期销户时要审核储户提供的“证明”，并在教育储蓄存折上加盖“已享受教育储蓄优惠”字样的印章，否则只能视同普通的零存整取业务处理。(4) 逾期支取的与普通零存整取业务处理一致。

任务四
办理人民币定活两便储蓄柜面业务

【案例导读】

存活期收益低怎么办　定活两便打理现金余额

很多市民都有这样的烦恼，银行卡里有大量的现金余额，但面对物价上涨，不清楚自己今后的支出计划，所以不敢把这些资金存成定期存款，只能白白地让资金躺在活期存款账户里，相对收益极低。如何才能解决这个矛盾呢？

其实，管理现金余额，可采取银行推出的定活两便。理财师表示，定活两存既有定期之利，又有活期之便。开户时不必约定存期，银行会根据存款的实际存期按规定计息。不受时间限制，利率介于定期和活期之间。

定活两便应以小额为宜。对于不确定的钱，小于5万存定活两便，大于5万存通知存款。如果确定某一段时间不会用的钱，还是存定期划算。

（资料来源：http：//www.sina.com.cn/，2012年4月26日。）

知识准备

人民币定活两便储蓄存款是一种以存单为取款凭证，存款时不约定存期，随时可以提取，利率随存期长短而变动，介于活期和定期之间的储蓄品种。起存金额为人民币 50 元。其特点是既有活期之便，又有定期之利；利息按实际存期长短计算，存期越长利率越高；支取简单，一次存入、一次支取，不得部分提前支取。

活动一 开 户

业务描述

201×年 8 月 20 日客户刘洋（身份证号：530102199208010475；通讯地址：KW 市人民路 18 号；联系电话：53426789；邮政编码：650032）到模拟银行 KW 市分行个人业务柜申请定活两便储蓄存款开户，存入现金 20 000 元，柜员李红（柜员号：203001）接待了客户，圆满完成了业务。

业务流程

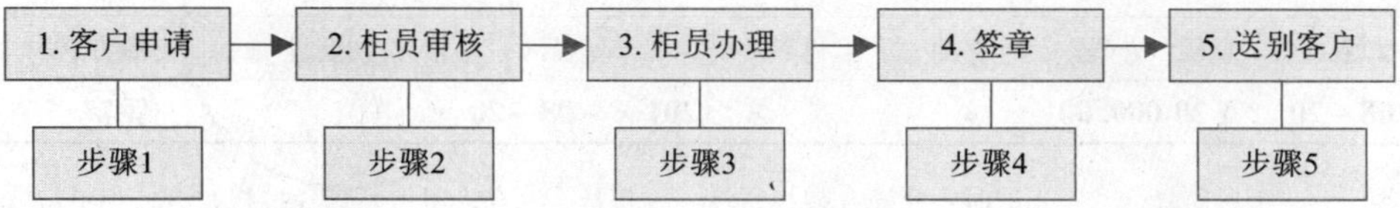

业务实施

人民币定活两便储蓄存款开户参照人民币活期储蓄开户流程，不同之处在于：柜员审核客户填写的申请书应选择储种为定活两便，柜员应选择定活两便操作界面，打印定活两便存单及存款凭条（见图 2－65、图 2－66、图 2－67）。

表单

证件类别：身份证

邮政编码：650032

证件号码*：530102199208010475

地址：KW市人民路18号

重复证件号码*：530102199208010475

家庭电话：53426789

客户称谓：女士

办公电话：

客户名称*：刘洋

传真：

表单

网点号：2001

金额*：20 000.00

客户号*：0001628683

印鉴类别：密码

存单号*：000165

交易密码*：••••••

重复存单号*：000165

通存通兑：☑通存通兑

货币：人民币

复核人：

交易码：现金交易

复核密码：

图 2－65 定活两便开户操作界面

储 蓄 存 单

（KW）000165

户名：**刘洋**　　账号：530012216000001　　储种：定活两便

币种：**人民币**　　金额（大写）：**贰万元整**

开户行名：**模拟银行 KW 市分行**

存入日期	金额（小写）	存期	年利率%	起息日	到期日	支取方式	转存标志
201×－08－20	¥20 000.00			201×－08－20		凭密	

（印章：模拟银行KW市分行 存单（折）专用章 (01)）

客户印鉴　事后监督　支取时：复核（授权）　柜员　存入时：复核（授权）　柜员 李 红

图 2－66 定活两便储蓄存单

个人业务存款凭条

201×年 08 月 20 日

银行打印：

户名 刘洋　　**账（卡）号 530012216000001**　　**顺序号 0042**

币种 人民币　　**钞汇标志 钞**　　**存款金额 ¥20 000.00**

业务种类 定活两便开户　　**存期**　　**转存标志**　　**转存期限**

日期 201×0820　　**日志号 0746**　　**交易码 0915**　　**流水号 2087**　　**柜员号 203001**

客户备注：

账（卡）号＿＿＿＿

币种＿＿＿＿　序号＿＿＿＿

存期＿＿＿＿　□钞　□汇

□到期转存　约转存期＿＿月

□到期不转存

金额	亿	千	百	十	万	千	百	十	元	角	分

客户确认：本人已确认银行打印记录正确无误。

客户签名：刘洋

（印章：模拟银行KW市分行 201×-08-20 清讫章 (01)）

事后监督　　经办 李 红

图 2－67 存款凭条

【训练与评价】

201×年8月25日，客户刘冬（身份证号：530103199303150412；通讯地址：KW市龙江路158号；联系电话：58436871；邮政编码：650032）到模拟银行KW市分行办理定活储蓄存款存折开户，存入本金40 000元，柜员李强（柜员号：203003）接待了客户，圆满完成了业务。（新开户账号：500012216000003；存单号码：000192）

要求：完成图2－68、图2－69相关内容。

（自评：☆☆☆☆☆ 小组评：☆☆☆☆☆ 老师评：☆☆☆☆☆ 合计：____☆）

储 蓄 存 单

（KW）000192

户名：		账号：			储种：		
币种：		金额（大写）：					
开户行名：							
存入日期	金额（小写）	存期	年利率%	起息日	到期日	支取方式	转存标志

客户印鉴 事后监督 支取时：复核（授权） 柜员 存入时：复核（授权） 柜员

图2－68 定活两便储蓄存单

个人业务存款凭条

年 月 日

<table>
<tr><td rowspan="4">银行打印</td><td>户名</td><td>账（卡）号</td><td></td><td></td><td>顺序号</td></tr>
<tr><td>币种</td><td>钞汇标志</td><td></td><td></td><td>存款金额</td></tr>
<tr><td>业务种类</td><td>存期</td><td>转存标志</td><td></td><td>转存期限</td></tr>
<tr><td>日期</td><td>日志号</td><td>交易码</td><td>流水号</td><td>柜员号</td></tr>
<tr><td>客户备注</td><td colspan="2">账（卡）号________
币种________ 序号________
存期________ □钞 □汇
□到期转存 约转存期___月
□到期不转存</td><td>金额
亿 千 百 十 万 千 百 十 元 角 分</td><td>客户确认</td><td>本人已确认银行打印记录正确无误。
客户签名：________</td></tr>
</table>

事后监督 经办

图2－69 存款凭条

活动二 销 户

业务描述

201×年12月4日客户刘洋持定活两便存折及本人身份证件到模拟银行KW市分行个人

业务柜申请销户，柜员李红（柜员号：203001）接待了客户，圆满地完成了业务。（假定支取日挂牌公告的银行活期储蓄存款利率为0.35%，三个月整存整取定期利率为2.85%，六个月整存整取定期利率为3.05%，一年期整存整取定期利率为3.25%）

业务流程

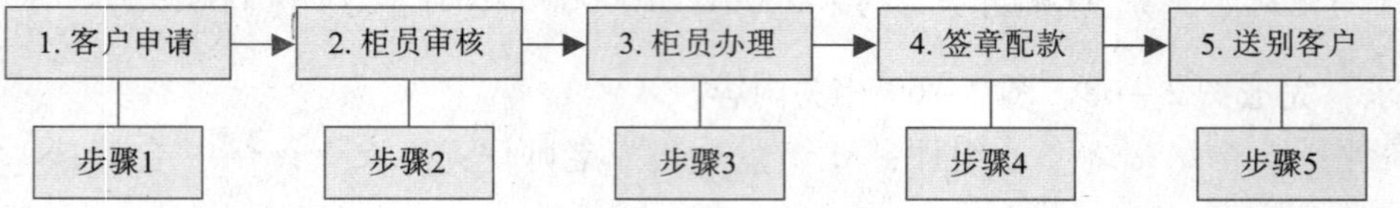

业务实施

人民币定活两便储蓄存款销户参照人民币活期储蓄销户流程，只是在利息计算规定上有所不同，柜员应选择定活两便操作界面，打印利息清单及取款凭条（见图2-70、图2-71）。

储蓄存款利息清单

201×年 12 月 04 日

户名	刘洋			账　号	530012216000001		
储种	本金	类别	利率%	利息	应税利息	税率%	税金
定活两便	20 000.00		1.71	100.70	100.70	0	0.00
网点号	现转标志	税后利息	税后本息合计	操　作	备注		
8050	现钞	100.70	20 100.70	203001			

第二联　客户留存　　事后监督　　复核（授权）　　经办

图2-70　利息清单

个人业务取款凭条

201×年 12 月 04 日

银行打印	户名 刘洋	账（卡）号 530012216000001		顺序号 0071	
	币种 人民币	钞汇标志　钞		取款金额　¥20 100.70	
	业务种类 定活两便销户	存期	转存标志	转存期限	
	日期 201×1204	日志号 1357	交易码 2345	流水号 0067	柜员号 203001
客户备注	账（卡）号 币种＿＿＿ 序号＿＿＿ 存期＿＿＿ □钞　□汇 □到期转存　约转存期＿＿月 □到期不转存	金额 亿 千 百 十 万 千 百 十 元 角 分		客户确认	本人已确认银行打印记录正确无误。 客户签名：刘洋

（印章：模拟银行KW市分行 201×-12-04 清讫章 (01)）

事后监督　　经办 李　红

图2-71　取款凭条

相关知识

一、计息利率（见表2-1）

表2-1

存期	计息利率
1. 不满三个月	支取日挂牌的活期储蓄存款利率
2. 三个月（含）以上不满半年	支取日挂牌的整存整取三个月定期储蓄存款利率打六折
3. 半年（含）以上不满一年	支取日挂牌的整存整取半年期定期储蓄存款利率打六折
4. 在一年（含）以上	支取日挂牌的整存整取一年期定期储蓄存款利率打六折

二、计息方法

应付利息 = 本金×存期×利率

固定活两便储蓄不固定存期，支取时极有可能出现零头天数，出现这种情况，适用于日利率来计算利息。存期为实存天数。

业务中，客户刘洋201×年12月4日支取，存期三个月以上不满半年，利率按支取日挂牌的整存整取三个月定期储蓄存款利率打六折。

应付利息＝20 000×106×2.85%×60%÷360＝100.7元

【训练与评价】

201×年11月1日，客户刘冬持定活两便储蓄存款存单（见图2-66）及本人身份证件到模拟银行KW市分行办理销户，柜员李强（柜员号：203003）接待了客户，圆满完成了业务。

要求：完成图2-72相关内容。

（自评：☆☆☆☆☆　小组评：☆☆☆☆☆　老师评：☆☆☆☆☆　合计：____☆）

储蓄存款利息清单

年　月　日

户名				账　号			
储种	本金	类别	利率%	利息	应税利息	税率%	税金
网点号	现转标志	税后利息	税后本息合计	操　作	备注		

第二联　客户留存　　　事后监督　　　复核（授权）　　　经办

图2-72　利息清单

任务五
办理人民币个人通知存款柜面业务

【案例导读】

专家建议灵活使用个人通知存款

12 月 21 日，央行上调定期存贷款利率的同时，降低了活期存款的利率。这对于平常不善打理账户的“活期一族”来说，多少有点郁闷。尽管长期定期存款利率较高，但无法满足对流动性有较高要求客户的短期资金需求。实际上，只要一个简单的操作，就可以享受相对的高利率。理财专家建议开通“个人通知存款业务”，使手中的活钱活用。

普通个人通知存款业务是指存款人在存入款项时不约定存期，支取时需提前通知金融机构，约定支取存款日期和金额方能支取的存款。按存款人提前通知约定的期限长短划分为“一天通知存款”和“七天通知存款”两个品种。“一天通知存款”必须提前一天通知约定支取存款，同样“七天通知存款”必须提前七天通知。

理财专家认为：此业务比较适合资金短期闲置、用款略有计划的市民，其收益将明显高于活期存款。但对于工作繁忙人士来说，需要提前通知银行比较麻烦。

（资料来源：www. godsignal. com ，金策网，2012 - 1 - 11。）

知识准备

人民币个人通知存款是一种不约定存期，支取时需提前通知银行，约定支取日期和金额方能支取的储蓄业务。不论实际存期多长，按存款人提前通知的期限长短划分为“1 天通知存款”和“7 天通知存款”两个品种。“一天通知存款”必须提前一天通知约定支取存款，“七天通知存款”则必须提前七天通知约定支取存款。开户起存金额人民币 5 万元；最低支取金额为人民币 5 万元。部分提取通知存款时，每次提取的金额应大于通知存款的最低支取金额。留存资金高于最低起存金额的，需重新填写通知存款存单，从原开户日计算存期；未支取部分若低于通知存款起存金额，应予以清户。其特点是资金灵活，利率较活期存款高。适用于拥有大额款项，在短期内需支取该款项的客户，或需分期多次支取的客户，或短期内不确定取款日期的客户，是大额资金管理的好方式。

活动一　开　　户

业务描述

客户王可（身份证号：530102199407010127；通讯地址：KW 市春雨路 009 号；联系电话：53426789；邮政编码：650032）预计于 1 个月内办理买房手续，但不确定具体办理日期，为使手中待使用资金的收益最大化，王可于 201×年 8 月 20 日到模拟银行 KW 市分行个人业务柜将 500 000 元现金办理了个人 7 天通知存款开户，并将此账户为委托预约账户。柜员李红（柜员号：203001）接待了客户，圆满地完成了业务。（存入日银行挂牌七天通知存款利率为 1.35%）

业务流程

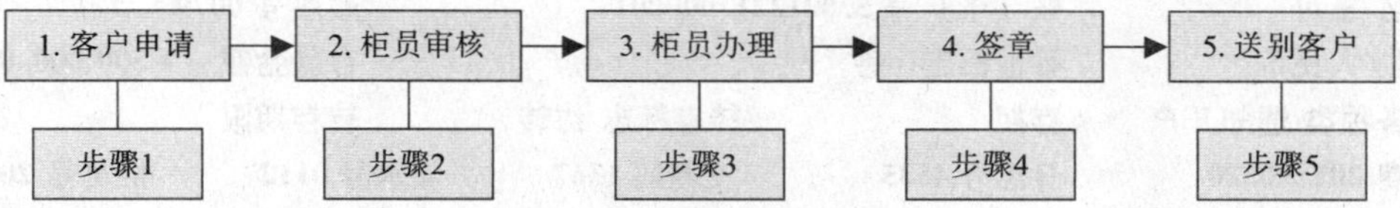

业务实施

人民币个人通知存款开户参照人民币活期储蓄开户流程，不同之处在于：柜员审核客户填写的申请书应选择储种为个人通知存款，柜员应选择个人通知存款操作界面，打印个人通知存款存单及存款凭条（见图 2－73、图 2－74、图 2－75）。

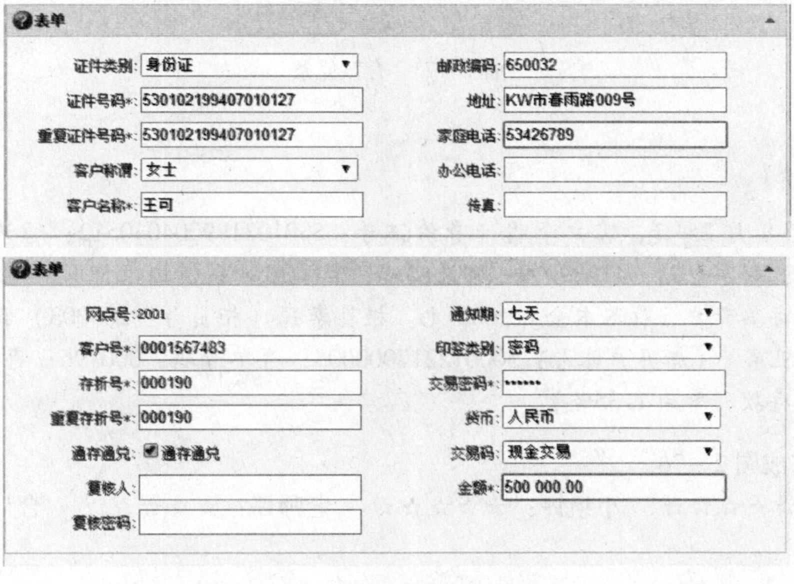

图 2－73　个人通知存款开户操作界面

储 蓄 存 单

（KW）000190

户名：王可　　账号：530012217000001　　储种：七天通知存款

币种：人民币　　金额（大写）：伍拾万元整

开户行名：模拟银行 KW 市分行

（模拟银行KW市分行 存单（折）专用章 (01)）

存入日期	金额（小写）	存期	年利率%	起息日	到期日	支取方式	转存标志
201×-08-20	¥500 000.00		1.35	201×-08-20		凭密	

客户印鉴　　事后监督　　支取时：复核（授权）　　柜员　　存入时：复核（授权）　　柜员 李 红

图 2-74　个人通知存款储蓄存单

个人业务存款凭条

201×年 08 月 20 日

银行打印	户名 王可	账（卡）号 530012217000001		顺序号 0079	
	币种 人民币	钞汇标志 钞		存款金额 ¥500 000.00	
	业务种类 通知开户	存期	转存标志 约转	转存期限	
	日期 201×0820	日志号 4635	交易码 1367	流水号 0112	柜员号 203001

客户备注	账（卡）号＿＿＿＿＿＿ 币种＿＿＿＿＿＿ 序号＿＿＿＿ 存期＿＿＿＿ □钞 □汇 □到期转存 约转存期＿＿＿月 □到期不转存 金额 亿 千 百 十 万 千 百 十 元 角 分	客户确认	本人已确认银行打印记录正确无误。 客户签名：王可

（模拟银行KW市分行 201×-08-20 清讫章 (01)）

事后监督　　经办 李 红

图 2-75　存款凭条

【训练与评价】

201×年 8 月 25 日，客户李明（身份证号：530103199004040512；通讯地址：KW 市沿河路号；联系电话：47689999；邮政编码：650030）到模拟银行 KW 市分行办理七天通知存款存单开户，存入本金 60 000 元，柜员李强（柜员号：203003）接待了客户，圆满完成了业务。（新开户账号：500012217000005；存单号码：000196；存入日银行挂牌七天通知存款利率为 1.35%）

要求：完成图 2-76。

（自评：☆☆☆☆☆　小组评：☆☆☆☆☆　老师评：☆☆☆☆☆　合计：＿＿☆）

储　蓄　存　单

(KW)

户名：			账号：			储种：	
币种：			金额（大写）：				
开户行名：							
存入日期	金额（小写）	存期	年利率%	起息日	到期日	支取方式	转存标志

客户印鉴　事后监督　支取时：复核（授权）　柜员　存入时：复核（授权）　柜员

图 2－76　个人通知存款存单

活动二　通　知

业务描述

201×年9月22日客户王可电话委托模拟银行KW市分行个人业务柜办理通知手续，电话告知个人通知存款存单编号为00190，约定将于9月29日支取300 000元，柜员李红（柜员号：203001）接待了客户，圆满地完成了业务。

业务流程

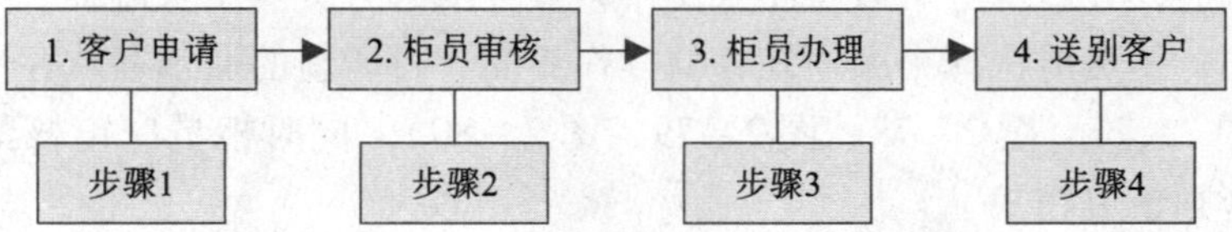

业务实施

步骤1　客户申请：客户电话委托。

> **小贴士**
>
> 通知手续包括：取款通知和取消通知。取款通知是客户在支取前按约定将取款时间提前1天或7天通知银行，通知方式由开户银行和存款人自行约定。取消通知是在通知期限内，客户通知银行取消取款。

步骤2　柜员审核：审核通知存款存单内容（包括户名、账号、通知日期、支款日期、金额等），与客户提供信息核对。

步骤3 柜员办理：

(1) 在系统内作通知批注。

(2) 打印通知单，按账号顺序排列，专夹保管。

步骤4 送别客户：柜员将支取时间与客户确认，无误后与客户道别。

活动三 部分支取

业务描述

201×年9月29日客户王可按约定持编号为00190个人通知存款存单及本人身份证件到模拟银行KW市分行个人业务柜办理部分支取手续，柜员李红（柜员号：203001）接待了客户，圆满地完成了业务。(支取日银行挂牌七天通知存款利率为1.35%)

业务流程

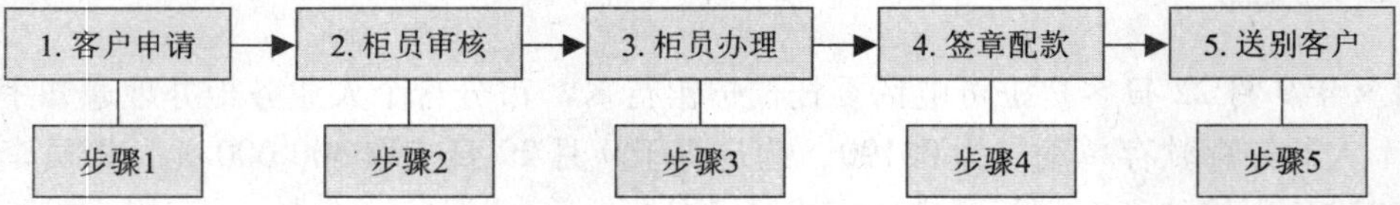

业务实施

人民币个人通知存款部分支取参照人民币整存整取部分提前支取流程，只是在利息计算规定上有所不同，柜员应选择个人通知存款操作界面，打印新的通知存款存单、利息清单及取款凭条（见图2－77、图2－78、图2－79、图2－80）。同时柜员应审核留存金额是否低于起存金额，否则予以销户。

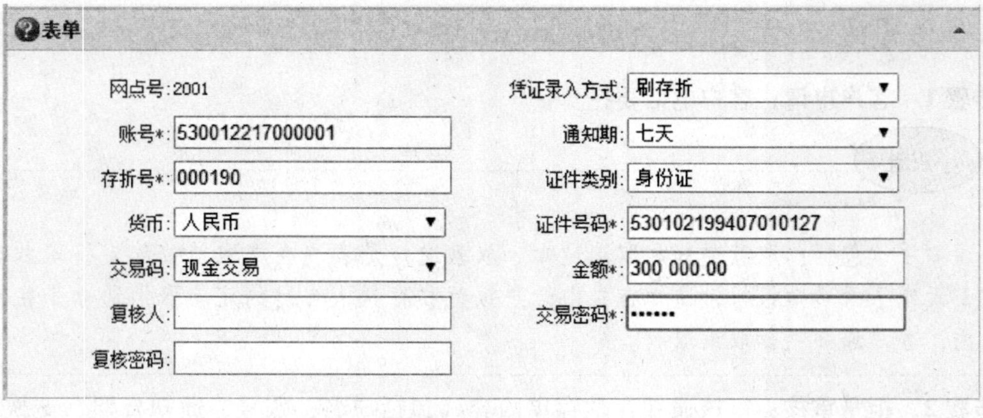

图2－77 个人通知存款部分支取操作界面

储蓄存单

（KW） 000210

户名：王可　　账号：530012217000001　　储种：七天通知存款

币种：人民币　　金额（大写）：贰拾万元整

开户行名：模拟银行 KW 市分行

（印章：模拟银行KW市分行 存单（折）专用章（01））

存入日期	金额（小写）	存期	年利率%	起息日	到期日	支取方式	转存标志
201×-08-20	¥200 000.00			201×-08-20		凭密	

客户印鉴　事后监督　支取时：复核（授权）　柜员　存入时：复核（授权）　柜员 李 红

图2-78 个人通知存款储蓄存单

储蓄存款利息清单

201×年 09 月 29 日

户名	王可			账 号	530012217000001		
储种	本金	类别	利率%	利息	应税利息	税率%	税金
个人通知	300 000.00		1.35	450.00	450.00	0	0.00
网点号	现转标志	税后利息	税后本息合计	操 作	备注		
0805	现钞	450.00	300 450.00	203001			

第二联 客户留存　事后监督　复核（授权）　经办

图2-79 利息清单

个人业务取款凭条

201×年 09 月 29 日

银行打印

户名 王可　账（卡）号 530012217000001　顺序号 0006

币种 人民币　钞汇标志 钞　取款金额 ¥300 450.00

业务种类 个人通知部分支取　存期　转存标志　转存期限

日期 201×0929　日志号 1489　交易码 7356　流水号 0013　柜员号 203001

客户备注

账（卡）号________

币种________ 序号________

存期________ □钞 □汇

□到期转存　约转存期____月

□到期不转存

金额	亿	千	百	十	万	千	百	十	元	角	分

（印章：模拟银行KW市分行 201×-09-29 清讫章（01））

客户确认

本人已确认银行打印记录正确无误。

客户签名：王可

事后监督　经办 李 红

图2-80 个人业务取款凭条

一、计息利率（见表2－2）

表2－2

计息利率	业务情况
支取日1天通知存款利率	1天通知存款提前1天通知
支取日7天通知存款利率	7天通知存款提前7天通知
支取日活期储蓄存款利率	不按规定提前通知而要求支取存款的
	实际存期不足通知期限的
	已办理通知手续而提前支取或逾期支取的
	支取金额不足或超过约定金额的
	支取金额不足最低支取金额的
	留存金额低于起存金额的（予以销户）

二、计息期限

1. 按照实际存期计息。
2. 已办理通知手续而未支取的，计息期限为实际存期减1天（或7天）。
3. 在通知期限内取消通知的，计息期限为实际存期减1天（或7天）。

三、计息方法

个人通知存款利息计算公式：应付利息＝本金×存期×相应利率。

【训练与评价】

若客户王可于201×年9月29日未支取，于同年10月18日再次办理通知手续，约定于10月25日支取40 000元，银行如何办理此业务？应付多少本利和？（支取日银行挂牌七天通知存款利率为1.35%）

要求：完成图2－81相关内容。

（自评：☆☆☆☆☆　小组评：☆☆☆☆☆　老师评：☆☆☆☆☆　合计：____☆）

储蓄存款利息清单

年　月　日

户名				账　号			
储种	本金	类别	利率%	利息	应税利息	税率%	税金
网点号	现转标志	税后利息	税后本息合计	操　作	备注		

第二联　客户留存　　事后监督　　复核（授权）　　经办

图2－81　利息清单

活动四　销　户

业务描述

201×年10月15日客户王可按约定持编号为000210个人通知存款存单及本人身份证件到模拟银行KW市分行个人业务柜办理销户手续，柜员李红（柜员号：203001）接待了客户，圆满地完成了业务。（支取日银行挂牌七天通知存款利率为1.35%）

业务流程

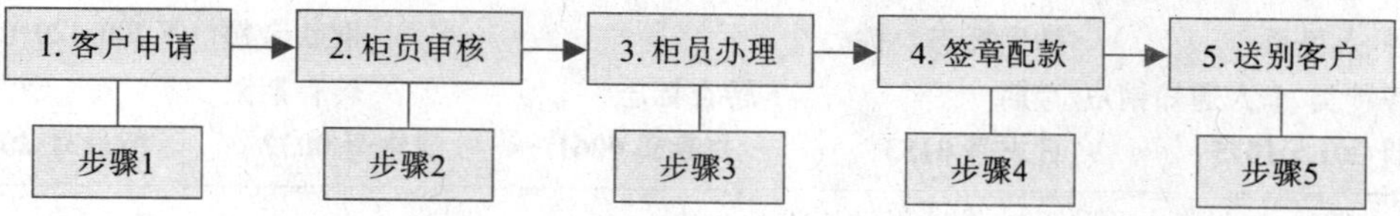

业务实施

人民币个人通知存款销户参照人民币整存整取到期支取流程。柜员应选择个人通知存款操作界面，打印利息清单及取款凭条（见图2-82、图2-83、图2-84）。

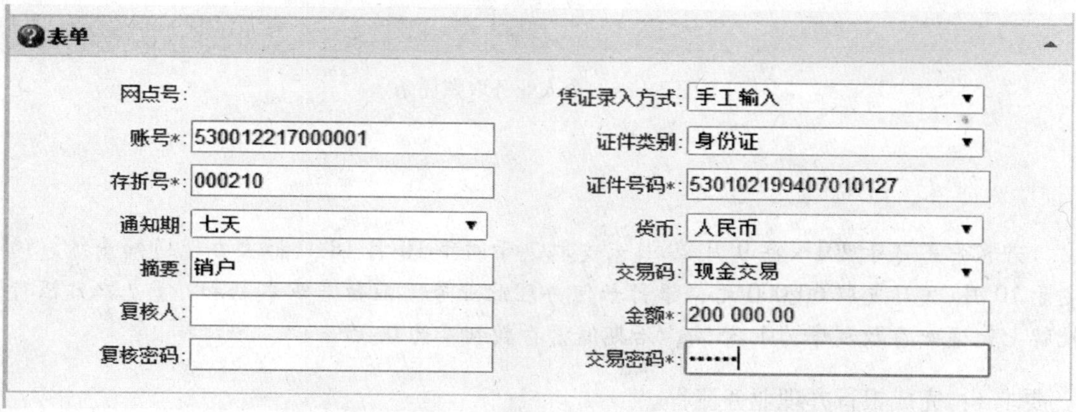

图2-82　个人通知存款销户操作界面

储蓄存款利息清单

201×年10月15日

户名	王可			账 号	530012217000001		
储种	本金	类别	利率%	利息	应税利息	税率%	税金
个人通知	20 000.00		1.35	420.00	420.00	0	0.00
网点号	现转标志	税后利息	税后本息合计	操 作	备注		
0805	现钞	420.00	200 420.00	203001			

第二联 客户留存　　事后监督　　复核（授权）　　经办

图2-83 利息清单

个人业务取款凭条

201×年10月15日

银行打印	
	户名 王可　账（卡）号 530012217000001　顺序号 0128 币种 人民币　钞汇标志 钞　取款金额 ¥200 420.00 业务种类 个人通知销户 存期　转存标志　转存期限 日期 201×1015　日志号 0153　交易码 0061　流水号 0032　柜员号 203001
客户备注	账（卡）号____ 币种____ 存期____ □钞 □汇 □到期转存 约转存期____月 □到期不转存 金额：亿 千 百 十 万 千 百 十 元 角 分 （印章：模拟银行KW市分行 201×.10.15 清讫章 (01)）
客户确认	本人已确认银行打印记录正确无误。 客户签名：王可

事后监督　　经办 李 红

图2-84 个人业务取款凭条

【训练与评价】

若客户王可于201×年9月29日未支取，于同年10月18日再次办理通知手续，约定于10月25日支取60 000元，银行如何办理此业务？应付多少本利和？（支取日银行挂牌七天通知存款利率为1.35%，活期储蓄存款利率为0.35%）

要求1：完成银行办理业务流程。

（自评：☆☆☆☆☆　小组评：☆☆☆☆☆　老师评：☆☆☆☆☆　合计：____☆）

要求2：计算银行应付利息及本利和。

应付利息＝____________________

应付本利和＝____________________

（自评：☆☆☆☆☆　小组评：☆☆☆☆☆　老师评：☆☆☆☆☆　合计：____☆）

复习与思考

一、判断改错题

1. 商业银行办理储蓄存款的客户对象包括个人、家庭、企事业单位和社会团体。 ( )

2. 我国商业银行开展储蓄业务必须遵循的法律原则是“存款自愿、取款自由、存款有息、为储户保密”。 ( )

3. 我国个人存款账户实名制中规定的法定身份证件就是指居民身份证件。 ( )

4. 从1999年11月1日起至今对储蓄存款利息所得征收个人所得税。 ( )

5. 活期存款储蓄账户一般只能开立一个存折，活期存款个人结算账户既可以开立存折，同时又可以开立借记卡。 ( )

6. 目前，我国商业银行人民币活期存款账户每年结息一次。 ( )

7. 人民币整存整取定期储蓄存款只能进行一次部分提前支取。 ( )

8. 人民币零存整取定期储蓄存款通常采用“累计日积数”计算利息。 ( )

9. 教育储蓄起存金额为人民币50元，多存不限。 ( )

10. 人民币定活两便储蓄存款存期在3个月（含）以上不满半年的，按支取日挂牌公布的整存整取6个月定期储蓄存款利率打6折。 ( )

11. 个人通知存款起存金额为人民币5万元，最低支取金额为人民币1万元。 ( )

12. 个人通知存款需一次存入，一次支取。 ( )

二、单项选择题

1. 储蓄存款按期限可以分为（ ）。

A. 人民币储蓄存款和外币储蓄存款　B. 活期储蓄存款和定期储蓄存款

C. 活期储蓄存款和整存整取储蓄存款　D. 活期储蓄存款和定活两便储蓄存款

2. 人民币活期储蓄存款账户（普通存折户、活期一本通、借记卡）起存金额为（ ）。

A. 人民币5元　B. 人民币50元

C. 人民币1元　D. 人民币10元

3. 人民币整存整取定期储蓄业务中没有开办的存期是（ ）。

A. 3个月　B. 6个月

C. 1年　D. 6年

4. 人民币零存整取定期储蓄业务中不能办理的是（ ）。

A. 续存　B. 到期支取

C. 部分提前支取　D. 全部提前支取

5. 人民币零存整取定期储蓄存款中，1年期的累计月积数为（　　）。

A. 12　　B. 78

C. 666　　D. 1 830

6. 教育储蓄存款对象不包括在校小学（　　）的学生。

A. 三年级　　B. 四年级

C. 五年级　　D. 六年级

7. 定活两便储蓄存款存期不满（　　）支取的，按支取日活期存款利率计付利息。

A. 1个月　　B. 3个月

C. 6个月　　D. 12个月

8. 个人通知存款的起存金额是（　　）。

A. 1万元　　B. 2万元

C. 5万元　　D. 10万元

三、多项选择题

1. 我国个人存款账户实名制要求的法定身份证件包括（　　）。

A. 居民身份证件　　B. 户口簿

C. 护照　　D. 机动车驾驶证

2. 目前人民币活期储蓄存款计息方法采用的是（　　）。

A. 单利法　　B. 复利法

C. 累计日积数计息法　　D. 累计月积数计息法

3. 人民币整存整取定期储蓄具有（　　）业务。

A. 约定转存　　B. 全部提前支取

C. 部分提前支取　　D. 逾期支取

4. 有关人民币零存整取定期储蓄，以下正确的是（　　）。

A. 起存金额为50元　　B. 中途若有漏存，原则上应在下月补齐

C. 每月存款金额应该是固定的　　D. 目前可以办理的最长存期为5年

5. 教育储蓄的存期有（　　）。

A. 1年　　B. 3年

C. 5年　　D. 6年

6. 下列关于定活两便储蓄存款正确的是（　　）。

A. 不约定存期　　B. 随时支取

C. 存期越长利率越高　　D. 可以部分提前支取

7. 个人通知存款主要有（　　）类型。

A. 一天　　B. 三天

C. 七天　　D. 三十天

8. 个人通知存款遇到（　　）情况，按支取日活期利率计息。

A. 不按规定提前通知而要求支取存款的

B. 实际存期不足通知期限的

C. 已办理通知手续而提前支取或逾期支取的

D. 支取金额不足或超过约定金额的

四、案例分析题

1. 客户张丹于201×年10月10日持一张整存整取定期储蓄存单到银行办理销户，存单开户日为上一年11月20日，户名为张丹，存期1年，本金10 000元。请问客户张丹仅凭整存整取定期储蓄存单是否可以办理销户业务？为什么？

2. 客户李刚于201×年2月15日以零存整取定期存款方式每月存入银行800元，存期1年，期间于同年6月漏存，7月未补存，8月20日存入800元，以后未漏存。李刚于次年2月15日到银行办理到期销户，银行在计算利息时未完全按照约定的零存整取利率计息，李刚因此发生质疑。请向客户说明原因。

3. 客户孙某有人民币10 000元暂时不用，但不能确定一年内是否需要用，请你根据商业银行现行利率水平，分别采用活期、整存整取定期、定活两便三种不同方式测算，若客户半年时需要用款获得的收益各为多少，并为客户从中选择比较适合的储蓄品种。

4. 客户周某于201×年3月15日在银行存入7天通知存款，在未办理通知手续的情况下，于同年9月1日直接进行了支取，银行柜员在办理支取时应采用哪种利率？并简要为客户说明7天通知存款采用此种利率的其他业务情况。

五、业务题

1. 客户李敏于201×年10月20日存入700元现金开立活期储蓄存款账户，11月23日支取500元，12月15日续存1 000元，12月30日支取200元，次年2月16日销户。（假设活期储蓄存款利率为0.35%）

要求：

（1）计算每个计息日银行应转入客户账户的利息。

（2）计算销户时银行实际付给客户的本息。

2. 客户周敏于201×年7月22日以定期整存整取方式存入银行10 000元，存期1年，没有办理自动转存，年利率为3.25%，支取日挂牌公告的银行活期储蓄存款利率为0.35%。

计算：

（1）到期可得多少利息？

（2）假如该储户因急需用钱，于同年9月11日提前支取了3 000元，则银行应付该客户多少利息？一年期满后，银行应付该客户多少利息？

（3）假如该储户于次年9月8日支取10 000元，则银行应付多少利息？

3. 客户赵军于201×年7月20日以定期零存整取方式每月存入银行500元，存期1年，中途未漏存，一年期零整利率为1.98%，支取日挂牌公告的银行活期储蓄存款利率为0.35%。

计算：

（1）假如到期支取，银行应付多少利息？多少本利和？

（2）假如该客户于同年12月2日存入500元，因急需用钱，于12月9日提前全部支取，则银行应付该客户多少利息？多少本利和？

4. 客户刘冬于201×年8月20日存入20 000元定活两便存款，假定支取日挂牌公告的银行活期储蓄存款利率为0.36%，三个月整存整取定期利率为1.71%，六个月整存整取定期利率为2.07%，一年期整存整取定期利率为2.25%。

计算：

（1）若客户于同年10月23日支取，银行应付多少本利和？

（2）若客户于同年12月18日支取，银行应付多少本利和？

（3）若客户于次年4月7日支取，银行应付多少本利和？

（4）若客户于次年9月11日支取，银行应付多少本利和？

5. 客户王佳于201×年7月24日存入100 000元个人7天通知存款，假定支取日7天通知存款利率为1.35%，支取日挂牌公告的银行活期储蓄存款利率为0.35%。

计算：

（1）若客户于同年8月20日办理通知手续，约定于8月27日支取50 000元，银行如何办理此业务？应付多少本利和？

（2）若客户于8月27日未支取，于10月10日再次办理通知手续，约定于10月17日支取60 000元，银行如何办理此业务？应付多少本利和？

3 项目三 人民币对公存款柜面业务

学习目标

- □ 了解人民币对公存款柜面业务的种类
- □ 掌握单位活期、定期、通知和协定存款柜面业务的基本业务规定以及操作流程

任务一 办理单位活期存款柜面业务

【案例导读】

电力公司的账户

东聚电力公司是某市一家普通的中小企业，截至201×年1月1日拥有职工63人。因为公司地理位置与本市的工行仅一条马路之隔，于是在工行开立了基本存款账户。

本月公司因需要更新固定资产而向本市建行申请贷款并获得批准，于是公司在建行又开立了一般存款账户，而固定资产改造所用的款项又需要存入在另一家建行开立的专用存款账户中。东聚电力公司因职工工资发放、差旅费报销及其他日常收支的需要，几乎每星期都要跑两三次银行。为了方便广大用户及提高公司工作效率，公司委托银行开展了代理收付款业务。银行定期向公司划拨电费和支付工资。

从电力公司开设的银行账户中我们可以看到，单位在银行开立结算账户不仅仅是为了资金的安全和获得利息，更重要的是利用银行管理资金的优势，把自己的资金用好、用活，从而提高工作效率。

（资料来源：武飞主编：《商业银行柜台业务》，中国人民大学出版社2009年版。）

知识准备

人民币对公存款是指商业银行以信用方式吸收的企事业单位的存款，是国民经济各部门、各单位办理转账结算的前提。按照不同的划分标准，对公存款有着不同的种类，其中按照存款的期限和存款单位的特殊要求，对公存款可分为单位活期存款、单位定期存款、单位通知存款和单位协定存款等（见表3－1）。

表3－1　　单位存款种类一览表

种类	起存金额	业务特点	存取期限
1. 单位活期存款	没有限制	随时存取、按季结算、结算方便	随时存取
2. 单位定期存款	人民币1万元	按期支取、利随本清、利率较高	3个月、半年、1年、2年、3年、5年
3. 单位通知存款	人民币50万元	记名存款、约定支取、最后结息	1天通知存款、7天通知存款
4. 单位协定存款	约定存款额度	一个账户、一个余额、两个结算积数、两种利率	约定合同期，最长为1年（含1年）

单位活期存款是指企业、事业、机关、部队、社会团体及其他经济实体（以下简称单位）在银行开立单位结算账户，办理不规定存期，单位可随时转账、存取的存款。

活动一　开　　户

业务描述

201×年7月12日，KW市佳叶公司提交开户申请书及相关资料，要求开立基本存款账户。柜员王莉（柜员号：203002）接待了客户，圆满地完成了业务。佳叶公司通讯地址：KW市北京路2×7号；联系电话：55667788；邮政编码：650030。

业务流程

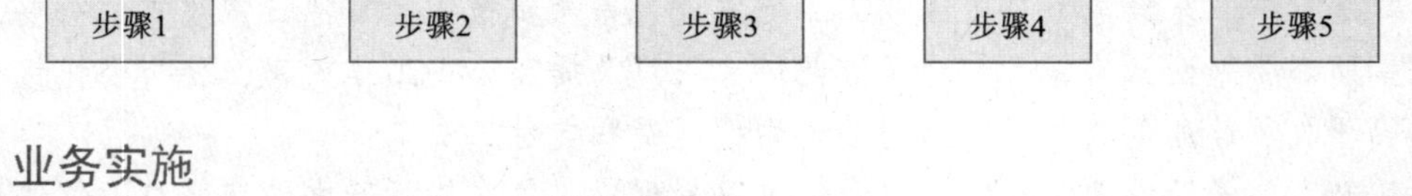

业务实施

步骤1　开户单位申请：开户单位填写《开户申请书》（见图3－1），并提交证明文件，申请开设结算账户。

小贴士

个体工商户凭营业执照以字号名称或经营者姓名开立的银行结算账户纳入单位银行结算账户管理。

相关知识

一、单位银行结算账户类别

单位银行结算账户是银行为存款人开立的用于办理现金存取、转账结算等资金收付活动的人民币活期存款账户，它是存款人办理存、贷款和资金收付活动的基础。单位结算账户按用途分为基本存款账户、一般存款账户、专用存款账户、临时存款账户（见表3－2）。

表3－2　四种单位活期存款账户的比较

账户类别	用　途	对存取的规定
基本存款账户	存款人日常经营活动发生的资金收付以及工资、奖金的支取，都应通过该账户办理	• 转账结算 • 现金收付
一般存款账户	存款人因借款或其他结算需要，在基本存款开户银行以外的银行营业机构开立的银行结算账户	• 转账结算 • 现金缴存
专用存款账户	存款人因依照法律、行政法规和规章，对其特定用途资金进行专项管理和使用而开立的银行结算账户	• 转账结算 • 按相关规定支取现金
临时存款账户	存款人因临时需要并在规定期限（有效期限不得超过2年）内使用而开立的银行结算账户	• 转账结算 • 按相关规定支取现金
备注	单位客户基本存款账户的开户行不得为其开立一般存款账户；单位客户从其基本存款账户开户行取得的贷款，通过其基本存款账户核算	

二、开户提交的证明文件

基本账户开户时提交《企业法人执照》或《营业执照》正本、国家技术监督局办理的企业组织机构代码证书、国税税务登记证、地税税务登记证、法人代表身份证，如预留印鉴的法人章不是企业法人代表的，还需提交企业法人代表亲笔签名的授权委托书。开立一般存账户、专用账户时，除上述材料外，还需要提供基本账户开户许可证；开立临时账户还需要提供当地工商行政管理机关核发的临时执照、当地有权部门同意设立外来临时机构的批件。对于“三证合一”企业，根据2015年12月28日银发［2015］401号《中国人民银行　工商总局关于“三证合一”登记制度改革有关支付结算业务管理事项的通知》的有关规定办理。

想一想

佳叶公司已在模拟银行KW分行开立了基本存款账户，该公司向另一家银行柜员咨询：想再开立一个基本存款账户，用于办理日常现金的支取。作为银行柜员请问你能帮助该公司办理吗？并说明原因。

三、银行管理存款账户有关规定

一经开立，银行就必须加强对账户的管理，监督开户单位正确使用账户。各单位通过银行账户办理资金收付，必须遵守银行的有关规定：

1. 一个单位只能选择一家银行一个营业机构开立一个基本存款账户，不允许在多家银行开立基本存款账户。

2. 开户实行双向选择。存款人可以自主选择银行，银行也可以自愿选择存款人开立账户。任何单位和个人都不能干预存款人在银行开立或使用账户，银行也不得违反规定强拉客户在本行开户。

3. 实行开户许可证制度。单位开立基本存款账户，应凭当地人民银行分支机构核发的开户许可证办理。银行不能对未持有开户许可证或已开立基本存款账户的存款人开立基本存款账户。

4. 实行开户申报制度。银行对企事业单位开立、撤销账户，必须及时向当地人民银行报告，人民银行运用计算机建立账户管理系统，加强对账户的管理。

5. 存款人的账户只能办理存款人本身的业务活动，不允许出租和转让他人。否则，按规定对账户出租、转让发生的金额处以罚款，并没收出租账户的非法所得。

步骤2　柜员审核：审核客户资料的真实性、合法性和完整性，与开立单位银行结算账户申请书上的内容核对一致，并经营业经理复审。

步骤3　柜员办理：操作柜员终端，进行“登记客户资料”操作。建立客户信息后，进行“账户开户申请”操作，编立单位存款账户账号。并将客户开户资料送当地人民银行分支机构审批，经人民银行审批同意，获取开户许可证（见图3-2、图3-3）。

步骤4　账户维护：通过“对公信息维护”操作维护账户基本信息中的开户许可证核准号。

步骤5　送别客户：在印鉴卡（见图3-4）上加盖银行印章，并注明账号和启用日期。将印鉴卡、开户许可证正、副本、开户申请书第一联及客户资料原件交还客户。将开立单位银行结算账户申请书银行留存联专夹保管，结束该笔业务，与客户道别。

开立单位银行结算账户申请书

存款人名称	KW 市佳叶公司	电　话	55667788
注册地址	KW 市北京路 2 ×7 号	邮政编码	650030
存款人类别	有限责任公司	组织机构代码	6521328 －01
法定代表人（√） 单位负责人（　）	姓　名　张明	证件种类	居民身份证
	证件号码　530101197005241631		
行业分类	制造业	注册资金	人民币 500 万元
经营范围	电子产品、通信产品	地区代码	5301
证明文件种类	企业法人营业执照	证明文件编号	64528223
税务登记证编号	国　税　5301562314725	地　税	530156231472
账户性质	基本（√）　一般（　）　专用（　）　临时（　）　其他（　）		
资金性质		有效日期至	202 × 年 7 月 12 日
办公地址	KW 市北京路 2 ×7 号	邮政编码	650030
对账单寄送地址	KW 市北京路 2 ×7 号	邮政编码	650030
对账单联系电话	55667788	办公地联系电话	55667788
以下栏目由开户银行审核后填写			
开户银行名称		开户银行代码	
账户名称		账　号	
基本存款账户开户许可证核准号		开户日期	
本存款人申请开立银行结算账户，并承诺所提供的开户资料真实、有效。 （KW 市佳叶公司公章）（张明） 存款人（公章） 201 × 年 7 月 12 日	开户银行审核意见： 经办人（签章） 年　月　日	人民银行审核意见： （非核准类账户除外） 经办人（签章） 人民银行（签章） 年　月　日	

本申请书一式三联，一联开户银行留存，一联开户单位留存，一联中国人民银行当地分支行留存。

图 3－1　开立单位银行结算账户申请书

开 户 许 可 证

核准号：**HB00010536425**　　　编号：**0001 －0245138**

经审核　KW 市佳叶公司　符合开户条件，准予开立基本存款账户。

法定代表人（单位负责人）　**张明**　　　开户银行　**模拟银行 KW 市分行**

账号　**501000135221001**

（中国人民银行 KW 市分行公章）
签发机关盖章
201 × 年 7 月 14 日

图 3－2　开户许可证

图 3－3 开立单位银行结算账户操作界面

银行存款户支款印鉴卡

户 名	**KW 市佳叶公司**		账 号	
公章或财务专用章		法定代表人或授权代理人私章	电 话	**55667788**
			地 址	**KW 市北京路 2 ×7 号**
KW市佳叶公司财务专用章 ★		张明	启用日期	
			注销日期	
			财务联系人	**曾俊**
			邮 编	**650030**
			使用说明：共 **2** 章 凭 公章 **1** 章 私章 **1** 章 有效	

主管： 经办人：

图 3－4 银行存款户支款印鉴卡

【训练与评价】

201×年8月27日，KW永鑫有限公司到模拟银行KW市分行对公业务柜开立基本存款账户，柜员王莉（柜员号：203002）接待了客户，圆满完成了业务。（新开户账号：500012211000012）。

KW永鑫有限公司相关信息：

法人：王东（身份证号：532901197904050911）　联系电话：88776655

企业法人营业执照号：530100100257907　营业期限：202×年7月12日

经营范围：国内贸易、物资供销　经营地址：KW市龙泉路4×8号

注册资本：1 000万元　组织机构代码证号：75717078—X

国税税务登记证编号：53010375717078X　地税税务登记证编号：53010375717078X

财务联系人：曾小宇　邮编：650222

要求：完成图3－5、图3－6、图3－7相关内容。

（自评：☆☆☆☆☆　小组评：☆☆☆☆☆　老师评：☆☆☆☆☆　合计：____☆）

开立单位银行结算账户申请书

存款人名称			电　话	
注册地址			邮政编码	
存款人类别			组织机构代码	
法定代表人（ ）	姓　名		证件种类	
单位负责人（ ）	证件号码			
行业分类			注册资金	
经营范围			地区代码	
证明文件种类			证明文件编号	
税务登记证编号	国　税		地　税	
账户性质	基本（ ）　一般（ ）　专用（ ）　临时（ ）　其他（ ）			
资金性质			有效日期至	
办公地址			邮政编码	
对账单寄送地址			邮政编码	
对账单联系电话			办公地联系电话	
以下栏目由开户银行审核后填写				
开户银行名称		开户银行代码		
账户名称		账　号		
基本存款账户开户许可证核准号		开户日期		
本存款人申请开立银行结算账户，并承诺所提供的开户资料真实、有效。 存款人（公章） 年　月　日	开户银行审核意见： 经办人（签章） 年　月　日		人民银行审核意见： （非核准类账户除外） 经办人（签章） 人民银行（签章） 年　月　日	

本申请书一式三联，一联开户银行留存，一联开户单位留存，一联中国人民银行当地分支行留存。

图3－5　开立单位银行结算账户申请书

开 户 许 可 证

核准号：　　　　　　　　　　　　　　　编号：

经审核＿＿＿＿＿＿＿＿符合开户条件，准予开立基本存款账户。

法定代表人（单位负责人）＿＿＿＿　　　开户银行＿＿＿＿＿＿＿＿＿＿

账号＿＿＿＿＿＿＿＿＿＿

签发机关盖章

年　月　日

图 3－6　开户许可证

银行存款户支款印鉴卡

户　名		账　　号	
公章或财务专用章	法定代表人或授权代理人私章	电　　话	
		地　　址	
		启用日期	
		注销日期	
		财务联系人	
		邮　　编	
		使用说明：共　章 凭 公章　章 私章　章 有效	

主管：　　　　　　　　　　　　　经办人：

图 3－7　银行存款户支款印鉴卡

活动二　现金存入

业务描述

201×年 5 月 17 日，KW 市佳叶公司公司出纳曾俊来行存入现金 10 000 元。柜员王莉（柜员号：203002）接待了客户，圆满地完成了业务。

业务流程

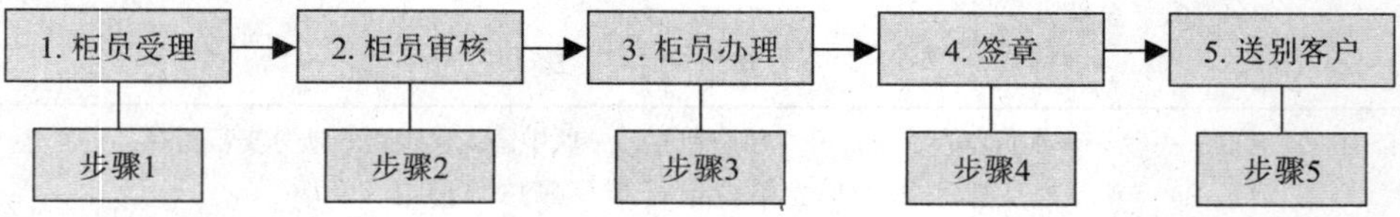

业务实施

步骤 1　柜员受理：受理客户提交一式三联现金缴款单（见图 3－8）和现金。

步骤 2　柜员审核：审核现金缴款单填写各项内容是否正确，收款人是否在本行开户，大小写金额是否一致等。清点现金，核对是否与缴款单上的金额一致，确认无误后，将现金放入款箱。

现金缴款单　1

201×年 5 月 17 日

<table>
<tr><td rowspan="6">客户填写</td><td>收款人户名</td><td colspan="8">KW 市佳叶公司</td><td>收款人账号</td><td colspan="4">501000135221001</td></tr>
<tr><td>缴款人</td><td colspan="8">曾俊</td><td>款项来源</td><td colspan="4">销货款</td></tr>
<tr><td rowspan="2">币种</td><td>人民币（√）</td><td rowspan="2">大写：壹万元整</td><td>亿</td><td>千</td><td>百</td><td>十</td><td>万</td><td>千</td><td>百</td><td>十</td><td>元</td><td>角</td><td>分</td></tr>
<tr><td>外币：</td><td></td><td></td><td></td><td>¥</td><td>1</td><td>0</td><td>0</td><td>0</td><td>0</td><td>0</td><td>0</td></tr>
<tr><td>券别</td><td>100 元</td><td>50 元</td><td>20 元</td><td>10 元</td><td>5 元</td><td>2 元</td><td>1 元</td><td>5 角</td><td>2 角</td><td>1 角</td><td>5 分</td><td>2 分</td><td>1 分</td></tr>
<tr><td>张　数</td><td>100</td><td></td><td></td><td></td><td></td><td></td><td></td><td></td><td></td><td></td><td></td><td></td><td></td></tr>
<tr><td rowspan="3">银行填写</td><td colspan="4">日期：</td><td colspan="4">日志号：</td><td colspan="3">交易码：</td><td colspan="3">币种：</td></tr>
<tr><td colspan="4">金额：</td><td colspan="4">终端号：</td><td colspan="3">主管：</td><td colspan="3">柜员：</td></tr>
<tr><td colspan="14"></td></tr>
</table>

第一联　银行记账凭证

图 3－8　现金缴款单第一联

步骤 3　柜员办理：操作柜员终端，进行“人民币现金收款”操作（见图 3－9），登记现金收入日记簿。

小贴士

现金缴款单一式三联，第一联为记账凭证，第二联为收款人入账通知，第三联是给缴款人的受理回执。缴款单由客户填写，用复写纸和圆珠笔套写。

步骤 4　签章：在三联现金缴款单上加盖现金收讫章和柜员名章。

步骤 5　送别客户：将现金缴款单第三联交客户，第二联移交会计部门，并将现金缴款单第一联按类整理存放，结束该笔业务，送别客户。

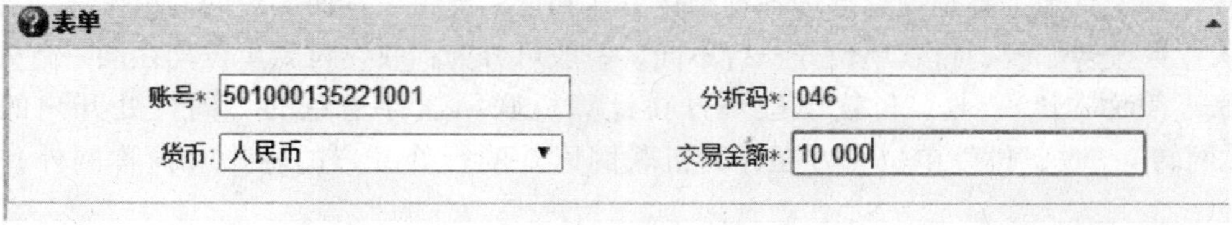

图 3－9　现金存入操作界面

【训练与评价】

201×年9月27日，KW永鑫有限公司出纳曾小宇到模拟银行KW市分行对公业务柜存入现金12 000元，柜员王莉（柜员号：203002）接待了客户，圆满完成了业务。

要求：完成图3－10相关内容。

（自评：☆☆☆☆☆　小组评：☆☆☆☆☆　老师评：☆☆☆☆☆　合计：____☆）

现金缴款单　1

年　月　日

<table>
<tr><td rowspan="5">客户填写</td><td>收款人户名</td><td colspan="6"></td><td colspan="2">款项来源</td><td colspan="5"></td></tr>
<tr><td>收款人账号</td><td colspan="2"></td><td>亿</td><td>千</td><td>百</td><td>十</td><td>万</td><td>千</td><td>百</td><td>十</td><td>元</td><td>角</td><td>分</td></tr>
<tr><td colspan="3">币种：　　大写金额：</td><td></td><td></td><td></td><td></td><td></td><td></td><td></td><td></td><td></td><td></td><td></td></tr>
<tr><td>券别</td><td>100元</td><td>50元</td><td>20元</td><td>10元</td><td>5元</td><td>2元</td><td>1元</td><td>5角</td><td>2角</td><td>1角</td><td>5分</td><td>2分</td><td>1分</td></tr>
<tr><td>张　数</td><td></td><td></td><td></td><td></td><td></td><td></td><td></td><td></td><td></td><td></td><td></td><td></td><td></td></tr>
<tr><td rowspan="2">银行填写</td><td colspan="14">日期：　日志号：　交易码：　币种：
金额：　终端号：　主管：　柜员：</td></tr>
<tr><td colspan="14"></td></tr>
</table>

第一联　银行记账凭证

图3－10　现金缴款单第一联

活动三　转账存入

知识准备

转账存入款项主要是通过办理各种结算方式和运用支付工具而实现的。单位活期存款转账存入业务按转账收、付款单位开户行不同，一般可分为：收、付款单位均在同一行处开户的转账（简称本转）；收、付款单位一方在计算机联网通存通兑的不同行处开户的转账（简称网转）；收、付款单位一方在计算机联网以外的行处开户的转账（简称网外）三种类型。

收、付款单位一方在计算机联网以外的同城行处开户的转账需要通过同城交换处理。同城票据交换业务由于涉及当地人民银行的要求和交换系统的不同，各地存在不同的交换模式，即使交换模式相同但由于当地人民银行交换系统不同也存在操作上的差异，此处不做介绍。

收、付款单位在同一行处开户的转账和收、付款单位在同一银行计算机系统内不同网点开户的转账，柜面处理流程相同，在此称为同城网内业务。

业务描述

201×年6月20日，KW市佳叶公司（本行开户）从KW市宇凡公司（本行开户）购入电脑一批，货款总金额为40 000元。6月28日佳叶公司签发转账支票一张给宇凡公司用于支付货款。7月1日宇凡公司出纳员持转账支票来行申请进账，柜员王莉（柜员号：203002）接待了客户，圆满地完成了业务。

业务流程

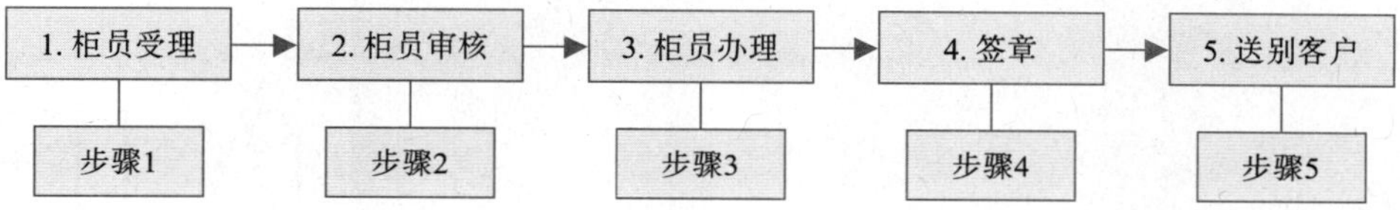

业务实施

步骤1　柜员受理：受理客户提交转账支票（见图3－11）、一式三联进账单（见图3－12）。

步骤2　柜员审核：审核转账支票和进账单，审核内容（见图3－13）。

> **小贴士**
>
> 进账单为一式三联，第一联为回单联（白纸黑油墨）；第二联为贷方凭证（白纸红油墨），此联由收款人开户银行作贷方凭证；第三联为收账通知（白纸黑油墨），此联是收款人开户银行交收款人的收账通知。

步骤3　柜员办理：操作柜员终端，进行“账户转账”操作（见图3－14）。

步骤4　签章：在转账支票、三联进账单上加盖转讫章、柜员名章（见图3－15）。

步骤5　送别客户：将进账单第一、三联交客户，并将转账支票、进账单第二联按类整理存放，结束该笔业务，送别客户。

转账支票

Ⅱ Ⅵ00000003

出票日期（大写）：**贰零壹**×年**陆**月**贰拾捌**日　　付款行名称：模拟银行 KW 市分行

收款人：**KW 市宇凡公司**　　出票人账号：501000135221001

本支票付款期限十天

人民币（大写）	千	百	十	万	千	百	十	元	角	分
肆万元整			¥	4	0	0	0	0	0	0

用途 **购货款**

上列款项请从我账户内支付

出票人签章　　KW市佳叶公司财务专用章　　张明

复核　　记账

转账支票背面

附加信息：	被背书人
	委托收款　　KW市宇凡公司财务专用章　　曾莹印 背书人签章 **201**×年**7**月**1**日
身份证件名称：　　发证机关：	

（贴粘单处）

图 3－11　转账支票正、背面图

进账单（回　单）　　1

201×年**7**月**1**日

出票人	全　称	**KW 市佳叶公司**	收款人	全　称	**KW 市宇凡公司**
	账　号	**501000135221001**		账　号	**501000137545003**
	开户银行	**模拟银行 KW 市分行**		开户银行	**模拟银行 KW 市分行**

金额	人民币（大写）	千	百	十	万	千	百	十	元	角	分
	肆万元整			¥	4	0	0	0	0	0	0

票据种类	**转账支票**	票据张数	**1**	
票据号码	**Ⅱ Ⅵ00000003**			
复核　　记账				开户银行签章

此联是开户银行交给持（出）票人的回单

8.5×17.5cm（白纸黑油墨）

图 3－12　进账单

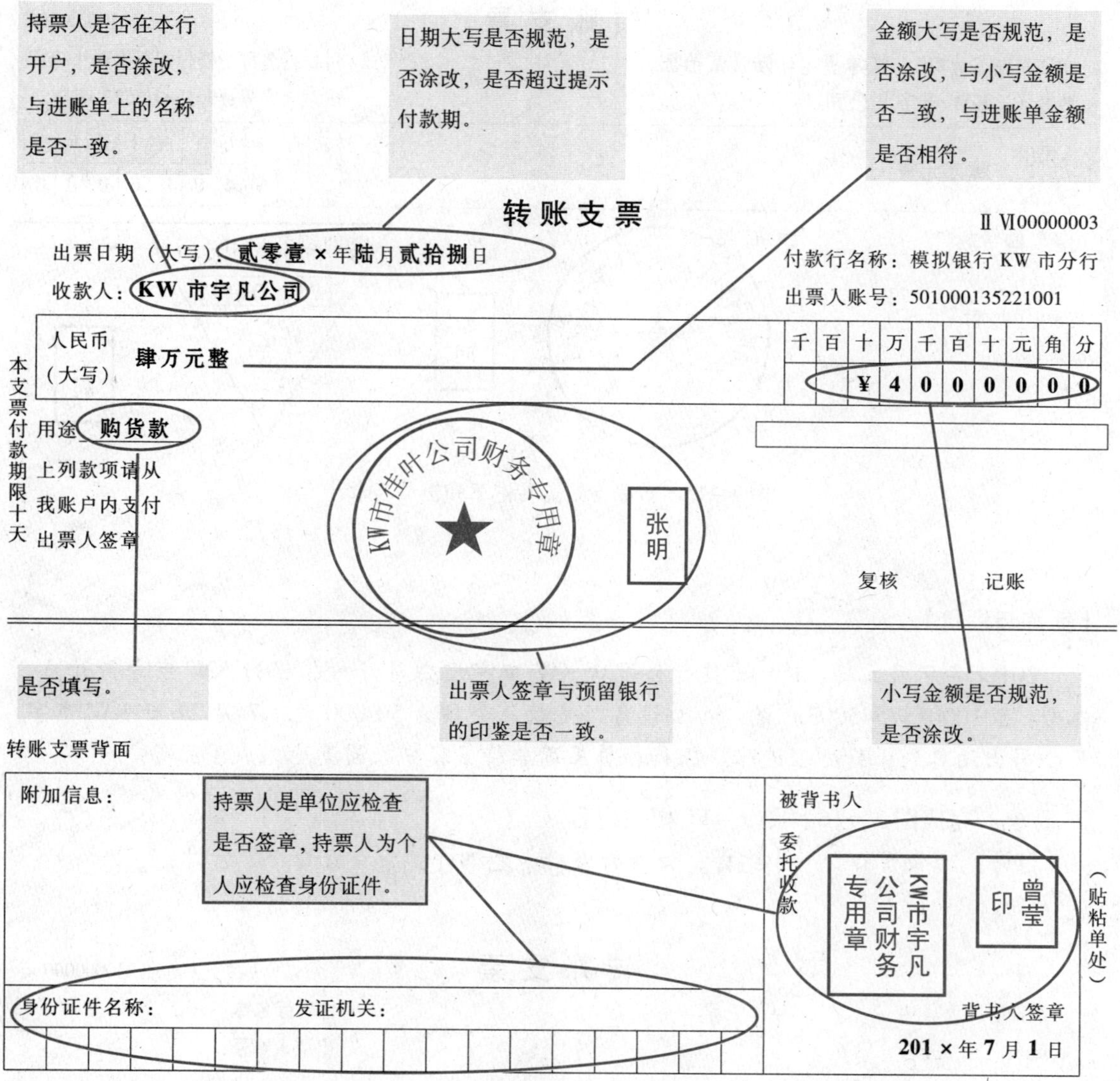

图 3－13　审核转账支票

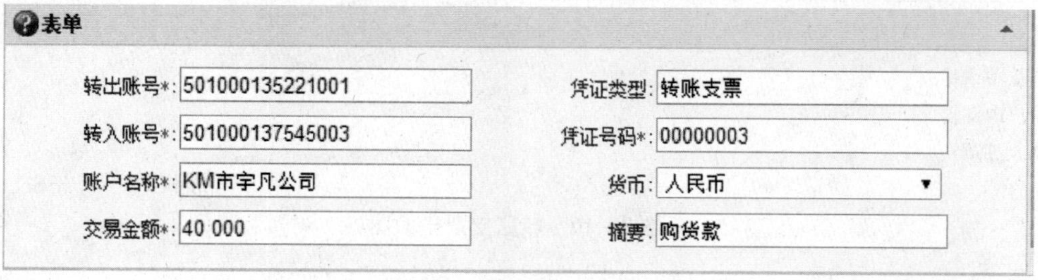

图 3－14　转账存入操作界面

转账支票 II Ⅵ00000003

出票日期（大写）：**贰零壹**×年**陆**月**贰拾捌**日　　付款行名称：模拟银行 KW 市分行

收款人：**KW 市宇凡公司**　　出票人账号：501000135221001

人民币（大写）	千	百	十	万	千	百	十	元	角	分
肆万元整			¥	4	0	0	0	0	0	0

本支票付款期限十天

用途 **购货款**

上列款项请从

我账户内支付

出票人签章　KW市佳叶公司财务专用章　张明

模拟银行KW市分行 201×-07-01 转讫章 (01)

复核　记账　王莉

图 3－15　转账支票盖转讫章和柜员名章

【训练与评价】

201×年7月5日，KW 市佳叶公司从 KW 市宇凡公司（模拟银行 KW 市分行开户，账号：501000137545003）购入办公设备，货款总金额为 50 000 元。7 月 21 日 KW 市宇凡公司出纳员到银行办理进账。银行柜员王莉接待了客户，圆满地完成了业务。

要求：完成图 3－16、图 3－17 相关内容。

（自评：☆☆☆☆☆　小组评：☆☆☆☆☆　老师评：☆☆☆☆☆　合计：____☆）

转账支票 II Ⅵ0000000×

出票日期（大写）：　　年　　月　　日　　付款行名称：

收款人：　　出票人账号：

人民币（大写）	千	百	十	万	千	百	十	元	角	分

本支票付款期限十天

用途__________

上列款项请从

我账户内支付

出票人签章

复核　记账

图 3－16　转账支票正面图

进账单（回　单）　　　　1

年　月　日

<table>
<tr><td rowspan="3">出票人</td><td>全　称</td><td colspan="2"></td><td rowspan="3">收款人</td><td>全　称</td><td></td></tr>
<tr><td>账　号</td><td colspan="2"></td><td>账　号</td><td></td></tr>
<tr><td>开户银行</td><td colspan="2"></td><td>开户银行</td><td></td></tr>
<tr><td>金额</td><td colspan="5">人民币
（大写）</td><td>千 百 十 万 千 百 十 元 角 分</td></tr>
<tr><td colspan="2">票据种类</td><td>票据张数</td><td></td><td colspan="3" rowspan="3">开户银行签章</td></tr>
<tr><td colspan="2">票据号码</td><td colspan="2"></td></tr>
<tr><td colspan="4">复核　　记账</td></tr>
</table>

此联是开户银行交给持（出）票人的回单

8.5×17.5cm（白纸黑油墨）

图3－17　进账单

活动四　现金支取

业务描述

201×年5月25日，KW市佳叶公司来行提交现金支票一张，申请提取现金5 000元，用于支付工资。柜员王莉（柜员号：203002）接待了客户，圆满完成了业务。

业务流程

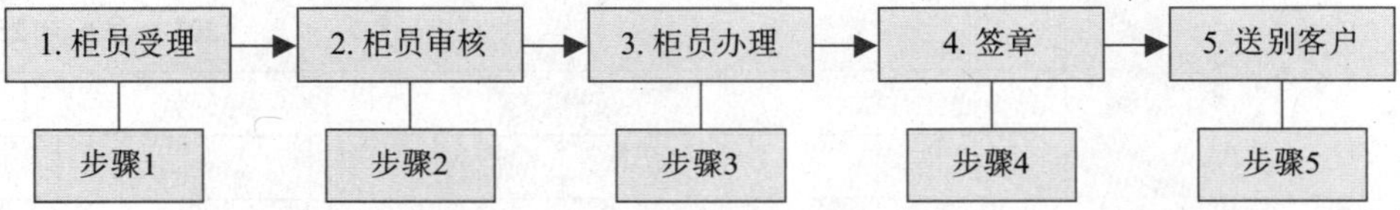

业务实施

步骤1　柜员受理：受理客户提交现金支票（见图3－18）。

步骤2　柜员审核：现金支票是否真实、完整，是否超过提示付款期限，是否为远期支票，出票人签章是否符合规定，印章与预留银行的印鉴是否相符，支票大小写金额是否一致，支票背面是否背书，背书是否正确。

小贴士

如客户签发的支票系空头支票或印章与预留印鉴不符的支票，银行应予以退票，并向人民银行上报。对于开具空头支票的出票人，中国人民银行可以对其处以票面金额5%但不低于1 000元的罚款，持票人有权要求出票人赔偿支票2%的赔偿金。

步骤3　柜员办理： 操作柜员终端（见图3－19），进行“人民币现金支取”操作，并根据客户提取款项金额及要求进行配款。

步骤4　签章： 在现金支票上加盖现金清讫章和柜员名章。

步骤5　送别客户： 将现金交客户。将现金支票按类整理存放，结束该笔业务。

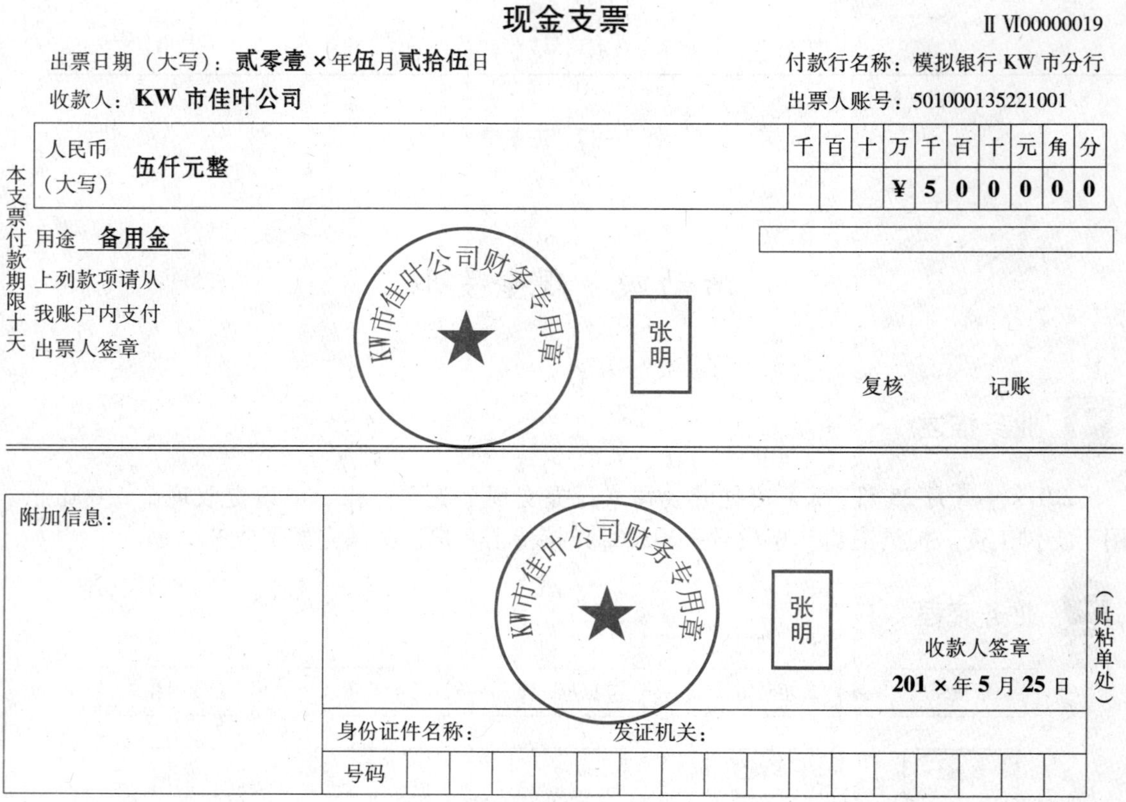
现金支票　Ⅱ Ⅵ00000019
出票日期（大写）：贰零壹×年伍月贰拾伍日　付款行名称：模拟银行KW市分行
收款人：KW市佳叶公司　出票人账号：501000135221001
人民币（大写）　伍仟元整　千 百 十 万 千 百 十 元 角 分　¥ 5 0 0 0 0 0
本支票付款期限十天
用途　备用金
上列款项请从
我账户内支付
出票人签章
KW市佳叶公司财务专用章
张明
复核　记账
附加信息：
KW市佳叶公司财务专用章
张明
收款人签章
201×年5月25日
（贴粘单处）
身份证件名称：　发证机关：
号码

图3－18　现金支票正面、背面

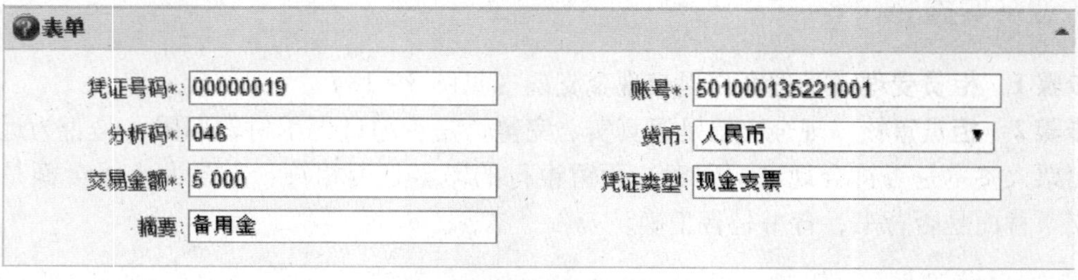

图3－19　现金支取操作界面

【训练与评价】

201×年8月5日，KW市佳叶公司出纳员持现金支票来行取现，金额15 000元，款项性质为劳务报酬。柜员王莉接待了客户，圆满地完成了业务。

要求：完成图3－20相关内容。

（自评：☆☆☆☆☆　小组评：☆☆☆☆☆　老师评：☆☆☆☆☆　合计：____☆）

现 金 支 票　　Ⅱ Ⅵ000000××

出票日期（大写）：　年　月　日　　付款行名称：

收款人：　　出票人账号：

本支票付款期限十天

人民币（大写）	千	百	十	万	千	百	十	元	角	分

用途__________

上列款项请从
我账户内支付
出票人签章

复核　记账

附加信息：	收款人签章 年　月　日	
	身份证件名称：　发证机关：	
	号码	

（贴粘单处）

图3－20　现金支票正面、背面

活动五　转账支取

业务描述

201×年6月20日，KW市佳叶公司（本行开户）从KW市宇凡公司（中国工商银行KW市分行开户）购入电脑一批，货款金额为40 000元。6月28日佳叶公司签发转账支票一张给宇凡公司用于支付货款。7月1日佳叶公司出纳员持本公司签发转账支票申请转账给宇凡公司，柜员王莉（柜员号：203002）接待了客户，圆满完成了业务。

业务流程

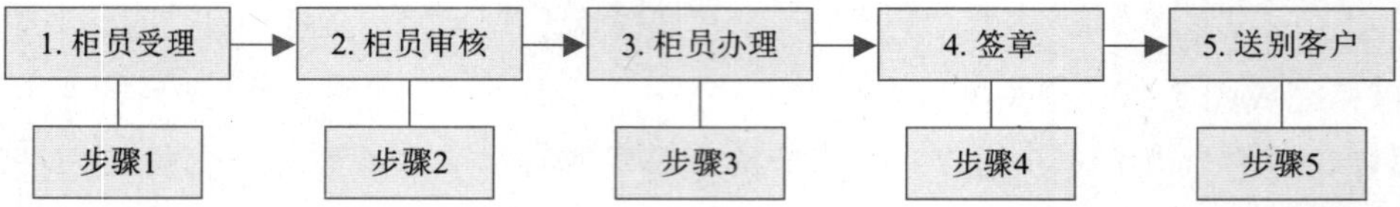

业务实施

步骤 1　柜员受理：受理客户提交的一式三联进账单（见图 3－21）、转账支票（见图 3－22）。

> **小贴士**
>
> 转账支取业务与转账存入业务流程大体相同，只是角度发生变化。

步骤 2　柜员审核：审核内容同转账存入相同，不再详细介绍。

进账单（回　单）　　1

201×年 7 月 1 日

出票人	全　称	KW 市佳叶公司	收款人	全　称	KW 市宇凡公司
	账　号	501000135221001		账　号	501000137545003
	开户银行	模拟银行 KW 市分行		开户银行	中国工商银行 KW 市分行
金额	人民币（大写）	肆万元整		千 百 十 万 千 百 十 元 角 分	¥ 4 0 0 0 0 0 0
票据种类	转账支票	票据张数	1		
票据号码	00000003				
	复核　记账				开户银行签章

此联是开户银行交给持（出）票人的回单

8.5×17.5cm（白纸黑油墨）

图 3－21　进账单第一联

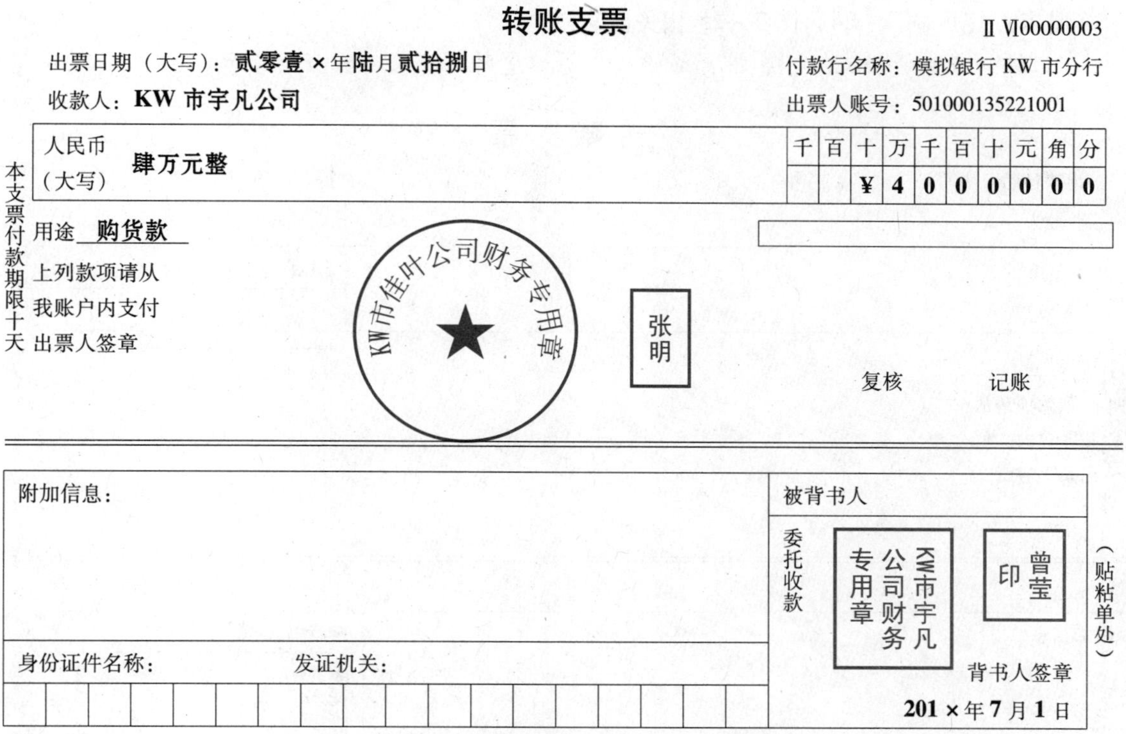

转账支票　Ⅱ Ⅵ00000003

出票日期（大写）：贰零壹×年陆月贰拾捌日　付款行名称：模拟银行 KW 市分行

收款人：KW 市宇凡公司　出票人账号：501000135221001

人民币（大写）	肆万元整	千	百	十	万	千	百	十	元	角	分
				¥	4	0	0	0	0	0	0

本支票付款期限十天

用途 购货款

上列款项请从

我账户内支付

出票人签章

KW市佳叶公司财务专用章　张明

复核　记账

附加信息：

身份证件名称：　发证机关：

被背书人

委托收款

KW市宇凡公司财务专用章　曾莹印

背书人签章

201×年7月1日

（贴粘单处）

图 3－22　转账支票正面、背面

步骤 3　柜员办理：操作柜员终端，进行“提出贷方记账”操作（见图 3－23）。

步骤 4　签章：在转账支票、第一联进账单上加盖转讫章、柜员名章（如图 3－15 所示转账存入）。

步骤 5　送别客户：将进账单第一联作回单交客户。将转账支票按类整理存放，进账单第二、三联交票据交换柜员，结束该笔业务，送别客户。

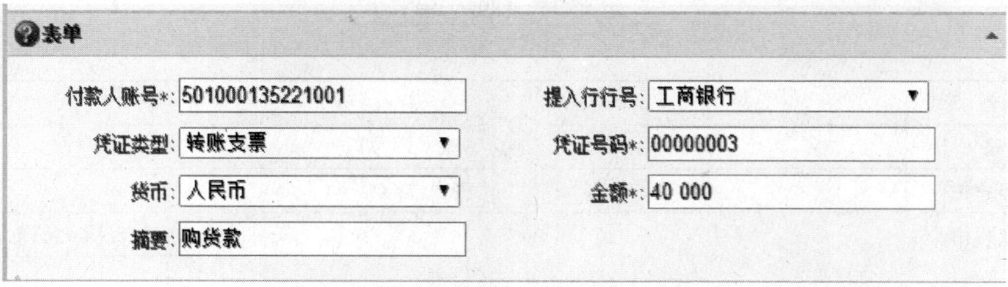

表单

付款人账号*：501000135221001　提入行行号：工商银行

凭证类型：转账支票　凭证号码*：00000003

货币：人民币　金额*：40 000

摘要：购货款

图 3－23　转账支取操作界面

【训练与评价】

201×年 7 月 5 日，KW 市佳叶公司从 KW 市宇凡公司（中国工商银行 W 市分行开户，账号：501000137545003）购入办公设备，货款总金额为 50 000 元。7 月 21 日 KW 市佳叶公司出纳员持本公司签发转账支票到银行，申请转账给 KW 市宇凡公司，银行柜员王莉接待了客户，圆满地完成了业务。

要求：完成图 3－24、图 3－25 相关内容。

（自评：☆☆☆☆☆　小组评：☆☆☆☆☆　老师评：☆☆☆☆☆　合计：____☆）

转 账 支 票　　Ⅱ Ⅵ0000000 ×

出票日期（大写）：　年　月　日　　付款行名称：

收款人：　　出票人账号：

人民币（大写）	千	百	十	万	千	百	十	元	角	分

本支票付款期限十天

用途__________

上列款项请从

我账户内支付

出票人签章

复核　　记账

附加信息：	被背书人
	委托收款
身份证件名称：　　发证机关：	背书人签章 年 月 日

（贴粘单处）

图 3－24　转账支票正面、背面

进账单（回　单）　　**1**

年　月　日

出票人			收款人		
	全　称			全　称	
	账　号			账　号	
	开户银行			开户银行	

金额 人民币（大写）	千	百	十	万	千	百	十	元	角	分

票据种类		票据张数		
票据号码				
复核　　记账				开户银行签章

此联是开户银行交给持（出）票人的回单

8.5×17.5cm（白纸黑油墨）

图 3－25　进账单第一联

活动六 销　　户

业务描述

201×年11月23日，本行开户KW市永佳公司因经营管理不善破产，客户来行办理基本存款账户销户。永佳公司截至销户日当天，账户累计应计息积数为85 342 192元，活期存款年利率为0.385%。柜员王莉接待了客户，圆满完成了业务。

业务流程

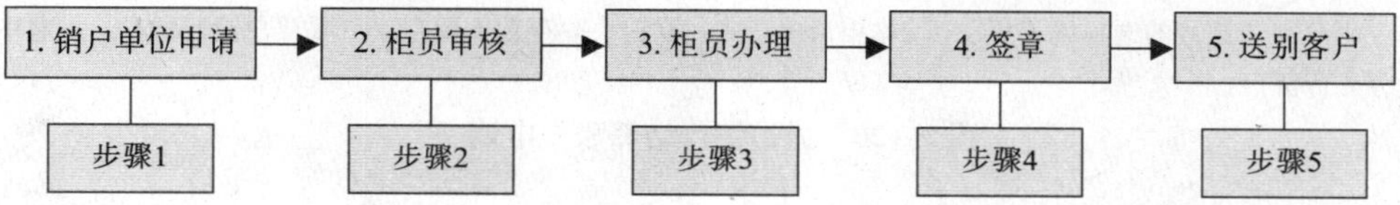

业务实施

步骤1　销户单位申请：受理客户提交一式三联撤销银行结算账户申请书（见图3－26）、开户许可证、单位法定代表人和经办人员的身份证件、未用重要空白凭证。

步骤2　柜员审核：审核销户申请书内容的完整性和正确性，审核开户许可证、身份证件的真实性和合法性。

相关知识

销户是商业银行根据客户要求，注销该客户在该行内的账户，并进行结息。单位客户发生下列情况时，即进行销户业务操作：

1. 单位客户主动撤销。

2. 开户行得知单位客户因被撤并、解散、宣告破产或关闭以及被注销、吊销营业执照，通知单位客户办理销户手续。自通知发出之日起30天后，如单位客户仍未办理销户手续，开户行有权停止该账户的对外支付。

3. 开户行对一年（按对月对日计算）未发生资金收付活动（计算入账除外）且未欠开户行债务的单位银行结算账户，定期进行清理，并通知单位客户办理销户手续。自通知发出之日起30天未办理销户手续的，开户行可视该客户自愿销户。

进行销户的账户，必须是已经结清且余额为零的一般活期存款或余额为零的临时存款账户，即账户结清后必须将余额转出。进行销户后，该账户剩余支票将全部核销，并关闭账户。

撤销银行结算账户申请书 №00021

账户名称	KW 市永佳公司		
开户银行名称	模拟银行 KW 市分行		
开户银行代码	50701	账　号	501000106221039
账户性质	基本（√）　一般（ ）　专用（ ）　临时（ ）　个人（ ）		
开户许可证号	HB00010356241		
销户原因	破产清算		
本存款人申请撤销上述银行账户，承诺所提供的证明文件真实、有效。 林静 存款人（签章） 201×年11月23日		开户银行审核意见： 经办人（签章） 年　月　日	

第一联 存款人留存

填表说明：1. 带括号的选项填“√”；2. 本申请书一式三联，一联存款人留存，一联开户银行留存，一联中国人民银行当地分支行留存。

图 3-26　撤销银行结算账户申请书

步骤 3　柜员办理：

（1）操作柜员终端，柜员先进行“重要空白凭证注销”操作（见图 3-27），将客户未用重要凭证注销（对客户交回凭证当面切角或打洞作废，如有未退回的未用空白重要凭证，客户必须向开户行提交正式公函，声明由此引起的一切损失由单位客户自行负责，并在声明中注明未退凭证种类及号码）。

（2）进行“单位活期存款销户计息”操作，打印《利息清单》（见图 3-28）告知客户本息和并要求客户填写转账支票和进账单，将客户账户余额转入指定账户（见图 3-29）。

（3）转账完毕进行“单位活期存款销户”操作（见图 3-30）。

相关知识

单位活期存款计息规定与活期储蓄存款计息规定相同。

银行应付永佳公司利息 = 85 342 192 × 0. 385% ÷ 360 = 912. 68（元）

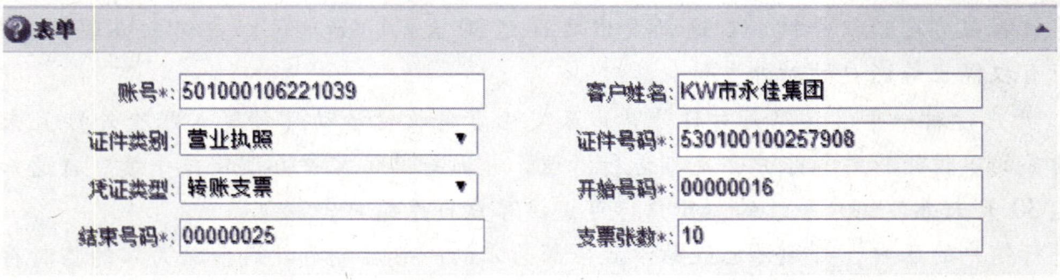

表单

账号*:	501000106221039	客户姓名:	KW市永佳集团
证件类别:	营业执照	证件号码*:	530100100257908
凭证类型:	转账支票	开始号码*:	00000016
结束号码*:	00000025	支票张数*:	10

图 3-27　重要空白凭证注销操作界面

模拟银行活期存款利息清单

账别：**自营性**　　　　**201×年11月23日**

户名	**KW市永佳公司**		账号	**501000106221039**	
起息日	止息日	天数	计息积数	日利率%	利息
201×0921	**201×1123**	**63**	**85342192**	**0.0010694**	**912.68**
合　计					**912.68**
上列存款利息已转到**9120110100013346531**账户下，请您核查（银行签章）					

模拟银行KW市分行　201×-11-23　转讫章　(01)

第二联　客户留存　　事后监督 李敏　　复核（授权） 周慧　　经办 王莉

图3-28　活期存款利息清单

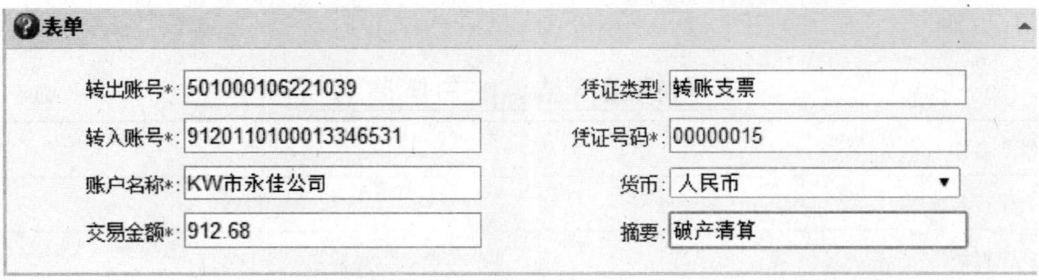

图3-29　转入指定账户操作界面

图3-30　销户操作界面

步骤4　签章：在转账支票、三联进账单上加盖转讫章、柜员名章。在三联撤销银行结算账户申请书上加盖业务公章和柜员名章。

步骤5　送别客户：将撤销银行结算账户申请书第一联、进账单第一、三联交客户。将撤销银行结算账户申请书第二、三联、转账支票、进账单第二联按类整理存放，结束该笔业务，送别客户。

【训练与评价】

201×年7月15日，本行开户KW市佳怡公司因经营管理不善破产，客户来行办理基本存款账户销户，账号：501000106221053，销户后将账户本息转至账号为：501000106221089，用于清偿债务。公司截止于销户日当天，账户累计应计息积数为110 192元，活期存款年利率为0.385%。柜员王莉接待了客户，圆满地完成了业务。

要求：完成图3-31、图3-32相关内容。

（自评：☆☆☆☆☆　小组评：☆☆☆☆☆　老师评：☆☆☆☆☆　合计：____☆）

模拟银行活期存款利息清单

账别：　　　　　　　　　　　　　　年　月　日

户名			账号			
起息日	止息日	天数	计息积数	日利率%	利息	
合　计						
上列存款利息已转到			账户下，请您核查（银行签章）			

第二联　客户留存　　　事后监督　　　复核（授权）　　　经办

图 3－31　活期存款利息清单

撤销银行结算账户申请书

№00 × ×

账户名称			
开户银行名称			
开户银行代码		账　号	
账户性质	基本（　）　一般（　）　专用（　）　临时（　）　个人（　）		
开户许可证号			
销户原因			
本存款人申请撤销上述银行账户，承诺所提供的证明文件真实、有效。 存款人（签章） 年　月　日	开户银行审核意见： 经办人（签章） 年　月　日		

第一联　存款人留存

填表说明：1. 带括号的选项填“√”；2. 本申请书一式三联，一联存款人留存，一联开户银行留存，一联中国人民银行当地分支行留存。

图 3－32　撤销银行结算账户申请书

任务二
办理单位定期存款柜面业务

【案例导读】

企业巨额存款“失踪”，银行该负多大责

201×年9月8日，某市锅炉厂将5000万元存入某商业银行，定期存款一年。但锅炉厂的财务人员于次年5月11日到银行提前支取该笔存款，却发现巨额存款不翼而飞。经调查此案系该银行内部员工韩某利用工作之便，伪造企业印鉴，偷盖银行印章，重新克隆了一张定期存单，并利用该存单，先将定期存款转为活期存款，然后通过蚂蚁搬家的形式，先后把资金从该银行转入到其他六家商业银行，最后汇入一家较小规模的私营有限责任公司——泛洋城市度假村的账户，资金去向不得而知。

此案中银行负有多大责任呢？从利息收入角度考虑，企业一般不会提前支取定期存款，即使提前支取，按规定也只能以转账方式将定期存款转入企业的基本存款账户，不得将定期存款用于结算或从定期存款账户中提取现金。本案例中，韩某利用虚假的定期存单和伪造的印鉴将定期存款支取后，并没有将资金转存入锅炉厂的基本存款账户上，而是通过定期账户转入多家商业银行，最后将资金落到了没有真实商业贸易关系的泛洋城市度假村的账户上。该商业银行没有遵守单位定期存款提前支取的相关规定，致使企业巨额存款“失踪”，开户银行应负全部责任。

此外，按银行“印、押、证分管”制度的要求，韩某作为前台业务人员不应该接触银行印鉴，重要空白凭证应该纳入表外科目核算，实行专人负责、入库保管，并定期进行账、证核对，保证账实相符。而韩某能伪造出定期存单、并伪造出全套印鉴，还能蒙骗过有关部门，将定期存款转换为活期存款，说明该银行印鉴和重要空白凭证的管理是不严格的，开户银行应负全部责任。

（资料来源：陈恳、王芳艳：“中信银行巨额企业存款‘失踪调查’”，21世纪网。）

知识准备

单位定期存款是单位客户与银行约定存款期限，将暂时闲置的资金存入银行，在存款到期支取时，银行按存入日约定的利率计付利息的一种存款。单位定期存款分为人民币定期存款和外币定期存款两种。

单位定期存款可以全部或部分提前支取，但只能提前支取一次；并且存款单位支取定期存款只能以转账方式将存款转入其基本存款账户，不得将定期存款用于结算或从定期存款账户中提取现金。

小贴士

（1）存款单位不能将贷款、财政拨款和预算内资金转作定期存款。

（2）人民币定期存款的存款期限有3个月、6个月、1年、2年、3年、5年可供选择。

（3）人民币定期存款起存金额为人民币1万元，须一次性存入。

（4）单笔起存金额在300万等值美元以下的为小额外币定期存款；单笔存款起存金额在300万美元、200万英镑、340万欧元、30 000万日元、2 300万港币、440万加拿大元、530万瑞士法郎以上的为大额外币定期存款。

活动一 存　　入

业务描述

201×年6月3日，KW市佳叶公司来行提交开立单位定期存款账户申请书及相关证明文件，要求开立单位定期存款账户，并将其活期存款账户内款项100 000元转存定期存款，存期1年，1年期定期存款利率为3.25%。柜员王莉（柜员号：203002）接待了客户，圆满完成了业务。

业务流程

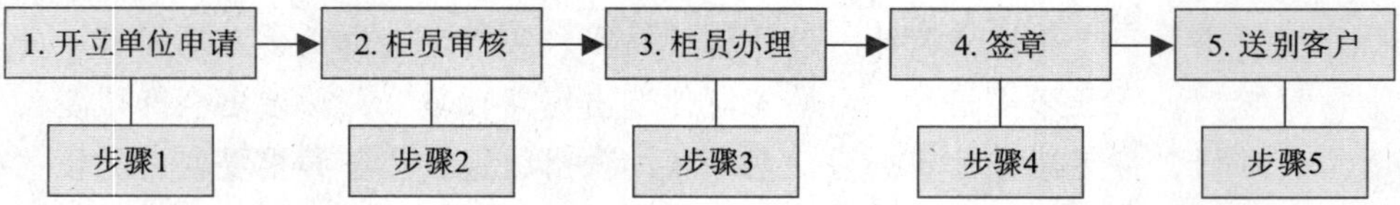

步骤1　开立单位申请：受理客户提交一式二联《开立单位定期存款账户申请书》（见图3－33）及相关资料。

银行开立单位定期（通知）存款账户申请书　1

存款人名称	KW 市佳叶公司		地址	KW 市北京路 2×7 号
账户名称	KW 市佳叶公司		组织机构代码	6521328—01
法定代表人或负责人	姓名	张明	联系人	曾俊
	证件种类	居民身份证	联系电话	55667788
	证件号码	530101197005241631	邮编	650030
币种	（√）人民币　（　）美元　（　）欧元　（　）港币　（　）日元　（　）其他______			
存款种类	（√）定期存款　（　）通知存款		支取依据	（√）印鉴
定期存款期限	（　）三个月　（　）半年　（√）一年　（　）二年　（　）三年　（　）五年			
通知存款品种	（　）一天　（　）七天			
本存款人申请开立单位**定期存款**账户，承诺所提供的开户资料真实、有效，如有伪造、欺诈，愿承担法律责任。 （印章：KW市佳叶公司财务专用章） 单位（公章）　法定代表人或负责人（印鉴）张明 201×年6月3日			开户银行审核意见： 同意存款人开立　　存款账户。 经办人（签章）　开户银行（业务公章） 年　月　日	

填写说明：本申请书一式二份，其中：一份存款人留存，一份开户银行留存。

图 3-33　开立定期（通知）存款账户申请书

步骤 2　柜员审核： 审核《开立单位定期存款账户申请书》上各项内容是否填写正确，相关资料是否真实清晰。

小贴士

单位办理定期存款还需提交以下资料：

1. 营业执照正本及复印件；

2. 法人身份证件原件及复印件，如代办还需授权委托书、代办人身份证件原件及复印件；

3. 基本存款账户开户许可证，印鉴卡（如果在本行没有开立结算账户的）。

步骤 3　柜员办理：

（1）操作柜员终端，进行“单位定期存款开户”操作（见图 3-34）。

（2）受理客户填写的转账支票（见图 3-35）、一式三联进账单。

（3）操作柜员终端，进行“单位定期存款单笔存入”操作（见图 3-36）。

（4）开具一式二联《单位定期存款证实书》（见图 3-37）。

相关知识

“单位存款证实书”作为银行重要空白凭证管理，仅对存款单位办理，不能作为质押的权利凭证，单位如需办理质押贷款，可向开户银行申请开具“单位定期存单”。“单位存款证实书”可以挂失。单位存款人遗失证实书后，可到开户银行填写“挂失申请书”办理挂失手续，开户行受理挂失七日后，可为挂失人补办证实书。

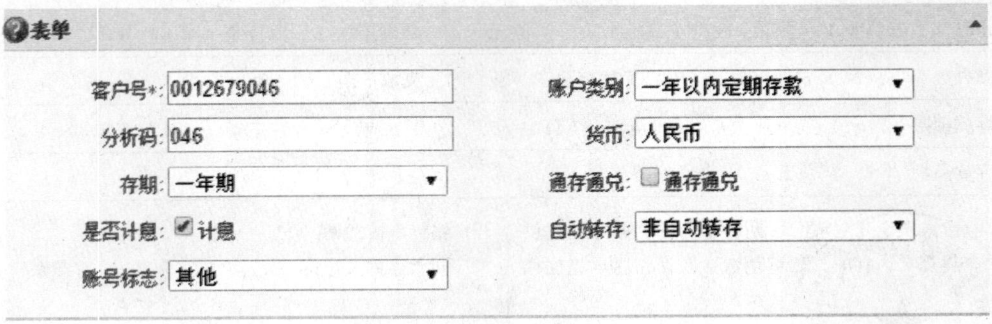
表单

客户号*:	0012679046	账户类别:	一年以内定期存款
分析码:	046	货币:	人民币
存期:	一年期	通存通兑:	通存通兑
是否计息:	计息	自动转存:	非自动转存
账号标志:	其他		

图 3－34　单位定期存款开户操作界面

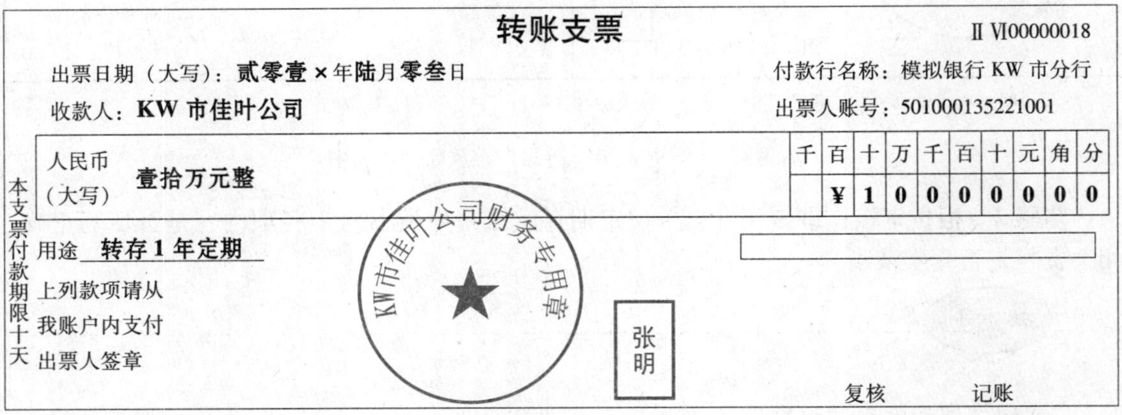
转账支票

Ⅱ Ⅵ00000018

出票日期（大写）：贰零壹×年陆月零叁日　付款行名称：模拟银行 KW 市分行

收款人：KW 市佳叶公司　出票人账号：50100013522l001

人民币（大写）　壹拾万元整

千	百	十	万	千	百	十	元	角	分
	¥	1	0	0	0	0	0	0	0

本支票付款期限十天

用途　转存 1 年定期

上列款项请从

我账户内支付

出票人签章

KW市佳叶公司财务专用章

张明

复核　记账

图 3－35　转账支票

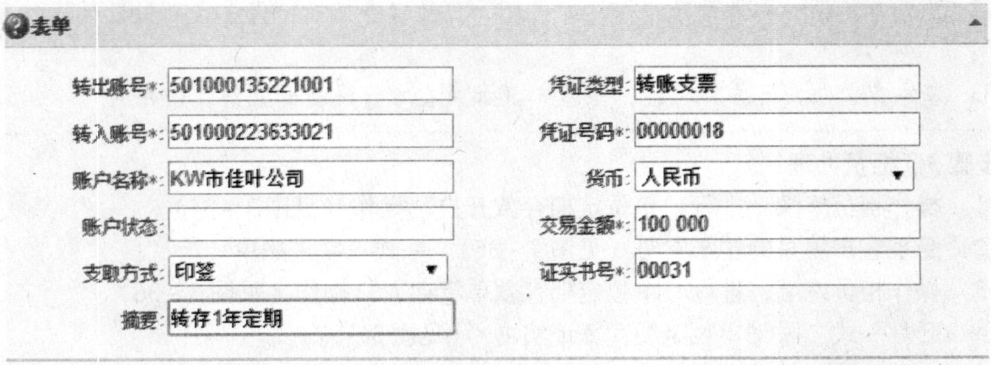
表单

转出账号*:	501000135221001	凭证类型:	转账支票
转入账号*:	501000223633021	凭证号码*:	00000018
账户名称*:	KW市佳叶公司	货币:	人民币
账户状态:		交易金额*:	100 000
支取方式:	印鉴	证实书号*:	00031
摘要:	转存1年定期		

图 3－36　单位定期存款存入操作界面

单位定期（通知）存款证实书

科目：（借）

№00031

存入日	起息日	性质	印密	存期	约转	利率	到期日	操作
201×0603	201×0603	定期	印	1年	是	3.25%	201×0603	0060

账号：501000223633021 账户名称：KW市佳叶公司

存入金额：（大写）人民币壹拾万元整 （小写）RMB¥100 000.00

贵单位已在我行开立单位定期存款账户

模拟银行KW市分行业务公章

第一联 证实书

复核： 记账： 制票：王莉

图3-37 单位定期（通知）存款证实书

步骤4 签章：在二联《开立单位定期存款账户申请书》、二联《单位定期存款证实书》上加盖业务公章和柜员名章。在转账支票、三联进账单上加盖转讫章和柜员名章。

步骤5 送别客户：将《开立单位定期存款账户申请书》客户联、《单位定期存款证实书》客户联、进账单第一、三联交客户。并将《开立单位定期存款账户》申请书留存联、《单位定期存款证实书》银行留存联、转账支票和进账单第二联按类整理存放，结束业务。

【训练与评价】

201×年6月3日，KW市永鑫有限公司（模拟银行开户，活期存款账号：500012211000012）来行申请办理200 000元定期存款（开立的定期存款账号：500012211000033），款项从其活期账户中转账存入，存期6个月，半年期定期存款利率为3.05%。柜员王莉接待了客户，圆满完成了业务。

KW市永鑫有限公司相关信息：

法人：王东（身份证号：532901197904050911） 联系电话：88776655

企业法人营业执照号：530100100257907 营业期限：202×年7月12日

经营范围：国内贸易、物资供销 经营地址：KW市龙泉路4×8号

注册资本：1 000万元 组织机构代码证号：75717078—X

财务联系人：曾小宇 邮编：650222

要求：完成图3-38、图3-39、图3-40相关内容。

（自评：☆☆☆☆☆ 小组评：☆☆☆☆☆ 老师评：☆☆☆☆☆ 合计：____☆）

银行开立单位定期（通知）存款账户申请书　　1

存款人名称			地址	
账户名称			组织机构代码	
法定代表人或负责人	姓名		联系人	
	证件种类		联系电话	
	证件号码		邮编	
币种	（　）人民币　（　）美元　（　）欧元　（　）港币　（　）日元　（　）其他______			
存款种类	（　）定期存款　（　）通知存款		支取依据	（　）印鉴
定期存款期限	（　）三个月　（　）半年　（　）一年　（　）二年　（　）三年　（　）五年			
通知存款品种	（　）一天　（　）七天			
本存款人申请开立单位　　　账户，承诺所提供的开户资料真实、有效，如有伪造、欺诈，愿承担法律责任。 单位（公章）　　法定代表人或负责人（印鉴） 年　月　日		开户银行审核意见： 同意存款人开立　　　　存款账户。 经办人（签章）　　开户银行（业务公章） 年　月　日		

填写说明：本申请书一式二份，其中：一份存款人留存，一份开户银行留存。

图 3－38　开立定期（通知）存款账户申请书

转账支票

Ⅱ Ⅵ00000018

出票日期（大写）：　　年　月　日　　　付款行名称：模拟银行 KW 市分行

收款人：　　　　　　　　　　　　　　　出票人账号：501000135221001

人民币（大写）	千	百	十	万	千	百	十	元	角	分

本支票付款期限十天

用途__________

上列款项请从

我账户内支付

出票人签章

复核　　记账

图 3－39　转账支票

单位定期（通知）存款证实书

科目：（借）　　　　　　　　　　　　　　　　　№000 ×

存入日	起息日	性质	印密	存期	约转	利率	到期日	操作

账号：____________　　　　账户名称：____________

存入金额：（大写）____________　　（小写）____________

贵单位已在我行开立单位定期存款账户

第一联　证实书

复核：　　　　记账：　　　　制票：

图 3－40　单位定期（通知）存款证实书

活动二　提前支取

业务描述

201×年10月3日，佳叶公司因业务周转急需现金，来行部分提前支取201×年6月3日存入的定期存款60 000元。柜员王莉接待了客户，圆满完成了业务。

业务流程

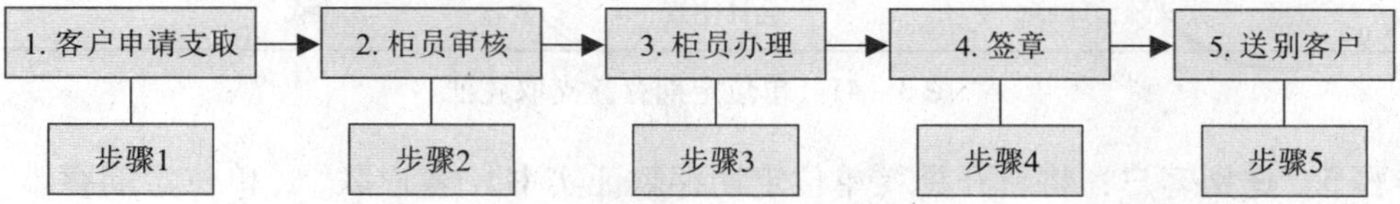

业务实施

步骤1　客户申请支取：受理客户提交《单位定期存款证实书》、一式三联《单位定期存款支取凭证》（见图3-41）。

> **小贴士**
>
> 单位定期存款支取时只能以转账方式转入其基本存款账户，不得用于结算或提取现金。单位定期存款利息只能转账，不支付现金。利息计算与整存整取定期储蓄存款相同。

步骤2　柜员审核：核对《单位定期存款证实书》的客户联和银行留存联。审核《单位定期存款支取凭证》上各要素是否完整、正确，印章与预留银行的印鉴是否相符。

步骤3　柜员办理：

（1）操作柜员终端，进行“单位定期存款部分提前支取”操作（见图3-42）。

（2）按留存金额开具新的《单位定期存款证实书》（见图3-43）。

步骤4　签章：在新开具的二联《单位定期存款证实书》上加盖业务公章和柜员名章，在原二联《单位定期存款证实书》和三联《单位定期存款支取凭证》上加盖转讫章和柜员名章。

单位定期（通知）存款支取凭证

201×年10月3日

存款人名称	KW市佳叶公司	定期存款账号	501000223633021
活期存款账号	501000135221001	活期存款开户行	模拟银行KW市分行
存款本金	60 000.00	利息	77.00
本息合计	人民币（大写） 陆万零柒拾柒元整	千 百 十 万 千 百 十 元 角 分	¥ 6 0 0 7 7 0 0
上列款项请从我账户内支付 （印章：KW市佳叶公司财务专用章）（印章：张明） 支款人预留印鉴		会计主管　　复核　　记账	

第一联 借方凭证

图3－41　单位定期存款支取凭证

步骤5　送别客户：将新开具《单位定期存款证实书》客户联、《单位定期存款支取凭证》第三联交客户。将《单位定期存款支取凭证》第一、二联（原二联单位定期存款证实书作附件）按类整理存放，结束该笔业务。

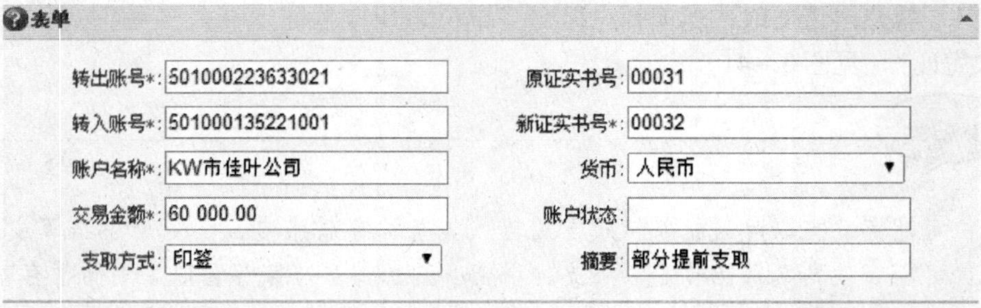

图3－42　单位定期存款提前支取操作界面

单位定期（通知）存款证实书

科目：（借）　　　　№00032

存入日	起息日	性质	印密	存期	约转	利率	到期日	操作
201×0603	201×0603	定期	印	1年	是	3.25%	201×0603	0060
账号：501000223633021　　账户名称：KW市佳叶公司 存入金额：（大写）人民币壹拾万元整　　（小写）RMB ¥100 000.00 贵单位已在我行开立单位定期存款账户 （印章：模拟银行KW市分行业务章）								

第一联 证实书

复核：　　　　记账：　　　　制票：王莉

图3－43　单位定期（通知）存款证实书

【训练与评价】

201×年8月3日，KW永鑫有限公司因业务需要现金，来行办理定期存款提前部分支取，在之前存入的定期存款账户中支取100 000元，转入该公司在本行开设的基本存款账户。柜员王莉（柜员号：203002）接待了客户，圆满完成了业务。

要求：计算利息及完成图3－44、图3－45相关内容。

单位定期（通知）存款支取凭证

年　月　日

存款人名称		定期存款账号											
活期存款账号		活期存款开户行											
存款本金		利息											
本息合计	人民币（大写）		千	百	十	万	千	百	十	元	角	分
上列款项请从我账户内支付 支款人预留印鉴　　会计主管　复核　记账													

第一联　借方凭证

图3－44　单位定期存款支取凭证

单位定期（通知）存款证实书

科目：（借）　　№000×

存入日	起息日	性质	印密	存期	约转	利率	到期日	操作

账号：＿＿＿＿＿＿　账户名称：＿＿＿＿＿＿

存入金额：（大写）＿＿＿＿＿＿　（小写）＿＿＿＿＿＿

贵单位已在我行开立单位定期存款账户

第一联　证实书

复核：　　记账：　　制票：

图3－45　单位定期（通知）存款证实书

（自评：☆☆☆☆☆　小组评：☆☆☆☆☆　老师评：☆☆☆☆☆　合计：＿＿☆）

活动三　到期支取

业务描述

201×年6月3日，佳叶公司一年前定期存款到期，来行办理到期支取业务。柜员王莉接待了客户，圆满完成了业务。

业务流程

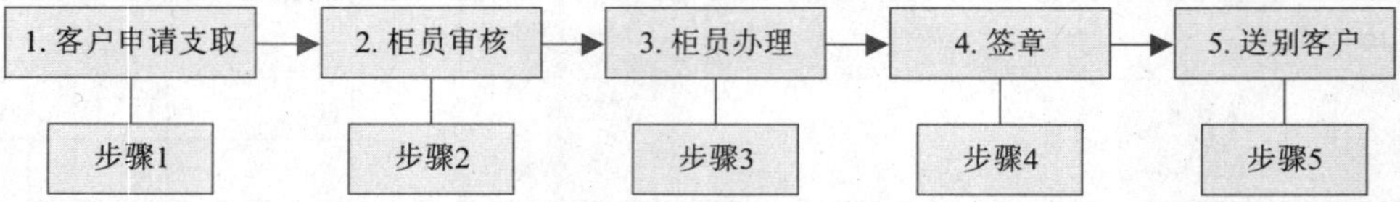

业务实施

步骤1　客户申请支取：受理客户提交《单位定期存款证实书》（见图3－43）和一式三联《单位定期存款支取凭证》（见图3－46）。

单位定期（通知）存款支取凭证

201×年6月5日

存款人名称	**KW市佳叶公司**	定期存款账号	**501000223633021**
活期存款账号	**501000135221001**	活期存款开户行	**模拟银行KW市分行**
存款本金	**40 000.00**	利息	**1 300.00**
本息合计	人民币（大写）**肆万壹仟叁佰元整**	千 百 十 万 千 百 十 元 角 分	**¥ 4 1 3 0 0 0 0**
上列款项请从我账户内支付 （印章：KW市佳叶公司财务专用章）（印章：张明） 支款人预留印鉴	会计主管	复核	记账

第一联　借方凭证

图3－46　单位定期（通知）存款支取凭证

步骤2　柜员审核：核对《单位定期存款证实书》的客户联和留存联。审核《单位定期存款支取凭证》上各要素是否完整、正确，印章与预留银行的印鉴是否相符。

步骤3　柜员办理：操作柜员终端，进行“单位定期存款到期支取”操作（见图3－47）。

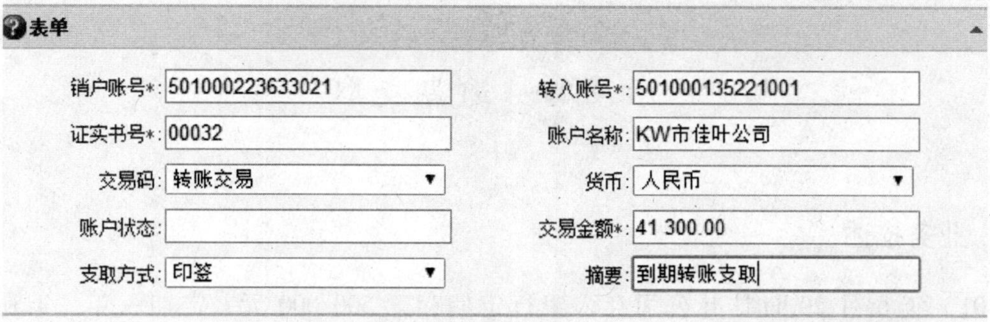

图 3-47　单位定期存款到期支取操作界面

步骤 4　柜员办理：在二联《单位定期存款证实书》、三联《单位定期存款支取凭证》上加盖转讫章和柜员名章。

步骤 5　送别客户：将《单位定期存款支取凭证》第三联交客户。将《单位定期存款支取凭证》第一、二联（二联单位定期存款证实书作附件）按类整理存放，结束该笔业务。

【训练与评价】

201×年 12 月 3 日，KW 永鑫有限公司之前办理的定期存款到期，来行办理定期存款到期支取业务，柜员王莉（柜员号：203002）接待了客户，圆满完成了业务。

要求：计算利息及完成图 3-48 相关内容。

单位定期（通知）存款支取凭证

年　月　日

<table>
<tr><td>存款人名称</td><td colspan="2"></td><td>定期存款账号</td><td colspan="10"></td></tr>
<tr><td>活期存款账号</td><td colspan="2"></td><td>活期存款开户行</td><td colspan="10"></td></tr>
<tr><td>存款本金</td><td colspan="2"></td><td>利息</td><td colspan="10"></td></tr>
<tr><td rowspan="2">本息合计</td><td rowspan="2" colspan="4">人民币
（大写）</td><td>千</td><td>百</td><td>十</td><td>万</td><td>千</td><td>百</td><td>十</td><td>元</td><td>角</td><td>分</td></tr>
<tr><td></td><td></td><td></td><td></td><td></td><td></td><td></td><td></td><td></td><td></td></tr>
<tr><td colspan="15">上列款项请从我账户内支付

支款人预留印鉴　　　　会计主管　　复核　　记账</td></tr>
</table>

第一联　借方凭证

图 3-48　单位定期（通知）存款支取凭证

（自评：☆☆☆☆☆　小组评：☆☆☆☆☆　老师评：☆☆☆☆☆　合计：____☆）

活动四　逾期支取

业务描述

201×年 6 月 20 日佳叶公司存入银行定期存款 500 000 元，定期一年，年利率为 3.25%，该单位于次年 7 月 5 日来行支取，支取日活期存款年利率为 0.385%。柜员王莉接待了客户，圆满地完成了业务。

业务流程

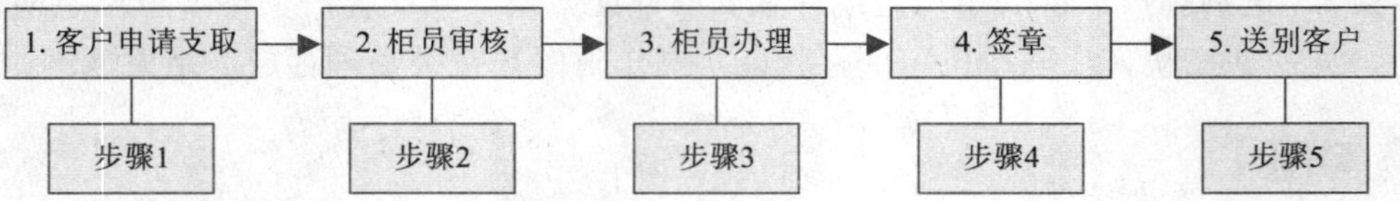

业务实施

步骤 1　客户申请支取：受理客户提交《单位定期存款证实书》和一式三联《单位定期存款支取凭证》（见图 3－49）。

单位定期（通知）存款支取凭证

201×年 7 月 5 日

存款人名称	**KW 市佳叶公司**	定期存款账号	**501000223633021**
活期存款账号	**501000135221001**	活期存款开户行	**模拟银行 KW 市分行**
存款本金	**500 000.00**	利息	**16 330.21**
本息合计	人民币（大写）　**伍拾壹万陆仟叁佰叁拾元贰角壹分**	千 百 十 万 千 百 十 元 角 分	**¥ 5 1 6 3 3 0 2 1**
上列款项请从我账户内支付 （KW市佳叶公司财务专用章）（张明） 支款人预留印鉴		会计主管　复核　记账	

第一联　借方凭证

图 3－49　单位定期（通知）存款支取凭证

步骤2 柜员审核：核对《单位定期存款证实书》客户联和留存联。审核《单位定期存款支取凭证》上各要素是否完整，利息计算是否正确，印章与预留银行的印鉴是否相符。

相关知识

这是一笔单位定期存款逾期支取的业务，在计算其利息时要分段计息，以到期日为时间点，分别计算出到正常到期时的利息（按定期存款利率计息）和逾期这部分的利息（按活期存款利率计息）。

到期利息：500 000 × 1 年 × 3.25% = 16 250（元）

逾期利息：500 000 × 15 天 ×（0.385% ÷ 360）= 80.21（元）

应付利息：16 250 + 80.21 = 16 330.21（元）

步骤3 柜员办理：操作柜员终端，进行“单位定期存款逾期支取”操作（见图 3 - 50）。

步骤4 签章：在二联《单位定期存款证实书》、三联《单位定期存款支取凭证》上加盖转讫章和柜员名章。

步骤5 送别客户：将《单位定期存款支取凭证》第三联交客户。将《单位定期存款支取凭证》第一、二联按类整理存放（二联单位定期存款证实书作附件），结束该笔业务。

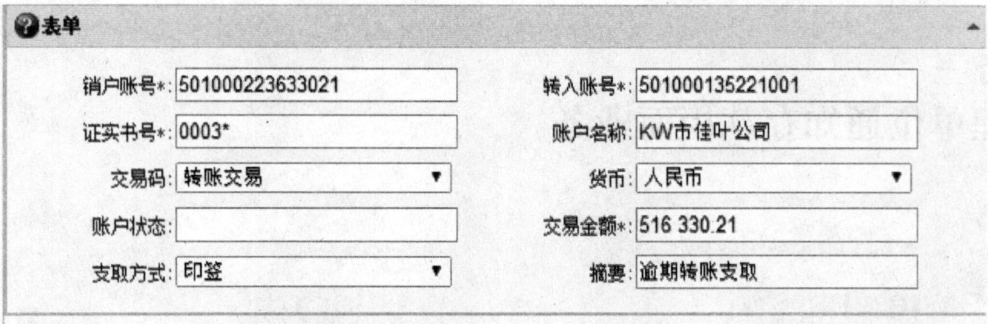

图 3 - 50 单位定期存款逾期支取操作界面

【训练与评价】

201× 年 7 月 20 日 KW 永鑫公司存入银行定期存款 200 000 元，定期一年，年利率为 3.25%，7 月 20 日到期，该单位于 8 月 5 日来行支取，支取日活期存款年利率为 0.385%。柜员王莉接待了客户，圆满地完成了业务。

要求：计算利息及完成图 3 - 51 相关内容。

单位定期（通知）存款支取凭证

年　月　日

存款人名称		定期存款账号											
活期存款账号		活期存款开户行											
存款本金		利息											
本息合计	人民币（大写）			千	百	十	万	千	百	十	元	角	分
上列款项请从我账户内支付 支款人预留印鉴　会计主管　复核　记账													

第一联　借方凭证

图 3－51　单位定期（通知）存款支取凭证

（自评：☆☆☆☆☆　小组评：☆☆☆☆☆　老师评：☆☆☆☆☆　合计：____☆）

任务三 办理单位通知存款柜面业务

【案例导读】

企业闲置资金的理财途径——单位通知存款

当企业存在闲置资金时，要坚持人休息而资金不休息的理念。遇到节假日或者双休日时，企业最好办理单位通知存款业务。这种存款业务利率水平高于活期存款，据测算，一天通知存款和七天通知存款利率分别是活期存款利率的2倍多和3倍多。在不妨碍单位客户使用资金的情况下，可获得稳定而较高的利息收益。

此外，在已开通对公通存通兑业务的城市，单位客户可通过银行同城各分理处以上联机网点，办理存取款业务，可极大方便单位客户资金调拨和周转。单位通知存款只需在支取时事先通知存款银行，这样可以让资金时刻处在增值的过程中，并且不会耽误企业的资金运转，节假日前存入，节假日之后就可以取出，投入正常的生产经营活动。

单位通知存款这种增值方式最适合那些不能确定资金闲置时间的企业使用。既能使企业按财务计划安排使用资金，又可以在不妨碍资金使用的情况下，使企业获得稳定而较高的利息收益。

（资料来源：胡笑蓉："企业如何管理短期闲置资金"，中国资金管理网。）

知识准备

单位通知存款是指单位在银行办理的资金一次性存入，不约定存期，支取时须提前通知银行，约定支取存款日期和金额方能支取的存款。通知存款不管实际存期的长短，统一按存款人取款提前通知的期限长短分为一天通知存款和七天通知存款两种。一天通知存款必须至少提前一天通知约定支取存款，七天通知存款必须至少提前七天通知约定支取存款。最低起存金额为人民币 50 万元，最低支取金额为人民币 10 万元。外币最低起存金额 5 万美元或等值外币，最低支取金额为 1 万美元或等值外币。留存部分不得小于起存金额。

1. 通知存款部分支取留存部分高于最低起存金额的，按留存金额、原起存日期、原约定通知存款品种出具新的存款证实书，原证实书收回。留存部分低于起存金额的予以清户，按清户日挂牌公告的活期存款利率计息或根据存款人的意愿转为其他存款。

2. 存款的实际取款网点应与通知时约定的取款网点一致。

3. 通知存款存入时，存单或存款凭证上不注明存期和利率，金融机构按支取日挂牌公告的相应利率和实际存期计息，利随本清。

4. 可一次或分次支取，支取存款利随本清，支取的存款本息只能转入存款单位的其他存款户，不得支取现金。

活动一　开　户

业务描述

201×年 6 月 3 日，KW 市佳叶公司来行提交开立单位通知存款账户申请书及相关证明文，要求开立单位通知存款账户，并将其活期存款账户内款项 1 000 000 元办理为七天通知存款，七天通知存款的利率为 1.35%。柜员王莉接待了客户，圆满地完成了业务。

业务流程

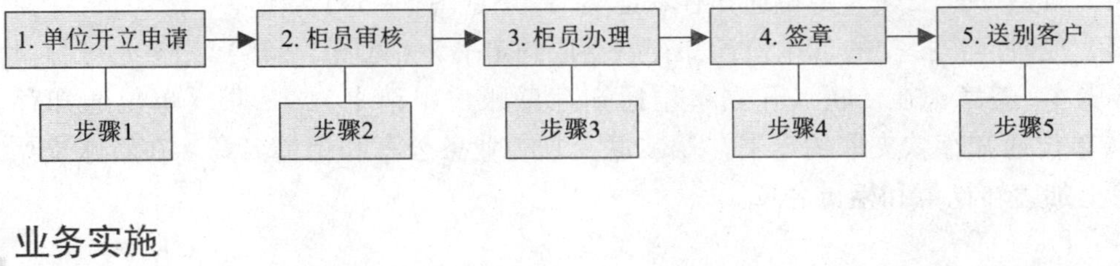

业务实施

步骤 1　开立单位申请：受理客户提交一式二联开立《单位通知存款账户申请书》（见图 3－52）及相关资料，并预留通知存款账户印鉴。

银行开立单位定期（通知）存款账户申请书　　1

存款人名称	KW 市佳叶公司		地址	KW 市北京路 2×7 号
账户名称	KW 市佳叶公司		组织机构代码	6521328—01
法定代表人或负责人	姓名	张明	联系人	曾俊
	证件种类	居民身份证	联系电话	55667788
	证件号码	530101197005241631	邮编	650030
币种	（√）人民币　（　）美元　（　）欧元　（　）港币　（　）日元　（　）其他______			
存款种类	（　）定期存款　（√）通知存款		支取依据	（√）印鉴
定期存款期限	（　）三个月　（　）半年　（　）一年　（　）二年　（　）三年　（　）五年			
通知存款品种	（　）一天　（√）七天			
本存款人申请开立单位**七天通知存款**账户，承诺所提供的开户资料真实、有效，如有伪造、欺诈，愿承担法律责任。 （KW 市佳叶公司财务专用章） 单位（公章）　　法定代表人或负责人（印鉴）张明 201×年6月3日		开户银行审核意见： 同意存款人开立　　　　存款账户。 经办人（签章）　　开户银行（业务公章） 年　月　日		

填写说明：本申请书一式二份，其中：一份存款人留存，一份开户银行留存。

图 3－52　开立定期（通知）存款账户申请书

步骤 2　柜员审核：审核开立单位通知存款账户申请书上各项内容是否填写正确，相关资料是否真实清晰。

步骤 3　柜员办理：

（1）操作柜员终端，进行“单位通知存款开户”操作。

（2）受理客户填写的转账支票（见图 3－53）、一式三联进账单。

（3）操作柜员终端，进行“单位通知存款单笔存入”操作。

（4）开具一式二联《单位通知存款证实书》（见图 3－54）。

（5）受理客户提交的《单位通知存款支取约定书》（见图 3－55）。

步骤 4　签章：在二联《开立单位通知存款账户申请书》、二联《单位通知存款证实书》、《单位通知存款支取约定书》第二联上加盖业务公章和柜员名章。在转账支票、三联进账单上加盖转讫章和柜员名章。

转账支票

Ⅱ Ⅵ00000018

出票日期（大写）：贰零壹×年陆月零叁日　　付款行名称：模拟银行 KW 市分行

收款人：KW 市佳叶公司　　出票人账号：501000135221001

人民币（大写）	千	百	十	万	千	百	十	元	角	分
壹拾万元整		¥	1	0	0	0	0	0	0	0

本支票付款期限十天

用途 转存七天通知存款

上列款项请从

我账户内支付

出票人签章　KW市佳叶公司财务专用章　张明

复核　　记账

图 3－53　转账支票

单位定期（通知）存款证实书

科目：（借）　　№00035

存入日	起息日	性质	印密	存期	约转	利率	到期日	操作
201×0603	201×0603	七天通知存款	印					203001

账号：501000223633021　　账户名称：KW 市佳叶公司

存入金额：（大写）人民币壹佰万元整　　（小写）RMB ¥1 000 000. 00

贵单位已在我行开立单位定期存款账户

模拟银行KW市分行业务公章

第一联 证实书

复核：　　记账：　　制票：王莉

图 3－54　单位定期（通知）存款证实书

模拟银行单位通知存款支取约定书

№000×

模拟银行 KW 市分行：

兹有我单位（名称）：KW 市佳叶公司 已在贵行开立人民币单位通知存款账户，支取时，以本约定书所留印鉴为支取方式。

特此约定。

（印鉴样本）　KW市佳叶公司财务专用章　张明　　KW市佳叶公司公章　201×年8月26日

第一联 银行留存

图 3－55　单位通知存款支取约定书

步骤 5　送别客户：将《开立单位通知存款账户申请书》客户联、《单位通知存款证实书》客户联、进账单第一、三联及《单位通知存款支取约定书》第二联一并交客户。并将《开立单位通知存款账户申请书》留存联、《单位通知存款证实书》银行留存联、转账支票和进账单第二联及《单位通知存款支取约定书》第一联按类整理存放，结束该笔业务。

【训练与评价】

201×年10月1日，KW永鑫有限公司（模拟银行开户，活期存款账号：500012211000012）来行申请办理2 000 000元七天通知存款（开立的通知存款账号：500012211000035），款项从其活期账户中转账存入，七天通知存款利率为1.35%。柜员王莉（柜员号：203001）接待了客户，圆满完成了业务。

要求：完成图3－56、图3－57、图3－58、图3－59相关内容。

（自评：☆☆☆☆☆ 小组评：☆☆☆☆☆ 老师评：☆☆☆☆☆ 合计：____☆）

银行开立单位定期（通知）存款账户申请书 1

存款人名称			地址	
账户名称			组织机构代码	
法定代表人或负责人	姓名		联系人	
	证件种类		联系电话	
	证件号码		邮编	
币种	（ ）人民币 （ ）美元 （ ）欧元 （ ）港币 （ ）日元 （ ）其他______			
存款种类	（ ）定期存款 （ ）通知存款		支取依据	（ ）印鉴
定期存款期限	（ ）三个月 （ ）半年 （ ）一年 （ ）二年 （ ）三年 （ ）五年			
通知存款品种	（ ）一天 （ ）七天			
本存款人申请开立单位　　账户，承诺所提供的开户资料真实、有效，如有伪造、欺诈，愿承担法律责任。 单位（公章）　法定代表人或负责人（印鉴） 年 月 日			开户银行审核意见： 同意存款人开立　　存款账户。 经办人（签章）　开户银行（业务公章） 年 月 日	

填写说明：本申请书一式二份，其中：一份存款人留存，一份开户银行留存。

图3－56 开立定期（通知）存款账户申请书

转 账 支 票　　Ⅱ Ⅵ00000018

出票日期（大写）：　年　月　日　　付款行名称：模拟银行KW市分行

收款人：　　出票人账号：500012211000012

人民币（大写）	千	百	十	万	千	百	十	元	角	分

本支票付款期限十天

用途__________

上列款项请从

我账户内支付

出票人签章

复核　　记账

图3－57 转账支票

单位定期（通知）存款证实书

科目：（借）

№000 ×

存入日	起息日	性质	印密	存期	约转	利率	到期日	操作

账号：________　　账户名称：________

存入金额：（大写）________　　（小写）________

贵单位已在我行开立单位定期存款账户

第一联　证实书

复核：　　记账：　　制票：

图 3－58　单位定期（通知）存款证实书

模拟银行单位通知存款支取约定书

№000 ×

模拟银行 KW 市分行：

兹有我单位（名称）：________已在贵行开立人民币单位通知存款账户，支取时，以本约定书所留印鉴为支取方式。

特此约定。

（印鉴样本）　　　　年　　月　　日

第一联　银行留存

图 3－59　单位通知存款支取约定书

活动二　通　知

业务描述

KW 市佳叶公司于 201 × 年 6 月 3 日存入了 100 万元的七天通知存款。如今佳叶公司因业务需要资金，于 201 × 年 8 月 26 日来行提交支取通知书，约定于 201 × 年 9 月 3 日来行支取 100 万元。柜员王莉受理了业务，圆满地完成了业务。

业务流程

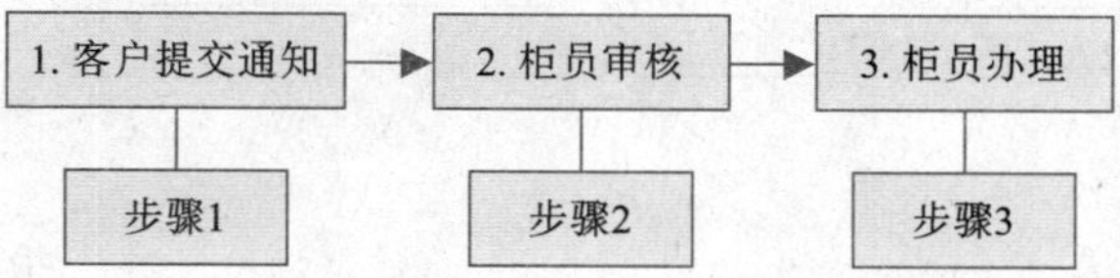

业务实施

步骤 1　客户提交通知书：客户提交一式二联《单位通知存款支取通知书》（见图 3－60）。

模拟银行单位通知存款支取通知书 №000 ×

模拟银行 KW 市分行：

我单位（名称）：KW 市佳叶公司 预于（日期）：201 × 年 9 月 3 日 从我通知存款账户（账号）：501000223633031 中支取人民币（大写）壹佰万元整。

特此通知。

KW市佳叶公司公章

201 × 年 8 月 26 日

第一联 银行留存

图 3－60 单位通知存款支取通知书

步骤 2 柜员审核： 柜员对存款人提交《单位通知存款支取通知书》进行审核。

> **小贴士**
>
> 存款单位选择通知存款品种后不得变更。存款人进行通知时应向开户银行提交《单位通知存款支取通知书》，提交方式有：客户本人到银行或者通过网络、传真通知，但支取时须向银行递交正式通知书。

步骤 3 柜员办理： 柜员通过系统操作建立通知登记，登记存款人账号、证实书编号、实际金额、支取金额、通知支取日期等。若取消通知则由客户提供《单位通知存款取消通知书》，经审查后，通过系统操作输入通知日期，结束业务。

【训练与评价】

KW 市永鑫公司于 201 × 年 10 月 1 日存入了 200 万元的七天通知存款。如今永鑫公司因业务需要资金，于 201 × 年 11 月 23 日来行提交支取通知书，约定于 201 × 年 12 月 1 日来行支取 200 万元。柜员王莉受理了业务，圆满地完成了业务。

要求：完成图 3－61 相关内容。

模拟银行单位通知存款支取通知书 №000 ×

模拟银行 KW 市分行：

我单位（名称）：________ 预于（日期）：________ 从我通知存款账户（账号）：________ 中支取人民币（大写）________。

特此通知。

年 月 日

第一联 银行留存

图 3－61 单位通知存款支取通知书

（自评：☆☆☆☆☆ 小组评：☆☆☆☆☆ 老师评：☆☆☆☆☆ 合计：____☆）

活动三　全部支取

业务描述

KW 市佳叶公司于 201×年 6 月 3 日存入了 100 万元的七天通知存款，利率为 1.35%。如今佳叶公司因业务需要资金，于 201×年 8 月 26 日来行提交支取通知书，约定于 201×年 9 月 3 日来行支取 100 万元。201×年 9 月 3 日柜员王莉（柜员号：203002）受理了支取业务，圆满完成了业务。

业务流程

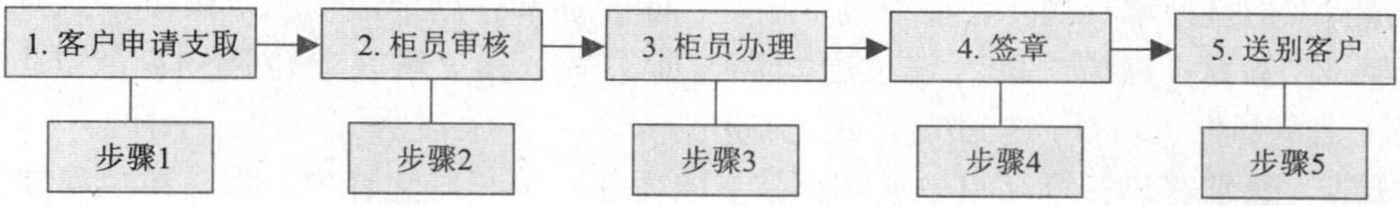

业务实施

步骤 1　客户申请支取： 客户提交《单位通知存款证实书》、一式三联《单位通知存款支取凭证》（见图 3－62）、《单位通知存款支取通知书》。

> **小贴士**
>
> 单位通知存款利息计算公式：应付利息＝本金×存期×相应利率
>
> 该业务中银行应付利息＝1 000 000×92×1.35%÷360＝3450（元）

步骤 2　柜员审核： 核对《单位通知存款证实书》的客户联和银行留存联。审核《单位通知存款支取凭证》各要素是否完整、正确，印章与支取约定书上的预留印鉴是否相符。

单位定期（通知）存款支取凭证

201×年9月3日

存款人名称	KW市佳叶公司	定期存款账号	501000223633031
活期存款账号	501000135221001	活期存款开户行	模拟银行KW市分行
存款本金	1 000 000.00	利息	3 450.00
本息合计	人民币（大写）壹佰万零叁仟肆佰伍拾元整		千 百 十 万 千 百 十 元 角 分 ¥ 1 0 0 3 4 5 0 0 0
上列款项请从我账户内支付 KW市佳叶公司财务专用章 支款人预留印鉴 张明	会计主管	复核	记账

第一联 借方凭证

图3－62 单位定期（通知）存款支取凭证

步骤3 柜员办理：操作柜员终端，进行“单位通知存款全部支取”操作。

步骤4 签章：在原二联《单位通知存款证实书》和三联《单位通知存款支取凭证》上加盖转讫章和柜员名章，并在《单位通知存款证实书》上注明“结清”字样。

步骤5 送别客户：将《单位通知存款支取凭证》第三联交客户。将《单位通知存款支取凭证》第一、二联按类整理存放，结束该笔业务，送别客户。

【训练与评价】

KW市永鑫公司于201×年10月1日存入了200万元的七天通知存款，账号为：501000223633055，七天通知存款利率为1.35%。如今永鑫公司因业务需要资金，于201×年11月23日来行提交支取通知书，约定于201×年12月1日来行支取200万元。201×年12月1日柜员王莉受理了支取业务，圆满地完成了业务。

要求：计算利息并完成图3－63相关内容。

（自评：☆☆☆☆☆ 小组评：☆☆☆☆☆ 老师评：☆☆☆☆☆ 合计：____☆）

单位定期（通知）存款支取凭证

年 月 日

存款人名称		定期存款账号	
活期存款账号		活期存款开户行	
存款本金		利息	
本息合计	人民币（大写）		千 百 十 万 千 百 十 元 角 分
上列款项请从我账户内支付 支款人预留印鉴	会计主管	复核	记账

第一联 借方凭证

图3－63 单位定期（通知）存款支取凭证

活动四　部分支取

业务描述

KW 市佳叶公司于 201×年 1 月 1 日存入了 120 万元的七天通知存款，通知存款账号为：501000223633051，七天通知存款利率为 1.35%。如今佳叶公司因业务需要资金，于 201×年 6 月 23 日来行提交支取通知书，约定于 201×年 7 月 1 日来行支取 50 万元。201×年 7 月 1 日佳叶公司来行实际支取了 70 万元，支取当日活期存款利率为 0.385%，柜员王莉圆满完成了业务。

业务流程

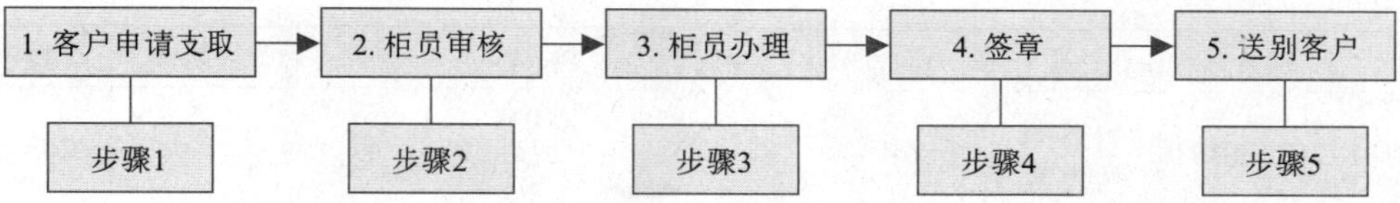

业务实施

步骤 1　客户申请支取：受理客户提交《单位通知存款证实书》、一式三联《单位通知存款支取凭证》（见图 3－64），《单位通知存款支取通知书》。

单位定期（通知）存款支取凭证

201×年 7 月 1 日

存款人名称	KW 市佳叶公司	定期存款账号	501000223633051
活期存款账号	501000135221001	活期存款开户行	模拟银行 KW 市分行
存款本金	700 000.00	利息	3 780.89
本息合计	人民币（大写）柒拾万零叁仟柒佰捌拾元捌角玖分		

千	百	十	万	千	百	十	元	角	分
	¥	7	0	3	7	8	0	8	9

上列款项请从我账户内支付

KW市佳叶公司财务专用章

张明

支款人预留印鉴　　会计主管　　复核　　记账

第一联　借方凭证

图 3－64　单位定期（通知）存款支取凭证

步骤2 柜员审核： 核对《单位通知存款证实书》的客户联和银行留存联。审核《单位通知存款支取凭证》各要素是否完整、正确，印章与支取约定书上预留的印鉴是否相符。

相关知识

这是一笔超过约定支取金额的单位通知存款的计息业务，在计息时要将约定支取部分和超过约定部分分别采用不同的利率计息。

约定支取金额的利息 = 500 000.00 × 181 × 1.35% ÷ 360 = 3 393.75（元）

超过约定金额的利息 = 200 000.00 × 181 × 0.385% ÷ 360 = 387.14（元）

应付利息 = 3 393.75 + 387.14 = 3 780.89（元）

步骤3 柜员办理：

（1）操作柜员终端，进行“单位通知存款部分支取”操作。

（2）按留存金额开具新的《单位通知存款证实书》（见图3－65）。

单位定期（通知）存款证实书

科目：（借） №00031

存入日	起息日	性质	印密	存期	约转	利率	到期日	操作
201×0101	201×0101	七天通知存款	印					203001
账号：501000223633051				账户名称：KW市佳叶公司				
存入金额：（大写）人民币伍拾万元整				（小写）RMB ¥500 000.00				
贵单位已在我行开立单位定期存款账户								

第一联 证实书

（印章：模拟银行KW市分行业务公章）

复核： 记账： 制票：王莉

图3－65 单位定期（通知）存款证实书

步骤4 签章： 在新开具二联《单位通知存款证实书》上加盖业务公章和柜员名章、在原二联《单位通知存款证实书》和三联《单位通知存款支取凭证》上加盖转讫章和柜员名章，并在支取凭证上注明“部分支取”字样。

步骤5 送别客户： 将新开具《单位通知存款证实书》客户联、《单位通知存款支取凭证》第三联交客户。将《单位通知存款支取凭证》第一（原二联单位通知存款证实书作附件）、二联按类整理存放，结束该笔业务，送别客户。

【训练与评价】

KW永鑫公司于201×年3月1日存入了200万元的七天通知存款，账号为：501000223633056，如今永鑫公司因业务需要资金，于201×年6月23日来行提交支取通知书，约定于201×年7月1日来行支取100万元。201×年7月1日永鑫公司实际支取120万元，支取日活期存款利率为0.385%，七天通知存款利率为1.35%。柜员王莉圆满地完成了业务。

要求：计算利息并完成图3－66、图3－67相关内容。

应付利息 = ____

____

单位定期（通知）存款支取凭证

年　　月　　日

<table>
<tr><td>存款人名称</td><td></td><td>定期存款账号</td><td colspan="10"></td></tr>
<tr><td>活期存款账号</td><td></td><td>活期存款开户行</td><td colspan="10"></td></tr>
<tr><td>存款本金</td><td></td><td>利息</td><td colspan="10"></td></tr>
<tr><td rowspan="2">本息合计</td><td colspan="2" rowspan="2">人民币
（大写）</td><td>千</td><td>百</td><td>十</td><td>万</td><td>千</td><td>百</td><td>十</td><td>元</td><td>角</td><td>分</td></tr>
<tr><td></td><td></td><td></td><td></td><td></td><td></td><td></td><td></td><td></td><td></td></tr>
<tr><td colspan="13">上列款项请从我账户内支付

支款人预留印鉴　　　　会计主管　　　复核　　　记账</td></tr>
</table>

第一联　借方凭证

图 3－66　单位定期（通知）存款支取凭证

单位定期（通知）存款证实书

科目：（借）　　　　　　　　　　　　№00037

存入日	起息日	性质	印密	存期	约转	利率	到期日	操作

账号：____________　　　　账户名称：____________

存入金额：（大写）____________　　（小写）____________

贵单位已在我行开立单位定期存款账户

第一联　证实书

复核：　　　　　　记账：　　　　　　制票：

图 3－67　单位定期（通知）存款证实书

（自评：☆☆☆☆☆　小组评：☆☆☆☆☆　老师评：☆☆☆☆☆　合计：____☆）

任务四
办理单位协定存款柜面业务

【案例导读】

一种较为方便的企业理财产品

当前，利率市场化已在金融市场中确立主导地位。而随着国内金融市场的不断发展，银行业竞争不断加剧，针对企业客户的创新理财产品也越来越多，同时企业也非常重视成本收益核算，企业财务人员除关心银行推出的金融创新产品外，更应注重运用基本的理财工具，以达到合理安排资金、取得更大经济效益的目的。因此，单位协定存款作为银行吸引企业客户存款的一种手段，其地位与作用也变得越来越重要。

由于受销售季节性因素的影响，企业出现富余的流动资金是非常普遍的现象。一般情况下会选择存入银行的活期存款账户内用于日常结算，有长期资金富余时，会存定期以便取得高利息。但是，如果遇到紧急资金需要提前支取，就会使利息遭受损失。如何才能使资金收益最大化、风险最小化呢？如何兼顾收益而又不影响日常资金调度安排使用呢？“单位协定存款”是一种较方便的货币资金投资理财方法，尤其对于资金结算频率高、流量大的企事业单位客户更加适合。它既有一般结算账户的结算便利，又能享受比一般活期存款高的利息收入，其利率远远高出同期活期存款利率，一般在 2 倍左右。若长期办理协定存款业务，客户资金收益率会明显提高。

（资料来源：根据有关信息整理。）

知识准备

单位协定存款是指开户单位与银行签订《协定存款合同》，约定期限、商定其结算账户需保留的基本存款额度，由银行对基本存款额度内的存款按结息日或支取日活期存款利率计息，超过基本存款额度部分的存款按结息日或支取日中国人民银行公布的高于活期存款、低于 6 个月定期存款利率的协定存款利率给付利息的一种存款。

单位协定存款是在原来单位活期存款基础上延伸出来的，协定存款账户与其相对应的活期存款账户有着密切的联系，在活期存款账户的存款超过约定额度后，超过额度部分可享受协议存款利率，若活期账户销户，协定存款账户也须同时销户。

单位协定存款的最低约定额度为人民币 10 万元，客户可根据实际情况与银行约定具体的基本额度。

单位协定存款账户分 A 户（结算户）与 B 户（协定户），A 户按结算日中国人民银行公布的活期存款利率计息，B 户按结算日中国人民银行公布的协定存款利率计息。

银行对单位协定存款按“一个账户、一个余额、两个结息积数、两种利率”的方式管理，即单位开立协定存款账户时与银行签订《协定存款合同》，规定了一个基本存款额度，在基本存款额度内的存款按结息日或支取日活期存款利率计息，超过基本存款额度部分的存款按结息日或支取日中国人民银行公布的高于活期存款、低于 6 个月定期存款利率的协定存款利率给付利息，因而要分设协定户和结算户两个账户。

活动一　开　　户

业务描述

201×年2月1日，KW市佳叶公司与模拟银行签订了一式二份的《模拟银行协定存款合同》，将其活期存款账户办理单位协定存款业务，双方约定结算账户的额度为1 000 000元，协定利率为2.50%。柜员王莉接待了客户，圆满地完成了业务。

业务流程

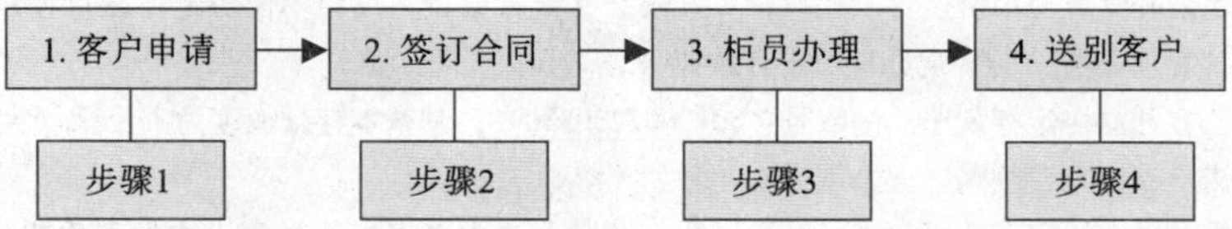

业务实施

步骤1　客户申请：受理客户申请，与客户商定基本留存额度及期限。

步骤2　签订合同：（1）与客户签订一式二份的《模拟银行协定存款合同》（见图3-68），约定在结算账户之上开立协定存款账户，并约定结算账户的额度。（2）将结算账户中超额度的部分转入协定存款账户，单独按照协定存款利率计息。（3）双方在合同上加盖公章及法人代表章，各执一份。

相关知识

《协定存款合同》有关规定：1. 单位开立协定存款账户应与银行签订《协定存款合同》，约定合同期限，规定基本存款额度。2. 合同期限最长为1年（含1年），到期任何一方若无提出终止或修改，则自动延期。3. 单位协定存款账户月均余额两年或两年以上不足基本存款额度的，将利息结清后，作为基本存款账户或一般存款账户处理，不再享受人民币单位协定存款利率，并按活期存款利率计息。4. 人民币单位协定存款账户连续使用两年后，仍需继续使用的，须与银行签订单位协定存款合同。

步骤3　柜员办理：

（1）操作柜员终端，在系统中进行“单位协定存款约定交易”操作，开立单位协定存款账户。

（2）根据合同录入基本留存额度和期限。

小贴士

柜员根据合同在系统中录入基本留存额度和期限后，系统会自动按此额度在约定的账户内每日分出两段积数，即活期存款部分积数与协定存款部分积数；在结息日按两段积数分别对应活期存款利率、协定存款利率分别计付利息。

步骤4 送别客户：将盖好章的合同返还一份给客户，结束业务。

模拟银行人民币单位协定存款合同

甲方：KW佳叶公司

乙方：模拟银行KW分行

甲、乙双方就开立人民币协定存款事宜达成如下协议：

一、甲方在乙方开立人民币协定存款账户，双方依照《模拟银行人民币单位协定存款章程》和《模拟银行人民币单位协定存款管理办法》的规定办理协定存款业务。

二、甲方在乙方开立协定存款账户的账号：501000223633091，其基本存款额度为人民币（大写）壹佰万元。

三、甲方承诺不在协定存款账户上办理透支业务。

四、乙方按季对甲方协定存款账户进行结息。协定存款账户中基本存款额度以内的存款按结息日活期存款利率计息；超过基本存款额度的存款按结息日中国人民银行公布的协定存款利率计息。

五、对协定存款账户销户的，如果在结息日销户，超过基本存款额度的存款按协定存款利率计息；如果不在结息日销户，超过基本存款额度的存款从上一结息日起到销户日止，不再按协定存款利率计息，而按销户日活期存款利率计息。

六、双方应按有关规定及时对账。

七、本合同的有效期为一年。合同期满，如双方均未书面提出终止或修改合同，本合同自动延期，其协定存款账户继续使用。

八、合同期满，甲方需要销户，必须于距合同到期日10天前向乙方提出书面销户通知，并于到期日办理销户手续。乙方将甲方协定存款账户的存款本息结清后，全部转入甲方在乙方的基本存款账户或一般存款账户，同时协定存款账户销户。

九、合同期内，甲方原则上不得要求销户，如遇特殊情况，须向乙方提交书面销户申请，乙方在收到销户申请后五个工作日内答复。乙方审核批准后，按前条规定为甲方办理销户手续。

十、本合同不得质押，且不具任何证明之作用。

十一、本合同一式两份，双方各执一份。

十二、本合同经双方盖章、签字后，自2013年02月01日起生效。

甲方：KW佳叶公司	乙方：模拟银行KW分行
（公章）	（公章）
法定代表人：张明	经办行负责人：杨晨
（或授权代理人）	
二〇一三年二月一日	二〇一三年二月一日

（印章：KW市佳叶公司公章；模拟银行KW市分行）

图3－68 单位协定存款合同

【训练与评价】

KW 市永鑫公司于201×年1月1日与本行签订了一式二份的《模拟银行协定存款合同》，将其基本户办理单位协定存款业务，双方约定结算账户的额度为50万元，协定利率为2.50%。柜员王莉圆满地完成了业务。

要求：完成业务流程。

（自评：☆☆☆☆☆　小组评：☆☆☆☆☆　老师评：☆☆☆☆☆　合计：____☆）

活动二　存　　入

相关知识

单位协定存款是在单位活期存款基础上延伸出来的，实际上执行的是"一个账户、一个余额、两个结息积数、两种利率"的管理方式。单位协定存款存入业务与单位活期存款的存入业务相同，在此就不再进行介绍。只是单位协定存款协定户（B）存款的存入采取日终由计算机根据结算户（A）的存款余额超过协定合同签订的基本存款额度部分自动转存并批量产生相应转账凭证、余额积数等。

活动三　支　　取

业务描述

201×年2月1日，KW 市佳叶公司来行办理了单位协定存款业务。201×年3月22日佳叶公司来行提取备用金。支取本金10 000元，并连同一季度的利息一并提取。一季度佳叶公司结算户（A户）的计息积数为11 870 000，协定户（B户）的计息积数为1 870 000。单位协定存款利率为2.50%，活期存款利率为0.385%。柜员王莉接待了客户，圆满完成了业务。

业务流程

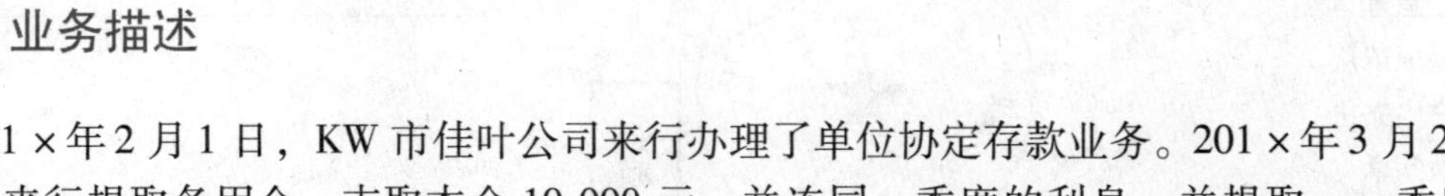

业务实施

步骤1 柜员受理：受理客户提交现金支票（见图3－69）。

步骤2 柜员审核：现金支票是否真实、完整，是否超过提示付款期限，是否为远期支票，出票人签章是否符合规定，印章与预留银行的印鉴是否相符，支票大小写金额是否一致，支票背面是否背书，背书是否正确。

相关知识

单位协定存款利息计算方法：

应计利息＝结算户利息＋协定户利息

结算户利息＝结算户累计计息日积数×活期存款日利率（‱）

协定户利息＝协定户累计计息日积数×协定存款日利率（‱）

本业务中，

结算户利息＝结算户累计计息日积数×活期存款日利率（‱）

＝11 870 000×0.385%÷360＝126.94（元）

协定户利息＝协定户累计计息日积数×协定存款日利率（‱）

＝1 870 000×2.50%÷360＝129.86（元）

应计利息＝126.94＋129.86＝256.80（元）

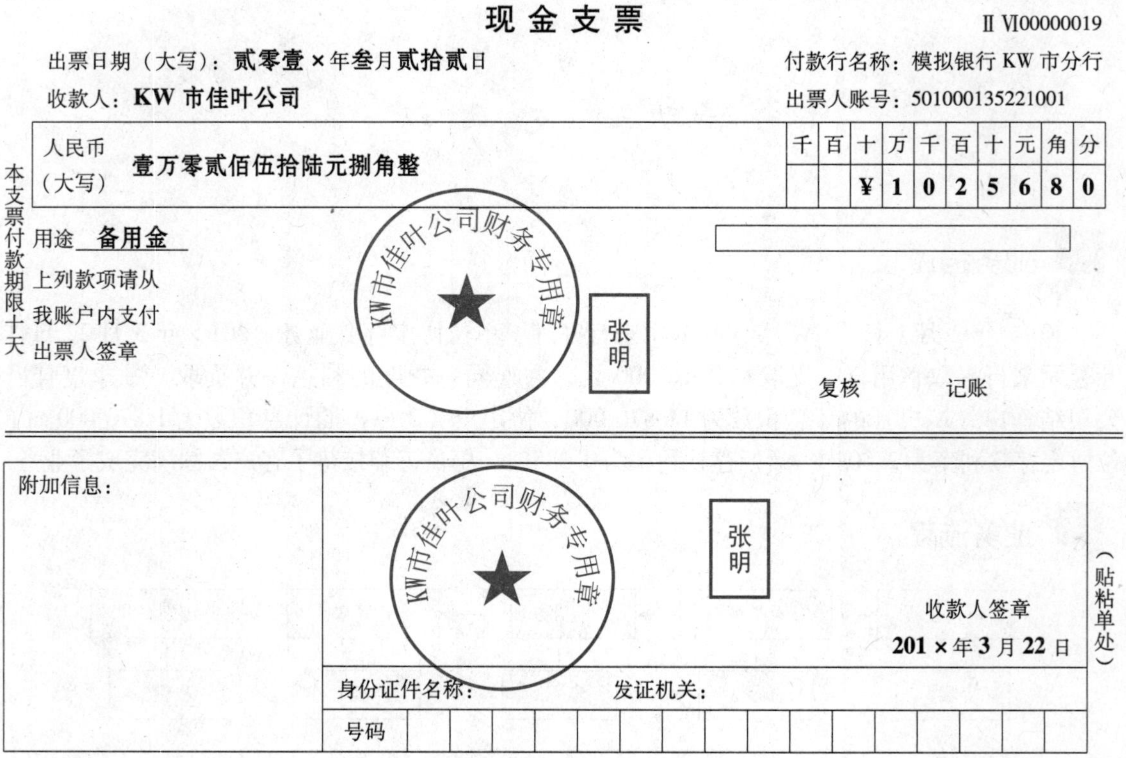

现金支票

Ⅱ Ⅵ00000019

出票日期（大写）：**贰零壹×**年**叁**月**贰拾贰**日　　付款行名称：模拟银行KW市分行

收款人：**KW市佳叶公司**　　出票人账号：501000135221001

本支票付款期限十天

人民币（大写）	千	百	十	万	千	百	十	元	角	分
壹万零贰佰伍拾陆元捌角整			**¥**	**1**	**0**	**2**	**5**	**6**	**8**	**0**

用途 **备用金**

上列款项请从

我账户内支付

出票人签章

KW市佳叶公司财务专用章　张明

复核　记账

附加信息：

KW市佳叶公司财务专用章　张明

收款人签章

201×年**3**月**22**日

（贴粘单处）

身份证件名称：　发证机关：

号码

图3－69　现金支票正面、背面

步骤3　柜员办理：操作柜员终端，进行“人民币现金支取”操作，并根据客户提取款项金额及要求进行配款。

步骤4　签章：在现金支票上加盖现金清讫章和柜员名章。

步骤5　送别客户：将现金交客户。将现金支票按类整理存放，结束该笔业务。

【训练与评价】

201×年6月22日佳叶公司来行提取备用金20 000元，并连同第二季度的利息一并提取。第二季度佳叶公司结算户（A户）的计息积数为35200000，协定户（B户）的计息积数为1 200 000。单位协定存款利率为2.50%，活期存款利率为0.385%。柜员王莉接待了客户，圆满完成了业务。

要求：计算应计利息并完成图3－70相关内容。

（自评：☆☆☆☆☆　小组评：☆☆☆☆☆　老师评：☆☆☆☆☆　合计：____☆）

现 金 支 票　　Ⅱ Ⅵ000000××

出票日期（大写）：　　年　　月　　日　　付款行名称：

收款人：　　出票人账号：

人民币（大写）	千	百	十	万	千	百	十	元	角	分

本支票付款期限十天

用途__________

上列款项请从

我账户内支付

出票人签章

复核　　记账

附加信息：	收款人签章 年　月　日
	身份证件名称：　　发证机关：
	号码

（贴粘单处）

图3－70　现金支票正面、背面

活动四　销　户

业务描述

201×年12月21日，KW市佳叶公司向本行申请注销单位协定存款账户（B户）。截至销户日当天，协定户（B户）累计应计息积数为5 340 000元，协定利率为2.50%。柜员王莉接待了客户，圆满地完成了业务。

业务流程

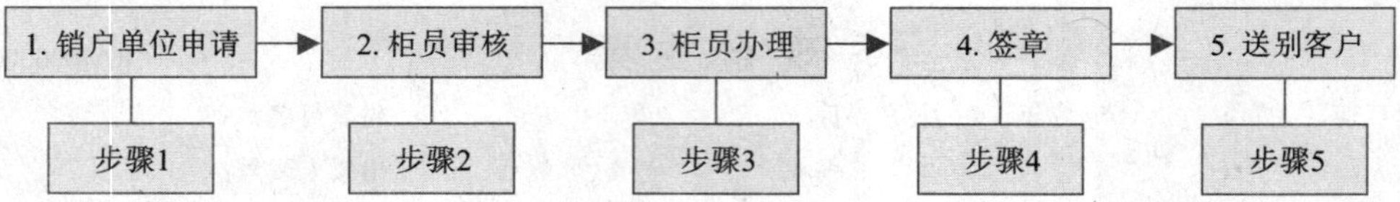

业务实施

步骤1　销户单位申请：受理客户提交的《单位协定存款销户通知书》（见图3-71）。

步骤2　柜员审核：审核销户申请书内容的完整性和正确性，审核后交会计主管授权。

步骤3　柜员办理：进行“单位协定存款销户计息”操作，告知客户余额和并要求客户填写转账支票和进账单，将客户账户余额转入指定账户；转账完毕进行“单位协定存款销户”操作；打印单位协定存款利息清单（见图3-72）。

模拟银行单位协定存款销户通知书　　№000×

模拟银行KW市分行：

本单位需将201×年2月1日在贵行开立的人民币单位协定存款账户，账号：**501000223633091**。金额为人民币（大写）：**叁佰柒拾元捌角叁分**予以结清，并将结后余额转入在贵行开立的**人民币基本存款账户**（基本存款账户或一般存款账户），账号：**501000135221001**。请予以办理。

特此通知。

单位名称：**KW佳叶公司**（印章：KW市佳叶公司财务专用章）
（单位盖章）
法定代表人：**张明**
201×年12月21日

经办行确认：**杨晨**（印章：模拟银行KW市分行）
（单位盖章）
201×年12月21日

第一联　银行留存

图3-71　单位协定存款销户通知书

步骤4　签章：在利息清单、转账支票、三联进账单上加盖转讫章、柜员名章。在《单位协定存款销户通知书》上加盖业务公章和柜员名章。

步骤5 送别客户：将《单位协定存款销户通知书》第一联、利息清单客户联、进账单第一、三联交客户。将《单位协定存款销户通知书》第二、三联、转账支票、进账单第二联按类整理存放，结束该笔业务，送别客户。

模拟银行单位协定存款利息清单

账别：**自营性**　　　　**201×年12月21日**

户名	**KW市永佳公司**		账号	**501000223633091**	
起息日	止息日	天数	计息积数	日利率%	利息
201×0921	**201×1221**	**91**	**5 340 000**	**0.0010694**	**370.83**
合　计					**370.83**
上列存款利息已转到**501000135221001**账户下，请您核查（银行签章）					

第二联　客户留存　　事后监督　　复核（授权）　　经办

图3－72　单位协定存款利息清单

【训练与评价】

201×年3月21日，KW市永鑫公司向本行申请注销单位协定存款账户（B户）。截止于销户日当天，协定户（B户）累计应计息积数为3 800 000元，协定利率为2.50%。柜员王莉接待了客户，圆满地完成了业务。公司基本存款户账号：500012211000012，协定户（B户）账号：500012211000092。

要求：计算应计利息并完成图3－73、图3－74相关内容。

模拟银行单位协定存款销户通知书　　№000×

模拟银行KW市分行：

本单位需将201×年2月1日在贵行开立的人民币单位协定存款账户，账号：＿＿＿＿＿＿＿＿。金额为人民币（大写）：＿＿＿＿＿＿＿＿＿＿予以结清，并将结后余额转入在贵行开立的＿＿＿＿＿＿＿＿（基本存款账户或一般存款账户），账号：＿＿＿＿＿＿＿＿。请予以办理。

特此通知。

单位名称：　　　　　　　　经办行确认：
（单位盖章）　　　　　　　（单位盖章）
法定代表人：
年　月　日　　　　　　　　年　月　日

第一联　银行留存

图3－73　单位协定存款销户通知书

模拟银行单位协定存款利息清单

账别： 年 月 日

户名			账号		
起息日	止息日	天数	计息积数	日利率%	利息
合 计					
上列存款利息已转到			账户下，请您核查（银行签章）		

第二联 客户留存 事后监督 复核（授权） 经办

图 3－74 单位协定存款利息清单

（自评：☆☆☆☆☆ 小组评：☆☆☆☆☆ 老师评：☆☆☆☆☆ 合计：____☆）

复习与思考

一、判断改错题

1. 单位活期存款是指企事业单位、机关、部队、社会团体及其他经济实体（以下简称单位）在银行开立单位结算账户，办理不规定存期、单位可随时转账、存取的存款。（ ）

2. 一般存款账户是存款人办理日常转账结算和现金收付的账户。（ ）

3. 人民币活期存款结息时按中国人民银行公布的活期存款利率和实存天数计息，每季结息一次，计息期间如遇利率调整，不分段计息。（ ）

4. 临时存款账户是存款人因临时经营活动需要开立的账户。存款从不可以通过本账户办理转账结算和根据国家现金管理的规定办理现金收付。（ ）

5. 单位通知存款的最低起存金额单位为50万元，最低支取金额为5万元。（ ）

6. 单位结算账户分为基本存款账户、一般存款账户、临时存款账户和专用存款账户。其中基本存款账户、一般存款账户可以支取现金。（ ）

7. 单位定期存款到期可直接支取现金，用于结算，也可以转入本单位活期账户。（ ）

8. 在计算单位通知存款利息时，已办理通知手续而提前支取或逾期支取的支取部分按协定存款利率计息。（ ）

9. 单位定期存款的利息计算采取利随本清的办法，即在存款到期日支取本金的同时并计付利息。利息可以转账，也可以支付现金。（ ）

二、单项选择题

1. 单位存款也称（ ），单位存款是商业银行以信用方式吸收的企事业单位的存款。单位存款的概念通常有广义与狭义之分。

A. 对公存款　　B. 定期存款

C. 储蓄存款　　D. 公家存款

2. 单位存款按照存款的期限和存款单位的特殊要求，可分为单位活期存款、单位定期存款、单位通知存款和（　　）。

A. 工业存款　　B. 商业存款

C. 单位协定存款　　D. 外币存款

3.（　　）是存款人按照法律、行政法规和规章，对其特定用途资金进行专项管理和使用而开立的银行结算账户。

A. 专用存款账户　　B. 一般存款账户

C. 临时存款账户　　D. 基本存款账户

4. 单位活期存款的计息时间一般是（　　）。

A. 每月末　　B. 每季末月二十日

C. 每季末月二十一日　　D. 每季末

5. 关于单位定期存款利息计算的不正确叙述的有（　　）。

A. 采取利随本清的办法

B. 存期按对年、对月、对日计算

C. 零头天数按际天数计算，跨月的一律按 30 天计算

D. 存期内如遇利率调整按原定利率计算利息

6. 人民币单位活期存款（　　）。

A. 采取利随本清的办法

B. 存期按对年、对月、对日计算

C. 零头天数按际天数计算，跨月的一律按 30 天计算

D. 存期内如遇利率调整按原定利率计算利息

7. 单位协定存款是在（　　）基础上延伸出来的业务，两者在存入业务上相同。

A. 储蓄存款　　B. 定期存款

C. 通知存款　　D. 单位活期存款

8. 单位定期存款的存款期限有（　　）、半年、一年、二年、三年、五年等档次。

A. 一个月　　B. 两个月

C. 三个月　　D. 一星期

9. 单位通知存款有 1 天通知存款和（　　）。

A. 3 天通知存款　　B. 5 天通知存款

C. 7 天通知存款　　D. 1 周通知存款

10. 单位通知存款的基本业务流程包括了存入、（　　）、支取、计息四个环节。

A. 受理　　B. 审核

C. 办理　　D. 通知

三、多项选择题

1. 以下能够取现的存款账户是（　　）。

A. 一般存款账户　　B. 基本存款账户
C. 临时存款账户　　D. 专用存款账户

2. 为满足资金管理上的需要，开立了基本存款账户的企业单位还可以开立（　　）。

A. 一般存款账户　　B. 辅助存款账户
C. 临时存款账户　　D. 专用存款账户

3. 单位活期存款利息的计算方法有（　　）。

A. 账页计息法　　B. 月积数计息法
C. 固定积数计息法　　D. 余额表计息法

4. 单位结算账户按用途分为（　　）。

A. 一般存款账户　　B. 基本存款账户
C. 临时存款账户　　D. 专用存款账户

5. 单位定期存款的基本业务主要包括（　　）。

A. 存入　　B. 支取
C. 计息　　D. 通知

四、业务题

1. 开户单位KW贸易公司的活期存款账户第三季度的日累计积数为786 000元，月利率为0.3208‰。要求：计算应付KW贸易公司第三季度的利息。

2. 东方纺织厂4月12日存入定期存款80 000元，期限6个月，于本年11月18日支取。定期存款年利率为3.05%，活期存款年利率为0.385%。要求：计算应付东方纺织厂的利息。

3. 某单位于201×年6月1日存入银行7天通知存款280万元，年利率为1.35%，该单位提前通知银行约定于9月1日来行支取80万元，6月1日当天该单位实际支取了100万元，支取日活期存款年利率为0.385%。要求：计算9月1日当天银行应付给该公司多少利息？

4. 某单位201×年8月22日开户，于8月26日存入200万元，同时开办了协定存款业务，协定存款金额是50万元，截止到第三季度结息时，账户无变动。银行活期利率为0.36%，协定利率为2.5%。要求：计算第三季度结息时，该单位的存款利息应是多少元？

4 项目四 银行卡柜面业务

学习目标

- □ 了解银行卡业务的概念、功能、特征及种类
- □ 掌握银行卡业务的基本业务规定以及操作流程

任务一 走进银行卡世界

【案例导读】

银行卡的便捷

说到银行卡，王女士深有感触，因为每月必须到银行分期偿还所购商品房的贷款，而每次去银行让她感到最头痛的事情就是排队等候。“现在好了，在银行一溜排开的ATM机前自己操作就把钱存入银行卡，省得排队了。”王女士数了数钱包里工行的牡丹卡、农行的金穗卡、建行的龙卡、招行的一卡通说：“比起存折，银行卡最大的方便就是任意一张卡无论在哪家银行加入银联网络的ATM机上都可以取到钱，而且自己动手方便快捷。不仅如此，家里每月的水、电、煤气、电话等费用都通过银行卡转账缴纳。”

知识准备

银行卡是商业银行向社会公开发行，具有消费信用、转账结算、存取现金等全部或部分功能，作为支付结算工具的各类卡的统称。银行卡通常由带有磁条的塑料卡片制成，磁条上

面记录有持卡人的账户、个人密码等相关信息。银行卡以其方便、快捷、安全可靠的特点和集多种功能于一体的优越性，为人们的日常生活提供了更优质的服务。

不同的人对银行卡的特点有不同的看法，不过概括而言，其具代表性的词有：时尚、现代、信息、高科技、快捷、便利等，更重要的是，银行卡中的信用卡还将个人的信用以货币来衡量。此外：

（1）它是集金融业务与计算机技术于一体的高科技产物。

（2）它是当今发展最快的金融业务之一。

（3）它是一种可在一定范围内替代传统现金流通的电子货币。

（4）它同时具有支付和信贷两种功能。拥有它可购买商品或享受服务，还可通过使用信用卡从发卡机构获得一定的贷款。

活动一　弄清银行卡真相

场景描述

201×年1月20日，模拟银行KW分行组织对部分特约商户进行了银行卡特约商户知识专项培训。此次培训从全面了解银行卡基本知识、正确识别各种银行卡展开。

相关知识

一、银行卡的由来

银行卡最初表现为一种类似金属徽章的信用凭证，这一凭证为“购物卡”（Shoppers－Plates），持有这一凭证的人可以到指定的商店赊购商品，约期付款。金属牌沿用了一段时间后，换成了轻巧、便于携带的塑料卡片。

早在19世纪80年代，英国的“幸运衣着用品联合商店”，即开始使用类似当代信用卡的一种商业凭单，由商店发给客户，客户用来在指定的商店购物，每周支付一次货款，由商店按时派人上门收取。这种凭单具有支付和循环信贷的功能，可以说是现代银行卡——信用卡的雏形。

美国银行卡雏形的产生虽晚于英国，但真正信用卡的兴起却发生在美国，最早发行银行卡的机构并不是银行，而是一些百货商店、餐厅、娱乐场所和汽油公司，这种无须银行办理的银行卡的性质仍属于商业银行卡。这一时期的银行卡实质上是以信用度为标志和优待券的形式存在的，而且仅能在发行的商号内使用，因而使用范围较为狭窄，它的另一个局限性还表现在，它主要是记账性质的支付卡，其特点是先存款后消费，这也限制了它的使用范围及用途。信用卡在美国逐步发展成熟，最终传播到世界各地，成为社会经济生活中最普遍、最便利的一种支付结算工具。

二、银行卡卡面内容

根据《银行卡业务管理办法》规定，银行卡卡面应当载有以下要素：发卡银行一级法人名称、统一品牌名称、品牌标识（专用卡除外）、卡号（IC 卡除外）、持卡人使用注意事项、客户服务电话、持卡人签名条（IC 卡除外）等。其中：卡号是银行卡标识发卡机构和持卡人信息的号码，并非账号，但卡号和存折上的账号是绑定的。各个银行机构所发行的银行卡卡号都是不同的，由 13～19 位数字表示，其中 16 位卡号（形式）最多。卡号主要由标识发卡机构的代码（Bank Identification Number，BIN 号）、发卡行自定义位、校验码三部分组成。

以中国银行借记卡为例，卡片正面如图 4－1 所示，卡片反面的磁条是一个磁性带，上面记录有持卡人的账号、可用金额、个人密码等信息资料，如图 4－2 所示。

图 4－1　银行卡正面

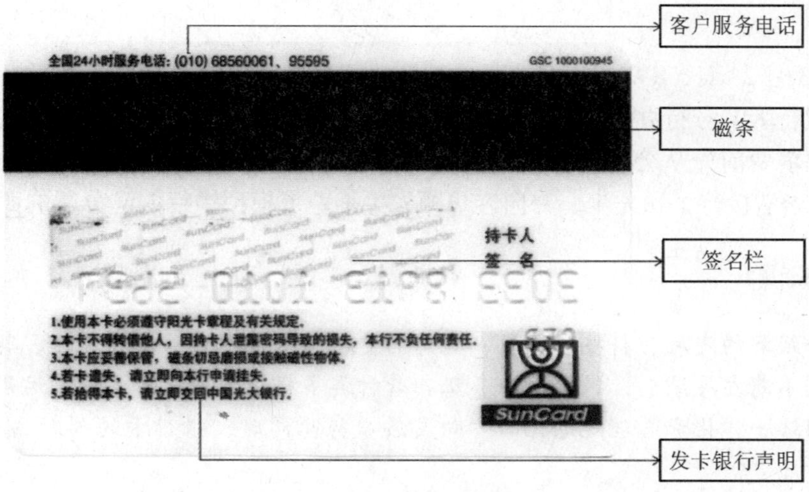

图 4－2　银行卡反面

小贴士

银行卡磁条上记录和储存着客户的相关资料信息，如果磁条信息减弱、改变或丢失，客户在用卡交易时，POS 机、ATM 机等终端设备可能无法读出正确的银行卡信息，造成交易失败。因此，银行卡最好放在带硬皮的钱夹里，不能太贴近磁性包扣；要防止尖锐物品磨损、刮伤磁条或扭曲折坏；多张银行卡最好不要紧贴一起存放，更不能将两张银行卡背对背放置一起，避免磁条相互摩擦、碰撞。同时，应尽可能远离电磁炉、微波炉、电视、冰箱等电器周围的高磁场所，也尽量不要和手机、电脑、磁铁、文曲星、商务通等带磁物品放在一起，以免消磁“变质”。

【训练与评价】

选择一张你最喜欢的银行卡，向你身边的朋友介绍一下它的卡面内容、卡名及卡徽。

在完成介绍银行卡的任务中，不足之处在于：____

____

（自评：☆☆☆☆☆　小组评：☆☆☆☆☆　老师评：☆☆☆☆☆　合计：____☆）

活动二　辨识银行卡家族

场景描述

201×年3月24日，KW市飞扬公司采购经理顾先生经常需要用公款采购，为了方便工作来到模拟银行KW分行办理银行卡。顾先生希望办理的银行卡，既要能提现又要能刷卡，还要可以免除消费前先从公司财务部借钱，或者个人先垫支然后再报销的麻烦。模拟银行KW分行柜员李浩接待了顾先生，并向客户顾先生推荐了模拟银行KW分行的商务卡。

相关知识

随着社会经济的发展、科技的进步、观念的更新，银行卡业务发展迅速，其品种、功能和表现形式在不断发展演变，银行卡业务正朝着种类多样化、功能多元化、运用普及化、作业标准化、网络一体化和管理规范化的方向发展。与此同时，银行卡的创新品种层出不穷，种类不断增多。

1. 按能否透支分类，银行卡可分为信用卡和借记卡。信用卡按是否向发卡银行缴存备用金又可分为贷记卡、准贷记卡两类；借记卡按功能不同又分为转账卡（含储蓄卡）、专用卡、储值卡。

(1) 信用卡。信用卡是银行或其他财务机构签发给那些资信状况良好的人士，用于在指定的商家购物和消费，或在指定银行机构存取现金的特制卡片，是一种特殊的信用凭证。

- 贷记卡：贷记卡是指发卡银行给予持卡人一定的信用额度，持卡人可以在额度内先消费、后还款的信用卡。
- 准贷记卡：准贷记卡的持卡人则须先按发卡行要求交存一定金额的备用金，当备用金账户余额不足以支付时，方可在发卡行规定的额度内透支。

(2) 借记卡。借记卡是指先存款后消费或取现，没有透支功能的银行卡。

- 转账卡：转账卡是实时扣款的借记卡，具有转账结算、存取现金和消费功能。
- 专用卡：专用卡是具有专门用途，在特定区域使用的借记卡，具有转账结算、存取现金等功能。
- 储值卡：储值卡是发卡银行根据持卡人要求，将其资金转至卡内储存，交易时直接从卡内扣款的预付钱包式借记卡。

2. 按发卡对象分类，银行卡可分为单位卡和个人卡。

(1) 单位卡（商务卡）。单位卡是向企业、事业单位、机关团体、部队等发行的银行卡，由单位指定人员使用。

(2) 个人卡。个人卡是面向自然人发行的银行卡。

3. 按币种分类，银行卡可分为本币卡和外币卡。

(1) 本币卡。本币卡是以发卡国货币结算的银行卡。

(2) 外币卡。外币卡是以发卡国货币以外的货币结算的银行卡。根据发卡行所在国家的不同，可分为境外银行发行的外币银行卡和境内银行发行的外币银行卡，后者的发行对象是拥有外汇存款的银行客户，可在境外使用。

此外，我国银行也发行以人民币和某一指定外币两种货币结算，设有双币种账户的银行卡。

4. 按信息载体分类，银行卡可分为磁条卡和IC卡。

(1) 磁条卡。依靠卡面上的磁条存储信息，存储容量较小，存储的信息在某些情况下容易丢失，使用寿命较短，保密性较差，易于复制。

(2) IC卡（芯片卡）。IC卡上镶嵌了一块储存持卡人有关资料数据信息的微型集成电路芯片，特点有信息存储量大、功能多样、交易速度快、使用便捷、安全性高和可离线使用等。IC卡按存储介质分为存储卡和智能卡，后者带有微电脑CPU。由于IC卡的科技含量高、制作工艺复杂，故其价格相对较高，而且IC卡需要专门的读卡设备、密钥服务器及应用系统等，前期投入较大。但其技术性能优于磁条卡，是银行卡未来升级换代的方向。

5. 按清偿责任分类，信用卡可以分为主卡和附属卡。

持卡人可以根据需要申请附属卡，附属卡主要是针对主卡所有者的父母、配偶、子女等设置的与主卡有相同功能的附属信用卡。

一般来说，附属卡持卡人可以与主卡持卡人共享信用额度，也可由主卡持卡人将附属卡信用额度设定为主卡额度的一定百分比。另外，主卡和附属卡共用同一账单，附属卡的交易情况全部汇总至主卡账单，主卡持卡人可全面掌握附属卡的使用状况。附属卡所有交易款项均计入主卡账户，主卡持卡人对其附属卡产生的交易负责。

在主、附卡持卡人关系中，主卡持卡人处于主导地位，有权决定增加或取消附属卡，附属卡持卡人则处于附属地位。如主卡被取消，附属卡应交还发卡机构。主卡持卡人要求中途停止使用附属卡时，也应将附属卡交还发卡机构，其未了结的债务仍由主卡持卡人承担。一张主卡最多可申请三张附属卡。

6. 按流通范围分类，银行卡可分为国际卡和地区卡。

（1）国际卡。指在国际上通用的银行卡。

（2）地区卡。指只能在发行国或一定区域内使用的银行卡。

此外，银行还发行附加非金融功能的联名卡和认同卡。

联名卡是银行与营利性机构合作发行的银行卡附属产品。目前最常见的是联名借记卡，即在借记卡的基础上开发的具有联名性质的银行卡。联名卡的运作形式是由发卡银行与诸如航空公司、电信公司、商场等营利机构联合发行一张卡片，凡持有该卡片的消费者在这些机构消费可以享受商家提供的一定比例的优惠。

认同卡是由银行和非营利性的社会团体或机构联合发行的银行卡。认同卡的持卡人通过领卡和用卡对联名发卡的社会团体或机构所从事的活动表示认可和赞同，发卡银行通过持卡人的领卡和用卡以一定形式使联名的社会团体或机构得到经济上的支持。

小链接

金卡工程：1993 年 6 月国务院启动了以发展我国电子货币为目的、以电子货币应用为重点的各类卡基应用系统工程，即我们常说的金卡工程。金卡工程广义是金融电子化工程，狭义上是电子货币工程。它是我国的一项跨系统、跨地区、跨世纪的社会系统工程。它以计算机、通信等现代科技为基础，以银行卡等为介质，通过计算机网络系统，以电子信息转账形式实现货币流通。它的实现将加速我国金融现代化的步伐，从而提高社会运作效率，方便人民工作生活。

【训练与评价】

如果有一位客户是 23 岁左右的刚入职场的女性职员，你作为模拟银行 KW 市分行柜员，可以向她推荐什么银行卡？

在完成向客户推荐银行卡的任务中，不足之处在于：________________________

（自评：☆☆☆☆☆　小组评：☆☆☆☆☆　老师评：☆☆☆☆☆　合计：____☆）

任务二
申请发放银行卡

【案例导读】

某银行堵截假身份证开户案例

某周末早九点半左右，一名叫孟××的女子由一名男子陪同到支行办理借记卡开卡业务，在填好开卡申请表后来到柜台办理。柜台人员审核开户申请表的完整性后，审核二代身份证的真伪及有效性，发现其二代身份证的照片非常模糊且颜色异于正常身份证件，于是一边细看证件的各个防伪点一边联网核查确认，反馈结果一致但无照片，随后柜台人员立即用华旭二代身份证鉴别仪进行鉴别，但鉴别系统没有任何反应。柜台人员马上警觉起来，请另一名柜台人员对该身份证件的真伪进行再次确认。在确认为假证件后，柜台人员立即将此情况向营业经理进行了汇报，在取得了营业经理的批准后，拨打110报警，并同时电话向支行保卫部汇报了情况。在等候警察到来的期间，临柜柜台人员以身份证无照片需提供其他辅助证件为由请客户提供其他证明文件，但该女子称只有这一个证件，于是柜台人员以请示领导为由，请其等待是否可以继续办理。同时将已报警的情况写了一张小字条递给了大堂经理，让保安盯住两名客户，并到门口接待派出所民警的到来。几分钟后，永安里派出所的民警赶来，将其带走。

知识准备

一、借记卡的特点

1. 易用与普及：由于借记卡具有易用性和广泛的普及性，借记卡也是电子贸易中最普遍使用的支付工具之一。全球超过2000万的销售网点接受了一些国际名牌的签名式借记卡。易用是借记卡越来越受欢迎的原因之一。借记卡不但能帮你省却携带现金的麻烦，使用起来也很方便，付款快，而且月结单（或对账单）可以清晰地显示所有交易记录。

2. 安全可靠：借记卡具有和信用卡一样的安全保障。假如你遗失借记卡或怀疑卡被盗，应立即向你的银行挂失，即可防止他人盗用以减低损失。切记：发卡机构虽向你提供消费保障，并不表示你可以不在意你的借记卡；借记卡如同银行账户中的钱一样，应妥善保管。

二、信用卡的特点

1. 信用卡是当今发展最快的一项金融业务之一，它是一种可在一定范围内替代传统现金流通的电子货币。

2. 信用卡同时具有支付和信贷两种功能。持卡人可用其购买商品或享受服务，还可通过使用信用卡从发卡机构获得一定的贷款。

3. 信用卡是集金融业务与电脑技术于一体的高科技产物。

4. 信用卡能减少现金货币的使用。

5. 信用卡能提供结算服务，方便购物消费，增强安全感。

6. 信用卡能简化收款手续，节约社会劳动力。

7. 信用卡能促进商品销售，刺激社会需求。

活动一　办理借记卡申领业务

业务描述

201×年9月16日，赵先生到模拟银行KW市分行申请办理一张借记卡，柜员杨露（柜员号：203002）接待了客户，受理了客户的申请。

业务流程

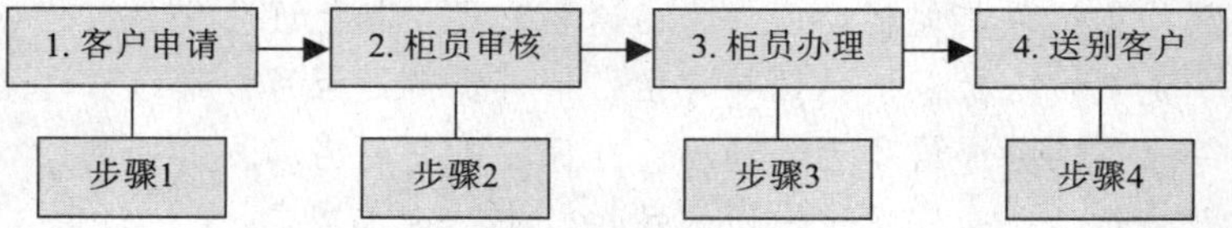

业务实施

步骤1　客户申请：客户需填写《借记卡申请表》（见图4－3），连同有效身份证件（单位借记卡提供开户许可证），一起交给柜员。

相关知识

申请表一般都包括姓名、性别、证件（名称、号码、发证机关）、工作单位、地址、电话等个人信息，以及客户申明（接受银行章程等）。

步骤2　柜员审核：柜员审核客户是否有公安部门签发的本人有效身份证件，身份证件必须符合实名制要求，如果提供的是中国公民身份证件，应通过联网核查系统核查身份证件是否真实有效。柜员核对客户的申请表和有效身份证件，主要根据身份证件审核申请表上的姓名、地址、电话等是否填制正确、有无涂改；是否在签名处亲笔签名等。

相关知识

客户须具备的申请条件：

1. 个人借记卡申请条件：凡具有民事行为能力的境内居民、常住国内的外国人以及常住内地的港澳台同胞，凭本人有效身份证件（居民身份证、军人证、外籍人士凭护照），均可向银行申请个人借记卡。个人借记卡可申领若干张，由此产生的债权债务关系全部由申领人承担。无民事行为能力的个人申领借记卡，须有其监护人书面同意。申请借记卡无需提供担保人。

2. 单位借记卡申请条件：凡在中国境内金融机构开立基本存款账户的单位，应当凭中国人民银行核发的开户许可证、单位营业执照正本、单位法定代表人（或单位负责人）身份证件、持卡人身份证件等申领单位借记卡。单位借记卡持卡人由申领单位法定代表人或其委托代理人书面指定、更换和注销。单位借记卡允许有多个持卡人。其中，持卡人是指向发卡机构申请银行卡并获得卡片核发的个人，包括主卡持卡人和附属卡持卡人；或指由法人或其他组织向发卡机构申请并获得核发卡片，由法定代表人或其他组织负责人授权持有该卡片的人员。

另外，要注意无论是个人借记卡还是单位借记卡，银行卡及其账户只限经发卡银行批准的持卡人本人使用，不得出租和转借。

步骤 3　柜员办理：柜员审核无误后，系统操作，收取工本费。客户输入预设的六位数密码，交易成功后，柜员选择打印银行卡存款凭证，该存款即开户金额。客户在银行卡存款凭证上签名。柜员在银行卡存款凭证上加盖业务公章和个人名章。即时为客户办理发卡手续。

相关知识

由于借记卡业务一般建立在个人活期储蓄存款基础上，所以银行通常在发放借记卡之前为客户开立活期储蓄账户并设定密码，有活期账户的可不再开立。各银行起存金额有所不同，有1元的，也有10元的，多存不限。客户也可以只办借记卡，借记卡卡号即个人银行结算账户账号，该账号同时具备储蓄和结算功能。银行营业网点一般会根据需要，向发卡中心领取适量的、由制卡员进行了写磁、印字处理的空白预置卡。

> **小贴士**
>
> 客户领取新卡后，应在背面签上本人姓名并且修改初始密码。领取密码时注意查收。

步骤 4　送别客户：将身份证件、借记卡、存款凭条回单联和收费回单联等一并交给客户，提示客户在借记卡背面的签名栏签名。柜员在借记卡申请表上记录借记卡卡号，加盖业务公章和柜员名章，并将身份证复印件（含联网核查结果打印件）作为申请表附件，放入专夹保管。

【训练与评价】

201×年4月15日，客户王毅（身份证号：530603199006086331；通讯地址：KW市澳门路9号；联系电话：92932492；邮政编码：650030）到模拟银行KW市分行申请办理借记卡一张，你作为模拟银行KW市分行柜员（柜员号：203005）在自己的工作终端上为客户王毅办理借记卡申请业务。

（自评：☆☆☆☆☆　小组评：☆☆☆☆☆　老师评：☆☆☆☆☆　合计：____☆）

模拟银行借记卡申请表

年　月　日

<table>
<tr><td rowspan="7">客户填写</td><td>姓　名</td><td></td><td>证件类型</td><td></td><td>证件号码</td><td></td><td>性别</td><td></td></tr>
<tr><td>工作单位</td><td colspan="2"></td><td rowspan="2">电话</td><td></td><td rowspan="2">邮编</td><td colspan="2"></td></tr>
<tr><td>居住地址</td><td colspan="2"></td><td></td><td colspan="2"></td></tr>
<tr><td>申请类型</td><td colspan="7">□带折借记卡　□无折借记卡　□附卡（主卡卡号__________）</td></tr>
<tr><td>此栏为已在我行开户的客户填写</td><td>客户号</td><td colspan="2"></td><td>一本通账号</td><td colspan="3"></td></tr>
<tr><td>此栏为申请附卡时填写</td><td>主卡持有人</td><td></td><td>证件类型</td><td></td><td>证件号码</td><td colspan="2"></td></tr>
<tr><td colspan="8">本人已阅读并自愿遵守《模拟银行借记卡章程》的有关规定，并保证申请表上资料真实、有效、无误。
客户签名__________</td></tr>
<tr><td>银行确认</td><td colspan="8">开户单位签章：　　经办人：　　年　月　日</td></tr>
<tr><td>银行提示</td><td colspan="8"></td></tr>
</table>

（印制要求：一式两联（无碳复写），第二联背面印借记卡章程全文，如下）

图4-3　借记卡申请表（正面）

模拟银行借记卡章程

第一条　为满足广大居民在境内外交易的需求，同时规范模拟银行各发卡机构（以下简称“发卡机构”）和持卡人的权利义务，根据《银行卡业务管理办法》及有关规定，制定本章程。

第二条　XX借记卡是模拟银行发行、带有“银联”标识的人民币借记卡，具有储蓄、消费、代收代付、转账结算等多种功能的磁条卡片式电子储蓄与支付工具，在使用过程中不允许透支。

第三条　借记卡为个人卡，申请人持公安部门规定的本人有效身份证件，在模拟银行任意营业网点，如实填写申请表并承诺遵守本章程，开立个人结算账户，即时领取借记卡，并在卡片背面签署持卡人姓名。

第四条　借记卡分为有折卡和无折卡，有折卡应先开立一本通存折后方可申领借记卡，借记卡与一本通存折共享同一账户，有折卡作为主卡可申领两张附卡，附卡与主卡共用同一账户，主卡持有人对附卡负有全责，并有权注销其附卡；无折卡无须申领一本通存折，并且不能申领附卡。

第五条　持卡人持借记卡可通过模拟银行的营业网点、自助设备、电话银行、特约商户POS机具和境内外带有“银联”标识的自助设备办理查询、存取款、消费、转账、缴费、改密等全部或部分交易。

第六条　借记卡持卡人的所有交易均在其卡中的个人结算账户内办理结算，账户的资金只限于持卡人以其持有的现金存入或以其工资性款项、属于个人合法的劳务报酬、投资回报等收入转账存入。

第七条　持卡人使用借记卡提取现金应当遵守中国人民银行现金管理的有关规定，在自动柜员机上每日最多可取款5次，累计取款金额不超过5 000元人民币。

第八条　持同一借记卡在一天内连续3次取款密码输入错误，发卡机构将按规定对该卡进行锁定，持卡人须按发卡行指定的方式解除锁定，才能重新使用。

第九条　持卡人在自动柜员机上办理业务时，如卡片被吞没，应尽快凭本人有效身份证件和打印的吞卡通知到机具所属网点办理领卡手续。根据相关规定，收单行只负责保留3个工作日，逾期后将按作废卡处理。

第十条　持卡人必须妥善保管借记卡和交易密码，因卡片保管不善或密码泄露所造成的全部损失由持卡人承担。发卡机构设立24小时挂失服务电话。如卡片和密码被盗或遗失，应立即通过电话银行或到就近模拟银行任意营业网点办理临时挂失，也可直接到原开户机构办理正式挂失。临时挂失有效期为5日，持卡人必须在有效期内，持本人有效证件到原开户机构办理正式书面挂失，否则挂失自动失效。挂失办妥后即时生效，对于挂失生效前和挂失失效后的经济损失，发卡机构不承担责任。正式挂失生效7日后，持卡人可到原挂失机构办理补卡、销卡或密码重置手续。

第十一条　借记卡不设有效期，持卡人终止使用时，应持借记卡到发卡机构任意营业网点办理注销手续，并交回借记卡。主卡注销时须同时注销所有附卡。

第十二条　借记卡卡内存款按中国人民银行规定的同期同档次存款利率和计息办法计付利息，并按照税务机关规定的税率代扣代缴储蓄存款利息所得个人所得税。

第十三条　对持卡人办理挂失、补换卡、跨行取款、跨行转账等业务，发卡机构按照相关规定制定收费标准，向持卡人收取费用。发卡机构有权根据相关规定对收费项目及标准进行修改，修改内容在营业场所公告10日后生效。

第十四条　持卡人应当遵守本章程和国家有关法律法规的规定。如持卡人违背本章程有关条款的，发卡机构有权取消持卡人用卡资格，并可授权所属机构和特约商户收回其借记卡。

第十五条　因不可抗力或网络通讯故障等客观原因导致持卡人用卡失败而造成的损失，以及持卡人在互联网上使用借记卡所导致的风险和损失，由持卡人自行承担，发卡机构不承担任何责任。因不可抗力或通讯原因导致的账务差错，发卡机构有权予以纠正。

第十六条　借记卡及其账户仅限于持卡人本人使用，不得转让或转借，否则，由此造成的资金损失由持卡人本人承担。存款人在网点办理无卡存款时，须准确填写存款凭条，发卡机构以存款人填写的卡号为准入账，因存款人填写错误引起的资金损失由存款人承担。

第十七条　发卡机构依据个人密码等电子信息为持卡人办理的各项业务均视为持卡人本人操作的合法交易。各类交易所产生的电子信息记录，均为该项交易的有效凭据。持卡人所持借记卡若属单位集体批量办卡，应到发卡机构办理卡片激活，将批量发卡通用密码及时更改，否则该卡不能正常使用。

第十八条　借记卡联机交易，实时扣账，持卡人凭卡办理各项业务或消费后，可随时通过电话银行、自助设备、发卡机构任意营业网点或指定的其他方式核对账务明细，对交易提出质疑的，应在交易30日内向发卡机构查询或投诉。

第十九条　持卡人通信地址和联系电话等个人资料变更，应及时到发卡机构任意营业网点办理变更手续。由于持卡人未能及时向银行提供正确资料而造成的损失，由持卡人自行承担。发卡机构按有关法律规定对持卡人的资料保密。

第二十条　伪造、变造借记卡，使用伪造、变造或作废的借记卡或冒用他人借记卡进行诈骗财物的，发卡机构应及时处理，必要时移送司法机关；对因持卡人违背章程有关条款给发卡机构造成的损失，发卡机构有权申请法律保护并依法追究持卡人或有关当事人的法律责任。

第二十一条　本章程所涉及的利率根据中国人民银行的利率而调整，收费项目和收费标准等发生调整，按照《商业银行服务价格管理暂行办法》的有关规定执行。

第二十二条　本章程未尽事宜按有关法律、法规、规章和模拟银行的业务规定执行。

本章程由模拟银行制定、修改和解释，并报中国银行业监督管理委员会备案。修改时亦同，修改后的章程在相关营业场所公告30日后生效，生效后即对双方产生约束力。

图4－3　借记卡申请表（背面）

活动二 掌握信用卡申请规则

业务描述

201×年6月29日，李小姐到模拟银行KW市分行办理信用卡申请业务，柜员周伟（柜员号：203008）接待了客户，圆满完成了业务。

业务流程

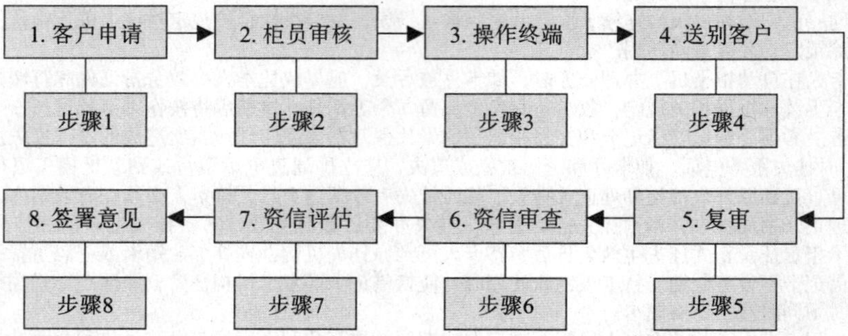

业务实施

步骤1 客户申请：客户提交申请表及相关资料。

相关知识

一、客户须具备什么申请条件

由于信用卡具有信用功能，发卡机构要对客户进行资信审查，信用卡的申请条件要比借记卡多。

1. 个人信用卡主卡申请资格。年满18周岁，具有完全民事行为能力且资信良好的中国居民、常住国内的外国人以及常住内地的港澳台同胞，均可凭本人有效身份证件和相关资料向发卡机构申请个人信用卡主卡。有些银行要求主卡申请人须有固定职业且收入稳定，拥有本地户口或工作单位在发卡机构所在地。

2. 个人信用卡附属卡申请资格。个人信用卡主卡持卡人可以为其他具有完全民事行为能力的自然人或限制民事行为能力的自然人申请附属卡。通常，附属卡申请人是主卡申请人的直系亲属，如配偶、父母、兄弟姐妹。主卡持卡人可随时申请注销附属卡或停止其使用。附属卡持卡人与主卡持卡人共用同一个信用卡账户和信用额度（“信用额度”指发卡机构根据申请人的资信状况等，为其核定的持卡人在卡片有效期内可循环使用的最高授信限额）。主卡持卡人对主卡及附属卡项下发生的债务承担完全清偿责任。各银行对附属卡张数的限定有所不同，一般规定，一张主卡可申请不超过三张的附属卡。

3. 单位信用卡申请资格。凡在中国境内金融机构开立基本存款账户，具有独立法人资格的企业、行政事业单位、社会团体、法人授权的其他经济组织等，可凭中国人民银行核发的基本存款账户开户许可证、营业执照正本、组织机构代码证、税务登记证等证明文件及法人代表授权书（法定代表人或其委托代理人对持卡人的书面指定材料）、法人代表和持卡人身份证复印件向发卡机构申请单位卡（如需申请国际单位卡，还须有外汇结算账户）。单位卡持卡人的资格由单位法定代表人或其授权人书面指定和撤销。申请单位承担单位卡所发生的全部债务。

二、客户须提供的书面申请材料

申请人首次申请信用卡时，应按发卡机构的规定，正确、完整、真实地填写申请表和提交发卡机构要求的相关证明文件。未通过的申请资料一般不予退回。

1. 信用卡申请表。信用卡申请表（如图 4－4 所示）内容一般包括申请人的个人资料、职业资料、联系人资料、附属卡申请人资料（若要申请附属卡需要填写）、对账单（指发卡机构定期寄给持卡人，对持卡人累计未还消费交易本金、取现交易本金、费用等，进行汇总、结计利息、计算出持卡人应还款的凭单）及领卡信息、申请人申明和签名等。

填写时要注意，申请人证件号码是重要信息，要仔细填写；申请人和联系人单位地址、住宅地址需准确到门牌号码；联系电话务必真实有效；一定要记得签名。附属卡申请人只需要提供身份证件并在申请表上的附属卡申请人签名处签名即可。

2. 主卡、附属卡申请人有效身份证件复印件（必要件）。身份证件包括居民身份证、军官证、港澳居民来往内地通行证、港澳同胞回乡证、台湾同胞来往大陆通行证、护照等。

3. 固定居住地址证明（可选择下列各项中的任一项）。固定居住证明包括户口卡（簿）复印件、水、电、煤最近三期缴费单、固定电话最近三期缴费单、房屋租赁合同（协议）、自有房产证明、能证明其有固定居住地址的其他证明材料。

4. 工作证明文件。包括工作证复印件、工作单位开具的工作证明原件、名片、职称复印件、专业资格证书复印件等。

5. 财力证明文件（可选择下列各项中的任一项）。包括单位开具的收入证明、所得税和扣缴凭证、自有房产证明、银行定期、活期存款单或存折等资料的复印件。

另外，可能还要求提供学历证明、专业资格证明等。

6. 担保所需要提供的资料。根据《银行卡业务管理办法》规定，发卡银行应当认真审查信用卡申请人的资信状况，根据申请人的资信状况确定有效担保及担保方式。信用卡担保是指信用卡申请人在申办信用卡时，发卡行根据对其资信状况的调查评估，认为需要提供担保后方能发卡，以便在申请人自身无力偿还债务时，发卡行可以通过担保来追偿或处理保证金抵押、质押物等以偿还欠款。担保形式一般有保证（保证人、保证金）担保、质押担保、抵押担保。

（1）保证（保证人、保证金）担保。保证人是指符合《中华人民共和国担保法》规定的具有法人资格的企业或具有完全民事行为能力的自然人。如果两个人都想申请银行卡，双方不能互相担保。持卡人透支之后，保证人对该债务承担连带偿还责任。保证人担保应提交加盖单位公章和法人代表章的担保单位营业执照或法人资格证明复印件，或加盖保证人章的保证人身份证复印件。

保证金担保，由发卡银行根据申请人的资信情况确定保证金金额。申请人须把保证金以定期存款的方式存放在发卡银行，存期应与信用卡有效期一致，一般不得提前支取。有效期届满，如果持卡人继续用卡，保证金相应延期或办理转存手续。

（2）质押担保。申请人可以用经过公证的有价证券（主要是银行签发的定期储蓄存单）作质押。申请人和银行必须签订书面质押合同。

（3）抵押担保。申请人可以用易确定价值、易变现、易保管且不易损坏的个人财产作抵押。申请人须将经过公证的抵押品单据交银行保管，并和银行签订书面抵押合同。

另外，发卡银行应当对信用卡持卡人的资信状况进行定期复查，并应当根据资信状况的变化调整其信用额度。

有些银行还为客户提供了申请进度查询的服务，客户可以致电24小时客户服务热线或使用网站中的申请进度查询功能查询其申请进度。

步骤2　柜员审核：柜员审核客户的申请条件，看申请人是否符合发卡的基本条件。核对客户的申请表和相关资料，审核申请表上的姓名、地址、电话等是否填制正确、有无涂改；是否在签名处亲笔签名等，提供的资料是否完整，验证复印件与原件是否一致，无误后由柜员在复印件上注明“与原件相符”字样并签名确认；核对证件的有效期等。柜员审核无误后，将身份证等原件交还客户。

步骤3　操作终端：使用“信用卡主卡申请”交易进行处理，柜员操作终端，输入交易代码后，进入“信用卡申请资料增加”交易，根据界面提示输入客户资料。

步骤4　送别客户：柜员打印出信用卡申办卡回执，在上面加盖业务用公章后交给客户。

步骤5　复审：柜员将申请表及相关资料再交由信用卡部专职人员复审。复审无误后将材料寄送上级有权发卡机构。

步骤6　资信审查：有权发卡机构信用卡部人员收到客户申请材料后，对客户进行资信审查。主要是调查申办人所填报的财产、收入及信用状况等资料是否真实可靠。一般可采用的方法有：电话核实（通过电话向申请人、担保人的单位和其本人核实有关情况）、公函调查（用公函发往申请人、担保人所在单位的人事或劳资部门核实情况）、当面核实（当面向申请人和担保人所在工作单位或有关部门确认其合法性）、利用网络进行核查（如与公安部门配合、对申领人的身份证进行核查）等。

步骤7　资信评估：对资信审查核实无误后，有权发卡机构信用卡部人员可对客户进行资信评估，对申请人的信用、经济状况进行综合分析和评估，并以此作为能否发卡或何种等级银行卡的依据。

步骤8　签署意见：最后，有权发卡机构签署意见，如是否同意发卡、核准的信用额度是多少等。

【训练与评价】

201×年7月12日，客户周杰（身份证号：530103198110221234；通讯地址：KW市香港路108号；联系电话：11223344；邮政编码：650059）到模拟银行KW市分行申请开办信用卡一张，柜员陈倩（柜员号：103007）接待了客户，圆满完成了业务。

要求：完成图 4－4 相关内容。

（自评：☆☆☆☆☆　小组评：☆☆☆☆☆　老师评：☆☆☆☆☆　合计：____☆）

SBZ1

中国建设银行龙卡信用卡申请表

标 ❶ 为必填项

❶ 基本资料

中文姓名＿＿＿＿ 拼音＿＿＿＿（外籍人士可用外文姓名）

国　籍＿＿＿＿

性　别 ☐ 男 ☐ 女　出生日期＿＿年＿＿月＿＿日

身份证件 ☐ 居民身份证 ☐ 护照 ☐ 港澳居民往来内地通行证、台胞证 ☐ 其他（请注明）＿＿＿＿

证件号码＿＿＿＿

婚姻状况 ☐ 已婚有子女 ☐ 已婚无子女 ☐ 未婚 ☐ 其他

学历 ☐ 研究生或以上 ☐ 本科 ☐ 大专 ☐ 中专/高中 ☐ 初中或以下

住宅性质 ☐ 自有住房（无贷款） ☐ 贷款购房（月还款＿＿元） ☐ 与亲属合住 ☐ 租房 ☐ 集体宿舍 ☐ 其他（请注明）＿＿＿＿

住宅地址＿＿省＿＿市＿＿区（县）＿＿路（街）＿＿号（门、栋）＿＿室

邮政编码＿＿＿＿ 住宅电话（区号）＿＿（电话号）＿＿＿＿

手机＿＿＿＿（我行免费提供大额消费短信提示服务）

电子邮件＿＿＿＿@＿＿＿＿

❶ 工作资料

单位名称＿＿＿＿

单位地址＿＿省＿＿市＿＿区（县）＿＿路（街）＿＿号＿＿室 邮政编码＿＿＿＿

单位电话（区号）＿＿（电话号）＿＿（分机号）＿＿

任职部门＿＿＿＿ 职务＿＿＿＿

职　称 ☐ 高级 ☐ 中级 ☐ 初级 ☐ 其他

现单位工作年限＿＿年　现职年收入（税前）＿＿万元

前单位名称＿＿＿＿

单位类别 ☐ 政府机关、事业单位 ☐ 国有企业 ☐ 社会团体 ☐ 民营企业 ☐ 三资企业 ☐ 私营企业 ☐ 其他（请注明）＿＿＿＿

❶ 请选择邮寄地址 ☐ 住宅地址 ☐ 单位地址 ☐ 其他地址（请注明）＿＿＿＿ 邮政编码＿＿＿＿

（注：此地址将成为您接收卡函、对账单等邮件的地址。）

❶ 联系人资料

直系亲属联系人：

姓名＿＿＿＿ 性别 ☐ 男 ☐ 女 关系＿＿＿＿

单位名称＿＿＿＿

单位电话（区号）＿＿（电话号）＿＿（分机号）＿＿

住宅电话（区号）＿＿（电话号）＿＿ 手机＿＿＿＿

其他联系人：

姓名＿＿＿＿ 性别 ☐ 男 ☐ 女 关系＿＿＿＿

单位名称＿＿＿＿

单位电话（区号）＿＿（电话号）＿＿（分机号）＿＿

住宅电话（区号）＿＿（电话号）＿＿ 手机＿＿＿＿

在建行开立账户情况

☐ 住房贷款账户 ☐ 理财账户 ☐ 个人贷款账户 ☐ 大额储蓄账户（10万元以上） ☐ 代发工资账户 ☐ 其他（请注明）＿＿＿＿

存款账户账号＿＿＿＿（若无则不必填写）　贷款账户账号＿＿＿＿（若无则不必填写）

通过银联网络消费是否使用密码（若不选或都选，我行将默认为“不使用密码”） ☐ 使用密码 ☐ 不使用密码

附属卡申请人资料

中文姓名＿＿＿＿ 拼音＿＿＿＿（外籍人士可用外文姓名）

出生日期＿＿年＿＿月＿＿日　性别 ☐ 男 ☐ 女

身份证件 ☐ 居民身份证 ☐ 护照 ☐ 港澳居民往来内地通行证、台胞证 ☐ 其他（请注明）＿＿＿＿

证件号码＿＿＿＿

与主卡申请人的关系 ☐ 配偶 ☐ 父母 ☐ 子女 ☐ 其他（请注明）＿＿＿＿

手机＿＿＿＿ 电子邮件＿＿＿＿@＿＿＿＿

单位名称＿＿＿＿ 单位电话＿＿＿＿

主卡卡号＿＿＿＿（与主卡同时申请时不必填写）

附属卡申请额度 ☐ 与主卡相同 ☐ 指定额度＿＿＿＿（不超过建行核准的主卡信用额度）

约定还款账户授权

“全额还款”和“最低还款额还款”请勾选一项，若不选或都选，我行将默认为“全额还款”。

☐ 全额还款 ☐ 最低还款额还款　您在当地建行开立的本人人民币活期存款账户（16位或19位）＿＿＿＿

（以上账户将同时作为人民币及人民币购汇还款的签约账户，且人民币购汇还款只以“全额还款”方式还款；若您另约定以美元活期存款账户归还美元欠款，请填写以下内容）

☐ 全额还款 ☐ 最低还款额还款　您在当地建行开立的本人美元活期存款账户（限现钞户）＿＿＿＿

申请卡种

您希望申请的卡种是　VISA ☐ 金卡 ☐ 普通卡　MasterCard ☐ 金卡 ☐ 普通卡

若申请金卡未获批准，是否同意申请普通卡（若不选或都选，我行将默认为“是”） ☐ 是 ☐ 否

❶ 请仔细阅读后签名

兹声明：

❶ 以上填写内容完全属实，并同意中国建设银行向有关方面查核上述资料的真实性。

❷ 本人已仔细阅读了《中国建设银行龙卡双币种信用卡领用协议》并特别注意了字体加黑的条款，对本协议条款的含义及相应的法律后果已全部知晓并充分理解，愿意遵守其全部内容。

❸ 主卡持卡人向附属卡持卡人告知用卡相关事宜，附属卡交易款项全部记入主卡账户。

❹ 无论申请成功与否，本人均不要求退回本申请表及相关材料。中国建设银行有权拒绝接受本申请而无需给予任何原因解释。

❺ 上述约定账户为本人在中国建设银行开设的实名制账户，且账户状态正常，如有不符，同意中国建设银行终止本人约定账户还款授权，由此产生的利息和费用由本人承担。

＊ 已持有中国建设银行龙卡信用卡的主卡申请人信息如无修改，可仅填写姓名、身份证件号码、申请卡种及所持龙卡信用卡卡号：＿＿＿＿。

主卡申请人签名＿＿＿＿　＿＿年＿＿月＿＿日

附属卡申请人签名＿＿＿＿　＿＿年＿＿月＿＿日

法定监护人签名＿＿＿＿　＿＿年＿＿月＿＿日

（附属卡申请人未满18周岁时必须填写）

银行专用栏

受理机构＿＿＿＿ 受理机构代码＿＿＿＿ 受理人员姓名＿＿＿＿

受理人员代码＿＿＿＿ 受理日期＿＿年＿＿月＿＿日 来源代码 DN00

交表方式 ☐ 本人亲交 ☐ 邮寄 ☐ 他人代交 代交人姓名＿＿＿＿ 代交人联系电话＿＿＿＿ ☐ 其他＿＿＿＿

受理注记＿＿＿＿ 录入人员＿＿＿＿ 录入日期＿＿＿＿ 复核人员＿＿＿＿ 复核日期＿＿＿＿

征信人员＿＿＿＿ 征信意见＿＿＿＿ 征信日期＿＿＿＿ 审批人员＿＿＿＿ 审批意见＿＿＿＿ 审批日期＿＿＿＿

图 4－4　信用卡申请表

活动三　办理信用卡发卡

业务描述

201×年8月2日，客户李小姐接到模拟银行KW市分行通知到银行领取新办的信用卡，柜员张强（柜员号：203011）接待了客户李小姐，为客户办理了信用卡发卡业务。

业务流程

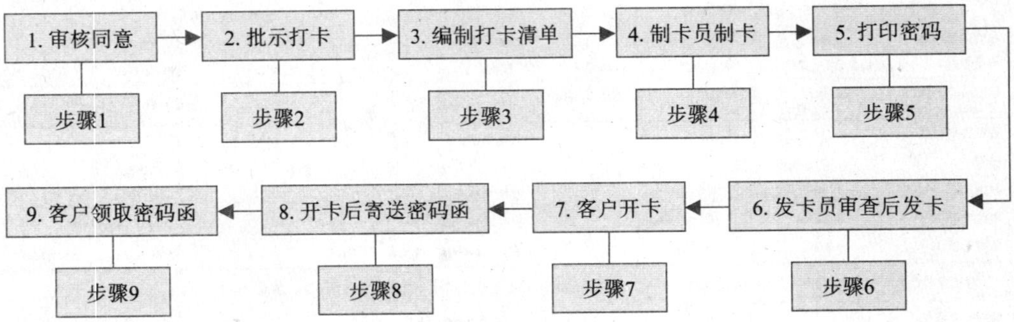

业务实施

步骤1　审核同意： 客户申请信用卡后，并不能马上拿到。发卡机构在经过资信审查、评估后，若不同意发卡，应及时通知客户；若同意发卡，柜员进行下一步操作。

步骤2　批示打卡： 信用卡部经办人员向发卡中心批示打卡通知。

步骤3　编制打卡清单： 发卡中心接到通知后将客户申请表的资料输入系统，从而自动产生信用卡卡号。资料员编制打卡清单，其内容包括卡号、持卡人姓名及其汉语拼音、性别、有效期等。编制完毕后，经审核无误交制卡员制卡。

步骤4　制卡员制卡： 制卡员到凭证保管员处领用空白卡片，然后按打卡清单内容制卡。制完卡后，成品卡交发卡员登记签收。

步骤5　打印密码： 制卡过程中主机随机产生信用卡密码，管理人员打印好专用的密码信封后，交密码发放人员签收。

步骤6　发卡员审查后发卡： 发卡员收到制好的卡后，经审核无误，将卡装入填有申请人姓名的“专用封”，在封口处加盖名章和日期。然后寄送银行卡。

步骤7　客户开卡： 客户收到卡后开卡。

相关知识

客户领取信用卡时应注意：

1. 检查信封的封口是否遭拆封，是否有破损或重新黏合的痕迹。检查信用卡正面的英文凸字姓名、性别与本人是否相同。

2. 在卡片背面的签名栏上，用签字笔以惯用的字体签上自己的名字。

3. 参照用卡指南，进行信用卡开卡处理。

4. 注意查收密码函。如经一段时间仍未收到信函，应及时询问发卡银行是否已经寄出并核对地址，避免中途遗失。

步骤8　开卡后寄送密码函：客户开卡后，密码发放人员向客户寄送密码函。

相关知识

密码函注意事项：

1. 附属卡密码函随同主卡密码函一同寄送给主卡持卡人。

2. 密码函中的密码属于交易密码，用于境内外取现。如果持卡人选择凭密码消费，则该密码还被用于刷卡消费。

3. 持卡人收到密码函后，为了便于记忆或保密，可以通过ATM或银行网点修改密码。

4. 如果持卡人遗忘密码或丢失密码，可以通过电话要求发卡行补寄。

步骤9　客户领取密码函。

小贴士

从安全的角度看，不要把银行卡、密码函、身份证或护照放在一起；不要随意告知他人自己的银行卡密码和卡号；不要随意将银行卡转借他人；可以将银行卡卡号和发卡银行服务热线电话号码另行抄录并妥善保管，发生事件应在第一时间与发卡银行取得联系，以避免损失。

相关知识

信用卡和密码是由不同人保管、不同时间寄给客户或其指定的银行网点（网点再通知申请人前来领取）的。有些银行要求客户凭办卡回执（新办卡领卡时）、换卡申请书（换卡领卡时）或挂失换卡收费单据（挂失后办卡领卡时）等银行回单和有效身份证件去原申请办卡机构领卡。在网点领取时，发卡人员要审查申请人身份证件，并让其在“发卡登记簿”上签字。持卡人领取信用卡后，柜员应提醒其立即在信用卡背面的签名栏内签上与身份证件、申请表上相同的签名。

【训练与评价】

201×年8月28日上午10：10，你作为模拟银行KW市分行柜员（柜员号：203006）在自己的工作终端上为客户周杰办理信用卡发卡业务。

（自评：☆☆☆☆☆　小组评：☆☆☆☆☆　老师评：☆☆☆☆☆　合计：____☆）

活动四 办理客户信用卡开卡

业务描述

201×年8月2日，客户李小姐收到模拟银行KW市分行寄来的信用卡后，到银行办理开卡手续，柜员王建（柜员号：203005）接待了客户李小姐，为客户办理了信用卡开卡业务。

业务流程

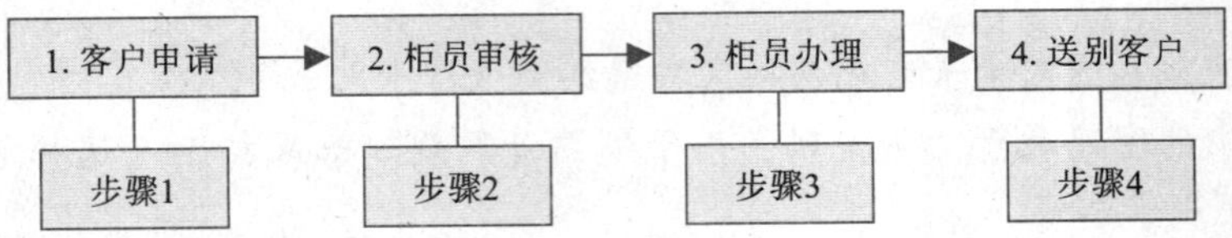

业务实施

步骤1　客户申请：客户持卡片、密码函件和有效身份证件到申领地发卡机构（或能办理此业务的营业网点）办理开卡。

步骤2　柜员审核：柜员审核客户身份证件是否有效。

> **小贴士**
>
> 没有开卡的信用卡如果不使用需要销卡吗？
>
> 目前，国内银行对未开卡的信用卡同样扣除年费。如果客户未能及时还款，会成为个人信用的污点，影响今后个人信用。

步骤3　柜员办理：柜员操作终端，输入“卡片启用”交易代码，通过刷磁或输入卡号后，按发送键；然后按系统回显信息完成操作，并由客户输入密码；柜员打印收费凭证；客户交工本费；柜员在收费凭证上加盖现金收讫章。

步骤4　送别客户：将信用卡与身份证件交还客户，同时告知其信用额度，业务完成。

> **小链接**
>
> 根据《支付结算办法》的规定，信用卡的持卡人在信用卡账户内资金不足以支付款项时，可以在规定的限额内透支，并在规定期限内将透支款项偿还给发卡银行。同时还规定，信用卡透支额，金卡最高不得超过10 000元，普通卡最高不得超过5 000元。信用卡透支期限最长为60天。关于信用卡透支的利息，依《支付结算办法》的规定，自签单日或银行记账日起15日内按日息0.05%计算。超过15日按日息0.1%计算。超过30日或透支金额超过规定限额的，按日息0.15%计算，透支计息不分段，按最后期限或最高透支额的最高利率档次计算。

【训练与评价】

201×年9月6日上午9:40，你作为模拟银行KW市分行柜员（柜员号：203006）在自己的工作终端上为客户周杰办理信用卡开卡业务。

（自评：☆☆☆☆☆ 小组评：☆☆☆☆☆ 老师评：☆☆☆☆☆ 合计：____☆）

复习与思考

一、判断改错题

1. 银行卡通常由带有磁条的塑料卡片制成，磁条上面记录有持卡人的账户、个人密码等相关信息。（ ）

2. 信用卡能简化收款手续，节约社会劳动力。（ ）

3. 信用卡是银行或其他财务机构签发给那些资信状况良好的人士，用于在指定的商家购物和消费，或在指定银行机构存取现金的特制卡片，是一种特殊的信用凭证。（ ）

4. 根据《支付结算办法》的规定，信用卡的持卡人在信用卡账户内资金不足以支付款项时，可以在规定的限额内透支，并在规定期限内将透支款项偿还给发卡银行。（ ）

5. 信用卡是当今发展最快的一项金融业务之一，它是一种可在任何范围内替代传统现金流通的电子货币。（ ）

6. 附属卡持卡人与主卡持卡人共用同一个信用卡账户和信用额度。（ ）

7. 申请人首次申请信用卡时，应按发卡机构的规定，正确、完整、真实地填写申请表和提交发卡机构要求的相关证明文件。未通过的申请资料一般不予退回。（ ）

8. 客户申请信用卡后，可以马上拿到信用卡。（ ）

9. 个人借记卡可申领10张，由此产生的债权债务关系全部由申领人承担。（ ）

二、单项选择题

1.（ ）是向企业、事业单位、机关团体、部队等发行的银行卡，由单位指定人员使用。

A. 本币卡 B. 外币卡

C. 单位卡（商务卡） D. 个人卡

2.（ ）是具有专门用途，在特定区域使用的借记卡，具有转账结算、存取现金等功能。

A. 个人卡 B. 转账卡

C. 储值卡 D. 专用卡

3. 按（ ）分类，银行卡可分为国际卡和地区卡。

A. 流通范围 B. 币种

C. 能否透支 D. 发卡对象

4. （　　）是银行与营利性机构合作发行的银行卡附属产品。

A. 联名卡　　B. 认同卡

C. IC卡　　D. 磁条卡

5. 信用卡透支期限最长为（　　）天。

A. 15　　B. 30

C. 45　　D. 60

三、多项选择题

1. 按清偿责任分类，信用卡可以分为（　　）和（　　）。

A. 主卡　　B. 附属卡

C. 磁条卡　　D. 芯片卡

2. 担保形式一般有（　　）。

A. 保证（保证人、保证金）担保　　B. 资信担保

C. 质押担保　　D. 抵押担保

3. 借记卡的特点是（　　）。

A. 易用性　　B. 普及性

C. 年费较低　　D. 安全可靠

4. 银行卡是商业银行向社会公开发行，具有（　　）等全部或部分功能。

A. 消费信用　　B. 转账结算

C. 存取现金　　D. 一卡多用

5. 按能否透支分类，银行卡可分为（　　）和（　　）。

A. 贷记卡　　B. 准贷记卡

C. 信用卡　　D. 借记卡

项目五 5 柜面代理业务

学习目标

- □ 认识目前银行柜面代理业务的主要内容
- □ 掌握银行的代收代付业务，了解代理保险业务、代理国债业务、银行第三方存管业务、代理基金业务、代理个人外汇买卖业务的基本规定及主要操作流程

任务一 熟悉代收代付业务

【案例导读】

商业银行积极拓展代收代付业务市场

商业银行瞄准金融需求与人们的日常生活已密不可分的现实，积极拓展代收代付业务市场，既可以从源头截流和吸收低成本存款，扩大存款来源及稳定客户群体，壮大银行资金实力；又可以为广大客户提供便捷的金融服务。

因此，银行做强代收业务，重点做好与人们日常生活联系密切的水电费、燃气费、通信费、公路规费、税款、保险费、有线电视服务费等收费业务。做细代付业务，把做好代发工资业务作为发展代付业务的主打产品来经营。在搞好代发工资单位调查摸底的基础上，对量大、额小、无边际效益的代发工资户采取收费制；对有一定边际效益的代发工资户采取低费制；对贡献度较大的代发工资户，采取发放无折银行卡和开办网上银行、电话银行的办法实行批量代发，力促代发工资手续费收入取得新突破。

商业银行把为客户提供方便快捷的服务作为推动代收代付业务发展的重要举措。在做好营业网点柜面服务的同时，充分发挥电子科技优势，积极引导客户充分利用网上银行、手机银行、电话银行以及 ATM 机、自助终端等渠道办理业务，力求通过方便快捷的服务，扩大代收代付业务面，增强客户市场竞争力。

（资料来源：根据中国金融网信息整理。）

知识准备

代收代付业务是指商业银行利用自身的结算便利，接受客户的委托代为办理指定款项的收付事宜的业务。其中，代收业务是指银行按照与委托单位及缴款单位（个人）的协议，根据委托单位提供的清单或缴款单位（个人）提供的缴款凭证，由银行代理委托单位收取款项的业务；代付业务是指银行按照与委托单位的协议，根据委托单位提供的清单，由银行代理委托单位发放款项的业务。

使用代收代付方式时应注意：

1. 银行在与委托单位办理代收代付业务时必须事先签订委托协议，详细规定双方的权利、义务和责任，本着“谁委托谁交费”的原则，银行要收取一定的费用。

2. 个人客户在委托银行办理代收费业务时，应保证用于扣款的账户在扣款时有足够的款项，否则，银行无法进行正常的扣费。

3. 用于办理代缴费的个人结算账户，其储蓄存折或储蓄卡如丢失，挂失换折（卡）时，有的银行会将该账户注销，另开新账户或补发新卡号的卡，这样，原签约账户将不再具有代缴费的功能，因此，办理挂失、换折（卡）的客户，应向银行网点重新办理签约手续。

4. 客户在银行办理了代缴费业务后，若不再想委托银行进行代缴费，应提供相关证件及时到联网网点撤销代理，否则极易造成重复扣费。

5. 在银行办理代缴费业务发生重复扣费时，客户可到银行联网储蓄网点，提供相关证件并说明情况，待银行与委托单位对账核实后，根据具体情况进行相应的退款处理，非银行负责处理的情况除外。

活动一　办理代发工资业务

业务描述

201×年 1 月 1 日，KW 市佳叶公司来行办理代发工资业务。柜员王莉（柜员号：203002）接待了客户，圆满地完成了业务。

业务流程

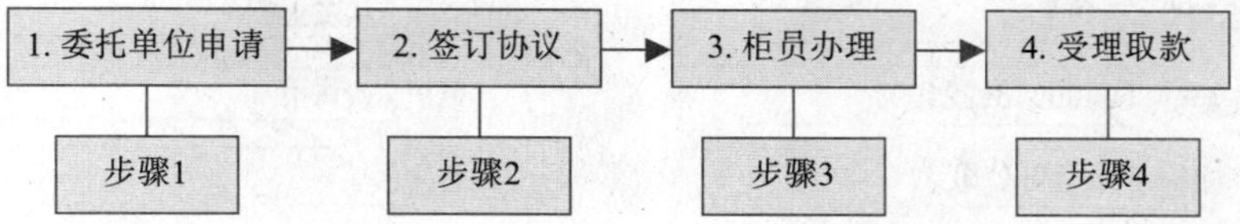

业务实施

步骤1　委托单位申请：

（1）受理委托单位提出的《代发工资申请书》（见图5－1）。

（2）受理代发单位提供的所有参加代发工资的员工的有效身份证件复印件。

（3）为委托单位员工开立账户。

步骤2　签订协议：委托单位与银行签订代发工资协议，协议内容包括双方的职责、操作程序、代理费用等。如果委托单位未在本行开立基本账户的，需要提供相关申请资料（比照开户手续）。

步骤3　柜员办理：

（1）受理委托单位按本次代发工资总额开具的转账支票、进账单和当月代发工资清单（新开户的提供身份证件号码），工资清单及身份证件清单均应加盖委托单位公章或财务专用章。

代发工资申请书

模拟银行KW市分行：

兹有KW佳叶公司已在☑一、你行开立了基本存款账户，账号为：**50100013522 1001，**　□二、________银行开立了基本账户，账号为：________。特申请向你行办理代发工资业务。每次代发时由我单位出具转账支票及代发工资清单，对于首次代发人员的身份证号码由我单位在工资清单上提供并对其真实性承担全部责任，你行无需再进行审查。

特此申请！

本申请一式两份，一份银行附首次代发传票附件，一份银行归档。

注：有选项的在□内打√。

单位名称：KW佳叶公司

（单位盖章）

法定代表人：张明

201×年1月1日

KW市佳叶公司（章）

图5－1　代发工资申请书

（2）凭委托单位开出的转账支票从其账户扣款转至代发工资专户，如为他行支票的须待款项收妥后方能办理代发工资业务。

（3）在中间业务系统按操作步骤建立单位代理关系（第一次）及职工个人代理关系（新开户的），见图5－2。

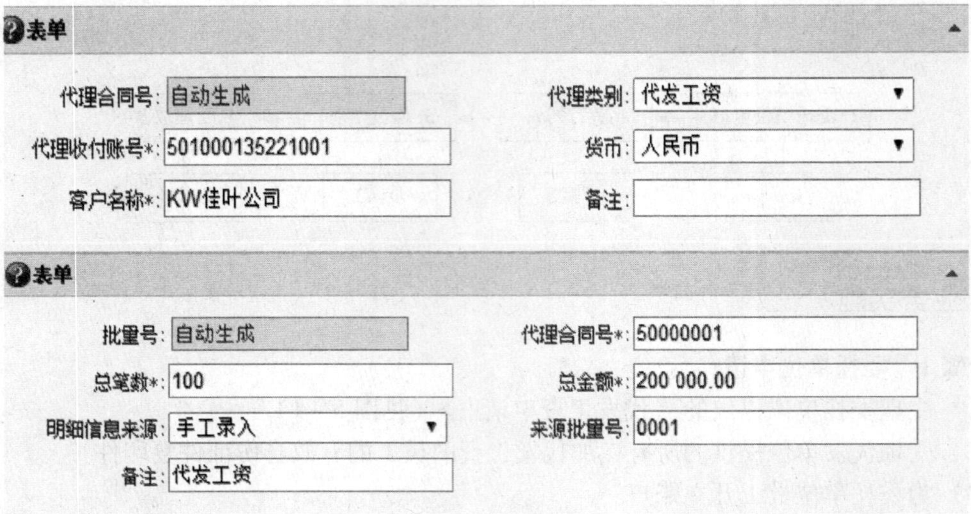

图 5－2 单位代理关系操作界面

（4）根据工资清单录入代发数据并与收妥委托单位划转的代发总额进行核对。

（5）向主机发送代发数据并确定入账日期。

（6）入账日接受主机入账数据，如有新开户的按系统提示接受打印存折，同时接受代发清单代传票（委托单位提供的工资清单及身份证件名称号码清单代传票附件）。

（7）新开户的存折或银行卡分别按以下不同情形进行处理：

①如开户行使用的凭证为存折的直接凭委托单位的授权书（见图 5－3）办理领取手续，银行审查授权委托书及领取人的身份证件（审查原件并复印粘贴在委托书背面），经领取人签收后并发放代发人员使用。

授权委托书

模拟银行 KW 市分行：

兹有KW 佳叶公司已在你行办理了代发工资业务，现我单位全权委托 **曾俊** （身份证号码：**501001197807080954**）前往你行办理领取我单位本次代发人员☑银行卡、□存折，请你行受理，由此引起的一切经济责任由我单位承担。

本次领取的☑银行卡、□存折，起止号码：**4532 6002 8174 9001** 至 **4532 6002 8174 9100**，共领取 **100** □本、☑张。

如领取的为银行卡采取的卡解锁方式为：□一、批量解锁：采取此方式引起的密码泄漏在代发人员向我单位领卡前造成的代发人员资金损失由我单位承担，代发人员向我单位领卡后造成的资金损失由代发人员本人承担。☑二、逐户解锁：采取此种方式由我单位代发人员持银行卡及本人身份证逐户到你行申请办理解锁，由于密码汇泄漏造成的资金损失由代发人员本人承担。

如领取的为存折，对初始化密码的保密由我单位负责并督促代发人员及时到银行办理更改密码手续。

注：有选项的在□内打√。

领取人签字：曾俊

单位名称：KW 佳叶公司

（单位盖章）

法定代表人：张明

201×年1月1日

KW市佳叶公司公章

图 5－3 授权委托书

②如开户行使用的是银行卡的，单位要求对银行卡批量解锁的（授权委托书需填明），在系统中作批量解锁，并审查授权委托书及领取人的身份证件（审查原件并复印粘贴在授权委托书背面），经领取人签收后领取并发放代发人员使用。

③如开户行使用的是银行卡，但单位要求对银行卡解锁方式为逐户解锁（授权委托书需填明）的，审查授权委托书及领取人的身份证件（审查原件并复印粘贴在委托书背面），经领取人签收后并发放代发人员使用。经代发人员逐户凭本人身份证件并持卡到银行办理单户解锁后使用。

（注：授权委托书为两份，一份银行归档备查，一份作存折或银行卡表外付出传票附件。）

步骤4　受理取款：按照活期储蓄存取手续办理取款。

相关知识

职工（客户）凭借代发工资储蓄存折到通存通兑的网点办理存取款时，经办人员应先补登存折，然后按照活期储蓄存取款手续办理；客户可利用免费电话银行进行查询；因存折（储蓄卡）或信用卡丢失等原因办理挂失，需财务部门出具相应证明协助办理挂失手续，并在挂失补发后，将新账号及时通知委托单位财务人员以便及时修改。此期间如遇发工资，则可领取现金，由委托单位财务部门自行处理。

【训练与评价】

201×年1月1日KW市永鑫公司来行办理代发工资业务，柜员王莉接待了客户，圆满地完成了业务。

要求：完成图5－4、图5－5相关内容。

（自评：☆☆☆☆☆　小组评：☆☆☆☆☆　老师评：☆☆☆☆☆　合计：____☆）

代发工资申请书

模拟银行KW市分行：

兹有__________已在□一、你行开立了基本存款账户，账号为：______________　□二、__________银行开立了基本账户，账号为：______________。特申请向你行办理代发工资业务。每次代发时由我单位出具转账支票及代发工资清单，对于首次代发人员的身份证号码由我单位在工资清单上提供并对其真实性承担全部责任，你行无需再进行审查。

特此申请！

本申请一式两份，一份银行附首次代发传票附件，一份银行归档。

注：有选项的在□内打√。

单位名称：

（单位盖章）

法定代表人：

年　月　日

图5－4　代发工资申请书

授权委托书

模拟银行 KW 市分行：

兹有________已在你行办理了代发工资业务，现我单位全权委托_____（身份证号码：_______________）前往你行办理领取我单位本次代发人员☑银行卡、□存折，请你行受理，由此引起的一切经济责任由我单位承担。

本次领取的□银行卡、□存折，起止号码：________________________至________________________，共领取_______□本、□张。

如领取的为银行卡采取的卡解锁方式为：□一、批量解锁：采取此方式引起的密码泄漏在代发人员向我单位领卡前造成的代发人员资金损失由我单位承担，代表人员向我单位领卡后造成的资金损失由代发人员本人承担。□二、逐户解锁：采取此种方式由我单位代发人员持银行卡及本人身份证逐户到你行申请办理解锁，由于密码汇泄漏造成的资金损失由代发人员本人承担。

如领取的为存折，对初始化密码的保密由我单位负责并督促代发人员及时到银行办理更改密码手续。

注：有选项的在□内打√。

领取人签字：

单位名称：

（单位盖章）

法定代表人：

年　月　日

图 5－5　授权委托书

活动二　办理代理收费业务

相关知识

代理收费业务是代理业务中应用范围最广的一种，此类业务几乎涉及社会生活的每一家每一户。代理收费业务是指服务性收费单位与其用户有书面约定缴费委托，银行与收费单位签订协议，代替收费单位向用户收取费用，或由用户委托银行代理其缴纳各种费用的一种服务性金融业务。

业务一描述

客户吴刚来行办理现金缴纳本月固定电话费 215.67 元，柜员王莉（柜员号：203002）接待了客户，圆满地完成了业务。

业务一流程

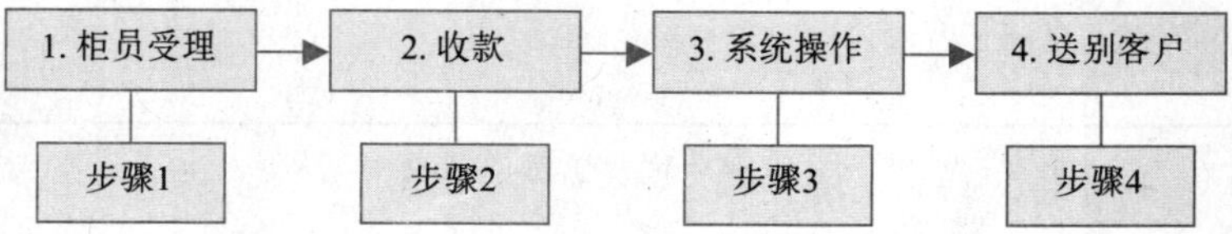

业务一实施

步骤1　柜员受理：客户向柜员提供需缴费号码。柜员选择实时缴费交易，根据客户提供的电话号码，查询客户应缴费金额。与客户确认户名和电话号码，告知应缴费金额。

步骤2　收款：收取客户缴纳的款项。

步骤3　系统操作：

（1）操作柜员终端，进行“代收固定电话费”交易，选择缴费方式（现金、转账），输入缴费金额，核对屏幕输入内容正确后，按照程序提示进行缴费处理（见图5－6）。

（2）打印发票，审核打印内容是否正确、完整。

（3）在发票各联上加盖现金清讫章及名章。

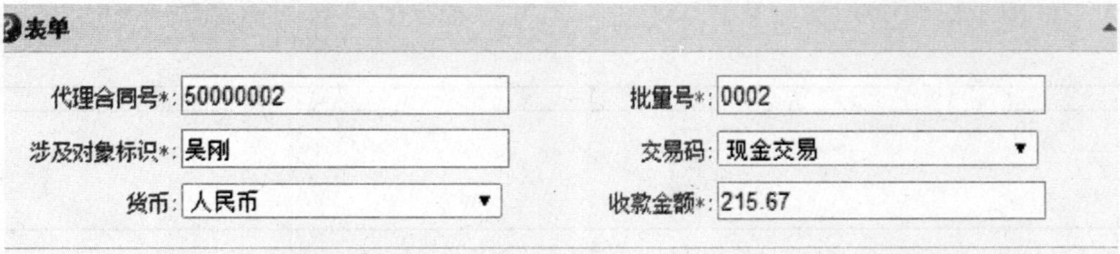

图5－6　现金收费操作界面

步骤4　送别客户：将发票回执联交客户，将发票留存联按类存放，结束该笔交易。

业务二描述

201×年2月1日，客户杨瑞持水费发票及活期存折来行办理委托代缴水费业务，金额326.80元，柜员王莉（柜员号：203002）接待了客户，圆满完成了业务。

业务二流程

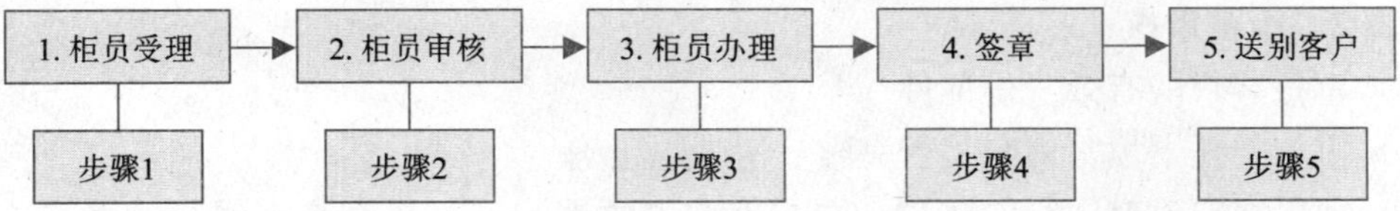

业务二实施

步骤1　柜员受理：受理客户提交一式二联《代理转账收付委托书》（见图5－7）、存折、水费发票和身份证件。

银行代理转账收付委托书 1

兹立委托书，委托模拟银行，依照下列指定项目单位提供的付款或收款信息，以无折转账方式于下述“委托转账账号”进行转账付款或收款。

<table>
<tr><td rowspan="10">客户填写</td><td colspan="2">委托人姓名：杨瑞</td><td colspan="3">委托转账账号：4809962001200632188</td></tr>
<tr><td colspan="2">委托人身份证件号：532901197705040910</td><td colspan="3">客户编号：0025121703</td></tr>
<tr><td colspan="2">通信地址：W市××路118号</td><td colspan="2">联系电话：88755357</td><td>邮编：650222</td></tr>
<tr><td colspan="2">原账户户名（变更时填写）：</td><td colspan="3">原账户账号（变更时填写）：</td></tr>
<tr><td colspan="5">客户为：　委托人本人☑　　　代理人 □</td></tr>
<tr><td colspan="2">代理人姓名：</td><td colspan="3">代理人身份证件号：</td></tr>
<tr><td rowspan="4">请选择或填写所需项目并在□内打勾</td><td colspan="2">委托转账付款</td><td colspan="2">委托转账收款</td></tr>
<tr><td>水 ☑</td><td>住宅电话 □</td><td colspan="2">保险给付 □</td></tr>
<tr><td>电 □</td><td>移动电话 □</td><td colspan="2"></td></tr>
<tr><td>煤 □</td><td></td><td colspan="2"></td></tr>
</table>

银行打印	

委托人（代理人）声明：已核对确认银行打印的内容无误。阅读并同意遵守模拟银行如下规定：

1. 委托人必须是指定转账账户所有人，指定账户可以支付委托人本人及他人的多项费用及领取本人的多项款项。
2. 若客户为代理人，代为办理委托时须同时提供代理人和委托人身份证件。
3. 上述各委托项目须经银行与相关公司进行信息确认，每项委托关系自经确认无误并首次发生转账收付之日起生效。
4. 委托账户因存款余额不足或因发生挂失、冻结、结清造成无法转账收付而产生的后果，由委托人自负。
5. 本委托书一式二联，第一联受理银行留存，第二联委托人保存。

委托人（代理人）签章：　杨瑞　　　日期：201×年2月1日

受理银行签章：模拟银行KW市分行　　　经办签章　王莉　　　日期：201×年2月1日

图5－7　代理转账委托书

步骤2　柜员审核：

（1）审核客户的有效身份证件。

（2）审核委托书填写内容是否完整、清晰、正确。

（3）如果客户没有银行的账户，要求客户开立账户；如果客户有银行的账户，要审核该账户是否为本行受理的账户，是否为本人的账户。

步骤3　柜员办理：操作柜员终端，进行“代理业务”操作，录入客户信息，确认交易成功（见图5－8）。

步骤4　签章：打印业务受理单，交客户签字，并在代理转账委托书和业务受理单上加盖业务公章和柜员名章。

步骤5　送别客户：将代理转账收付委托书客户回单联、活期存折、发票、身份证件交客户，将代理转账收付委托书留存联按类存放，结束该笔交易，送别客户。

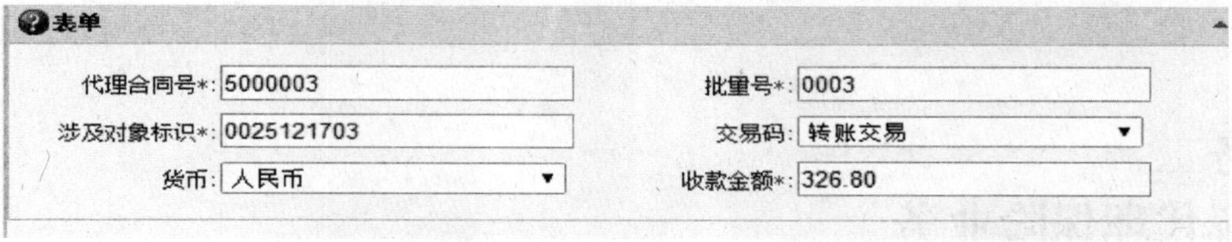

图 5－8　转账收费操作界面

【训练与评价】

201×年 3 月 1 日，客户李爽持电费发票及银行卡来行办理委托代缴水费业务，柜员王莉接待了客户，圆满地完成了业务。

李爽身份证号码：421301198302140532　　电话：68776655

委托转账账号：4213 4928 6005 1978　　客户编号：02517893

地址：KW 市北京路×号　　邮编：650000

要求：完成图 5－9 相关内容。

银行代理转账收付委托书　1

兹立委托书，委托模拟银行，依照下列指定项目单位提供的付款或收款信息，以无折转账方式于下述“委托转账账号”进行转账付款或收款。

客户填写	委托人姓名：		委托转账账号：	
	委托人身份证件号：		客户编号：	
	通信地址：		联系电话：	邮编：
	原账户户名（变更时填写）：		原账户账号（变更时填写）：	
	客户为：　委托人本人□　　代理人 □			
	代理人姓名：	代理人身份证件号：		
	请选择或填写所需项目并在□内打勾	委托转账付款		委托转账收款
		水 □	住宅电话 □	保险给付 □
		电 □	移动电话 □	
		煤 □		
银行打印				

委托人（代理人）声明：已核对确认银行打印的内容无误。阅读并同意遵守模拟银行如下规定：

1. 委托人必须是指定转账账户所有人，指定账户可以支付委托人本人及他人的多项费用及领取本人的多项款项。
2. 若客户为代理人，代为办理委托时须同时提供代理人和委托人身份证件。
3. 上述各委托项目须经银行与相关公司进行信息确认，每项委托关系自经确认无误并首次发生转账收付之日起生效。
4. 委托账户因存款余额不足或因发生挂失、冻结、结清造成无法转账收付而产生的后果，由委托人自负。
5. 本委托书一式二联，第一联受理银行留存，第二联委托人保存。

委托人（代理人）签章：　　　　日期：

受理银行签章：　　　　经办签章　　　　日期：

图 5－9　代理转账委托书

（自评：☆☆☆☆☆　小组评：☆☆☆☆☆　老师评：☆☆☆☆☆　合计：____☆）

任务二
了解代理保险业务

【案例导读】

重庆银监局加强对银行代理保险业务的监管力度

到有的银行存款，拿到手的竟然是保单！这是部分市民在存款时遇到的事情。昨日，重庆银监局发布消息称，该局近年来督促辖内银行业金融机构有效落实《商业银行代理保险业务监管指引》的要求，持续加强对银行代理保险业务的监管力度。

主要包括：加强制度约束，对银行业进行窗口指导。明确规定禁止保险公司人员驻点销售保险产品，银行网点必须取得《保险兼业代理业务许可证》，销售人员必须具有保险销售资格，严禁任何形式的私下销售行为，严禁误导购买和不实宣传等。

重庆银监局称，消费者在银行购买其代理销售的保险产品应注意以下事项：

一是要认真阅读保险合同，尤其是保险条款、产品说明书和投保提示书等，了解保险产品特点、属性和风险。这是监管部门的要求。

二是要认清销售人员资质，是否是持有《保险代理从业人员资格证书》的银行销售人员，警惕其他非银行工作人员的误导宣传。

三是要了解自己的预期，选择适合自己的金融产品。

四是要明晰违约责任。

五是了解犹豫期、电话回访等重要规定。保险产品一般有10天的犹豫期，犹豫期内消费者可无条件解除保险合同。

（资料来源：张彬："存款变保单　今后不行了"，《重庆晚报》，2013年3月5日。）

知识准备

代理保险业务是指银行接受保险公司的委托，以代理人的身份代为办理财产保险和人身保险等保险业务，并向保险公司收取代理手续费的一项中间业务。这项业务在一些银行也被称为"银保通"。银行开办代理保险业务的前提是必须与委托代理的保险公司签订《保险代理合同书》，建立正式的业务代理关系。《保险代理合同书》的内容包括合同当事人的名称、代理人的权利与义务、代理地域范围、代理期限、代理的险种、保险费划拨方式和期限、代理手续费支付标准和方式、违约责任、争议处理。

活动一　办理代理保险承保

业务描述

201×年1月1日，客户杨瑞持身份证件来行购买财产保险，柜员王莉（柜员号：203002）接待了客户，圆满地完成了业务。

业务流程

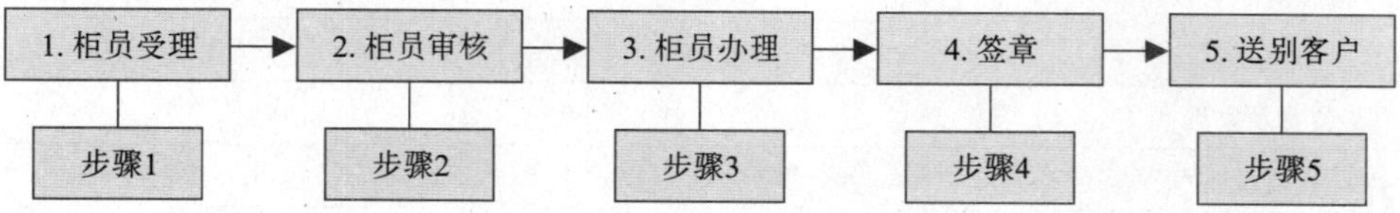

业务实施

小贴士

投保人、被保险人、受益人不一致时，须同时提交投保人、被保险人、受益人身份证件。

步骤1　柜员受理： 客户来银行办理投保业务时，柜员应帮助投保人（代理投保人）正确、完整、清晰地填写一式三联《投保申请书》（见图5－10），同时提请提投保人（代理投保人）提交本人有效身份证件。

步骤2　柜员审核：

（1）审核客户提交的身份证件是否真实有效。

（2）审核《投保申请书》、《银行代理转账收付委托书》的内容是否完整、正确、清晰。对投保金额在5万元以下的保险代理业务可采用柜员制形式，对金额超过5万元的保险代理业务必须经过授权复核。

（3）审核符合承保条件，确认后在《投保申请书》上加盖保险代理业务专用章和经办柜员名章，在投保人和保险公司留存联上加盖保险代理业务专用章。

步骤3　柜员办理：

（1）审核《投保申请书》无误后，柜员将《投保申请书》上的有关内容录入到计算机系统并提交核保。

（2）投保成功后，打印保险单、一式五联的保费发票（收据）及活期一本通存折。

步骤4　签章： 在保费发票（收据）及活期一本通存折上加盖业务公章、名章。由银行柜员出单的保险产品，在核保后，直接向投保人出具保险单，提请投保人在保险单回单联上

财产险投保申请书

投保单号：NO43215

本申请书由投保人如实地、尽可能详尽地填写并签章后作为向本公司投保财产险的依据。本申请书为该财产险保险单的组成部分。

被保险人：**杨瑞**		
保险财产地址：**KW 市北京路 2×1 号**		
保险期限：**12** 个月　自 **201×** 年 **1** 月 **1** 日中午 **12** 时正至 **201×** 年 **1** 月 **1** 日中午 **12** 时正		
建筑情形及周围情况：**符合安全要求**		
保险财产使用性质：**自住**		
是否有警报系统或安全保卫系统：**有**		
以往损失情况：**无**		
保险财产名称	投保金额	每次事故免赔偿
房屋建筑	**1 000**	**1 000 000**
装置及家具		
机器设备		
仓储物		
其他物品		
总保险金额：**1 000**		
费率：**1‰**　　保险费：**1 000**		
备注：		

投保人（签名盖章）**杨瑞**　　　　电话 **13888961××2**

地址 **KW 市北京路 2×1 号**　　　　日期 **201×年1月1日**

图 5－10　投保申请书

签名确认。

步骤 5　送别客户：将保险单正本、收费凭证客户联、有效身份证件、活期存折交给客户，结束业务。

【训练与评价】

201×年3月1日，客户李爽来行投保财产保险，柜员王莉接待了客户，圆满完成了业务。

要求：完成图 5－11 相关内容。

（自评：☆☆☆☆☆　小组评：☆☆☆☆☆　老师评：☆☆☆☆☆　合计：____☆）

财产险投保申请书

投保单号：________

本申请书由投保人如实地、尽可能详尽地填写并签章后作为向本公司投保财产险的依据。本申请书为该财产险保险单的组成部分。

被保险人：		
保险财产地址：		
保险期限： 个月 自 中午 时正至 中午 时正		
建筑情形及周围情况：		
保险财产使用性质：		
是否有警报系统或安全保卫系统：		
以往损失情况：		
保险财产名称	投保金额	每次事故免赔偿
房屋建筑		
装置及家具		
机器设备		
仓储物		
其他物品		
总保险金额：		
费率： 保险费：		
备注：		

投保人（签名盖章）________ 电话________

地址________ 日期________

图 5－11 投保申请书

活动二 办理代付保险金

业务描述

201×年 1 月 1 日，客户杨瑞持身份证来行办理代付第二期保险金业务，柜员王莉（柜员号：203002）接待了客户，圆满地完成了业务。

业务流程

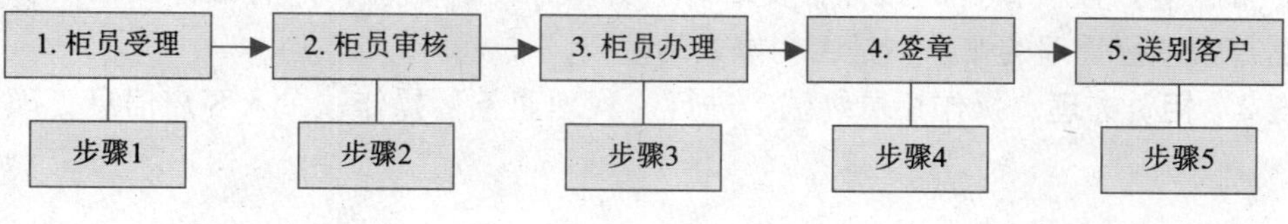

业务实施

步骤1　柜员受理： 受理客户提交一式二联《代理转账收付委托书》（见图5－12）、存折、保单及上期保费发票和身份证件。

银行代理转账收付委托书　1

兹立委托书，委托模拟银行，依照下列指定项目单位提供的付款或收款信息，以无折转账方式于下述“委托转账账号”进行转账付款或收款。

<table>
<tr><td rowspan="9">客户填写</td><td colspan="2">委托人姓名：杨瑞</td><td colspan="2">委托转账账号：4809962001200632199</td></tr>
<tr><td colspan="2">委托人身份证件号：532901197705040910</td><td colspan="2">客户编号：0025121790</td></tr>
<tr><td colspan="2">通信地址：W市××路118号</td><td>联系电话：88755357</td><td>邮编：650222</td></tr>
<tr><td colspan="2">原账户户名（变更时填写）：</td><td colspan="2">原账户账号（变更时填写）：</td></tr>
<tr><td colspan="4">客户为：　委托人本人☑　　　代理人　☐</td></tr>
<tr><td colspan="2">代理人姓名：</td><td colspan="2">代理人身份证件号：</td></tr>
<tr><td rowspan="4">请选择或填写所需项目并在☐内打勾</td><td colspan="2">委托转账付款</td><td>委托转账收款</td></tr>
<tr><td>水　☐</td><td>住宅电话　☐</td><td>保险给付　☑</td></tr>
<tr><td>电　☐</td><td>移动电话　☐</td><td></td></tr>
<tr><td></td><td></td><td>煤　☐</td><td></td><td></td></tr>
<tr><td>银行打印</td><td colspan="4"></td></tr>
</table>

委托人（代理人）声明：已核对确认银行打印的内容无误。阅读并同意遵守模拟银行如下规定：

1. 委托人必须是指定转账账户所有人，指定账户可以支付委托人本人及他人的多项费用及领取本人的多项款项。
2. 若客户为代理人，代为办理委托时须同时提供代理人和委托人身份证件。
3. 上述各委托项目须经银行与相关公司进行信息确认，每项委托关系自经确认无误并首次发生转账收付之日起生效。
4. 委托账户因存款余额不足或因发生挂失、冻结、结清造成无法转账收付而产生的后果，由委托人自负。
5. 本委托书一式二联，第一联受理银行留存，第二联委托人保存。

委托人（代理人）签章：　　**杨瑞**　　　日期：**201×年1月1日**

受理银行签章：　　　　经办签章　王莉　　　　日期：**201×年1月1日**

图5－12　代理转账委托书

步骤2　柜员审核：

（1）审核客户的有效身份证件。

（2）审核委托书填写内容是否完整、清晰、正确。

（3）如果客户没有银行的账户，要求客户开立账户；如果客户有银行的账户，要审核该账户是否为本行受理的账户，是否为本人的账户。

步骤3　柜员办理： 操作柜员终端，进行“代理业务”操作，录入客户信息，确认交易成功。

步骤4　签章：打印业务受理单，交客户签字，并在《代理转账委托书》和业务受理单上加盖业务公章和柜员名章。

步骤5　送别客户：将《代理转账收付委托书》客户回单联、活期存折、发票、身份证件交客户，将《代理转账收付委托书》留存联按类存放，结束该笔交易，送别客户。

【训练与评价】

201×年3月1日，客户李爽持投保申请书、上期保费发票及银行卡来行办理代付保费业务，柜员王莉接待了客户，圆满地完成了业务。

要求：完成图5－13相关内容。

（自评：☆☆☆☆☆　小组评：☆☆☆☆☆　老师评：☆☆☆☆☆　合计：____☆）

银行代理转账收付委托书　1

兹立委托书，委托模拟银行，依照下列指定项目单位提供的付款或收款信息，以无折转账方式于下述“委托转账账号”进行转账付款或收款。

<table>
<tr><td rowspan="10">客户填写</td><td colspan="2">委托人姓名：</td><td colspan="2">委托转账账号：</td></tr>
<tr><td colspan="2">委托人身份证件号：</td><td colspan="2">客户编号：</td></tr>
<tr><td colspan="2">通信地址：</td><td>联系电话：</td><td>邮编：</td></tr>
<tr><td colspan="2">原账户户名（变更时填写）：</td><td colspan="2">原账户账号（变更时填写）：</td></tr>
<tr><td colspan="4">客户为：　委托人本人□　　代理人 □</td></tr>
<tr><td colspan="2">代理人姓名：</td><td colspan="2">代理人身份证件号：</td></tr>
<tr><td rowspan="4">请选择或填写所需项目并在□内打勾</td><td colspan="2">委托转账付款</td><td>委托转账收款</td></tr>
<tr><td>水 □</td><td>住宅电话 □</td><td>保险给付 □</td></tr>
<tr><td>电 □</td><td>移动电话 □</td><td></td></tr>
<tr><td>煤 □</td><td></td><td></td></tr>
</table>

<table>
<tr><td>银行打印</td><td></td></tr>
</table>

委托人（代理人）声明：已核对确认银行打印的内容无误。阅读并同意遵守模拟银行如下规定：

1. 委托人必须是指定转账账户所有人，指定账户可以支付委托人本人及他人的多项费用及领取本人的多项款项。

2. 若客户为代理人，代为办理委托时须同时提供代理人和委托人身份证件。

3. 上述各委托项目须经银行与相关公司进行信息确认，每项委托关系自经确认无误并首次发生转账收付之日起生效。

4. 委托账户因存款余额不足或因发生挂失、冻结、结清造成无法转账收付而产生的后果，由委托人自负。

5. 本委托书一式二联，第一联受理银行留存，第二联委托人保存。

委托人（代理人）签章：　　　　　　日期：

受理银行签章：　　　　　　经办签章：　　　　　　日期：

图5－13　代理转账委托书

任务三
掌握代理国债业务

【案例导读】

利率高于银行理财品　2013 年首期凭证式国债受追捧

2013 年的首期凭证式国债受到了市民追捧。昨天，本市部分银行网点在一个半小时内就将代销的国债全部售罄。由于本次销售的 3 年期和 5 年期国债年利率都达到了 5%之上，与正处于预期收益水平低迷期的理财产品相比，国债吸引了更多市民关注。

“我早上 7 点就到了平山道上的一个银行网点，结果银行一开门，才 4 个人买到了，国债就没有了。”一位老太太告诉银行工作人员。在位于天拖南居民区里的这家城商行网点，老太太终于如愿买到了 3 万元国债。而排在她后面的一位老先生本来是来办理转存的，听说有国债销售，当即决定把到期的 6 万元存款取出，转为购买 3 年期国债。到上午 10 点半左右，记者走访了本市位于居民区中的多家银行网点，发现部分银行网点代销的 3 年期和 5 年期国债都已售完，其余仍有国债销售的银行网点里，剩余的国债也已经不多。据了解，此次发行的 3 年期和 5 年期国债票面年利率分别为 5%和 5.41%，与去年底发行的同类国债相比，利率分别提高了 0.24 个和 0.09 个百分点。与“上浮至顶”的同期限存款利率相比，3 年期和 5 年期国债利率也分别高出 0.325 个和 0.185 个百分点。

而以往锋芒盖过国债的银行理财产品，此时却正处于春节过后的低迷期。在一家国有银行网点，记者看到公告牌上显示该行只有几款保本理财产品正在销售，这些产品的预期年化收益率均在 4%以下。“我们行里暂时没有更高收益的理财产品了。”工作人员表示。在其对面的一家城商行网点，虽然正在销售的几款理财产品预期收益水平略高一些，但即使是起点 20 万元、期限将近 1 年的产品，预期收益率也都在 5%以下。

（资料来源：王婷：“利率高于银行理财品　2013 年首期凭证式国债受追捧”，每日商报，2013 年 3 月 11 日。）

知识准备

我国的国债专指财政部代表中央政府发行的国家公债，由国家财政信誉作担保，信誉度非常高，历来有“金边债券”之称。稳健型投资者喜欢投资国债。

按国债的券面形式可分为三大品种，即无记名式（实物）国债、凭证式国债和记账式国债。其中无记名式国债已停止发行，而后两者则为目前的主要形式，我国又于 2006 年 7

月推出一种新型国债——储蓄国债（电子式），借鉴了凭证式国债的稳健性和记账式国债的灵活性等优势。它们的主要区别如表 5－1 所示。

表 5－1　　凭证式国债、记账式国债、储蓄国债（电子式）的主要区别

类型	凭证式国债	记账式国债	储蓄国债（电子式）
含义	不印制实物券面，采用填制“国债收款凭证”的方式，通过部分商业银行和邮政储蓄柜台，面向城乡居民个人和各类投资者发行的储蓄性国债	又称无纸化国债，是指将投资人持有的国债份额登记于证券账户中，即通过电子债券簿记系统记录债权，而不是通过债券实物证明债权的一种国债	是面向境内中国公民储蓄类资金发行的，以电子方式记录债权的一种不可上市流通人民币债券
债权记录方式	发售银行向投资者出示的纸质记账凭证，即“凭证式国债收款凭证”作为债权记录的证明	通过中央国债登记结算公司和各承办银行债券登记托管系统记录债权，电脑记账，无纸化发行	有专门的计算机系统用于记录和管理投资人的债权，电脑记账，无纸化发行
保管方式	由投资人自行保管	记载在债券账户中	记载在国债托管账户中
发行对象	主要是个人，部分机构也可认购	机构和个人都可以购买	限中国境内个人投资者，机构不允许购买或持有
申购手续	可持现金直接购买	开立证券账户卡或国债账户卡、基金账户卡等，并指定对应的资金账户后购买	开立个人国债托管账户并指定对应的资金账户后购买
买卖时间	在规定的发行期内买卖	随时买卖	在规定的发行期内买卖
流通转让	只能一次性提前兑取，不可流通转让	可自由买卖，上市流通	可以提前兑取，不可以上市流通
还本付息	• 固定利率，分档计息 • 到期按照票面利率一次还本付息，逾期不加计利息	• 固定利率零息、固定利率附息和浮动利率三种 • 每年付息一次，当日通过电脑系统自动完成处理	• 按年付息、利随本清两种 • 到期银行自动将本金和利息转入投资者资金账户，并作为居民存款按活期存款利率计付利息
收益水平	收益率固定，即票面利率，客户持有到期，仅有票面利率收益	• 长期持有收益固定 • 进行买卖可随利率变动而变动，除可得到持有期间的利息收益外，还可通过买卖差价赚取资本溢价收益（或亏损）	收益稳定，票面利率在发行时就已确定
风险程度	风险较小 （因为利率固定，发行时对提前兑取做了规定，投资者所能获得的收益可提前预知）	风险较大 （因为交易价格由市场决定，可能高于或低于发行面值。投资者于到期前卖出，其收益是不能提前预知）	风险较小 （因为利率固定，发行时对提前兑取或终止投资做了规定，投资者所能获得的收益是可提前预知）
承办机构	由各类商业银行和邮政储蓄机构组成的凭证式国债承销团成员的营业网点销售	中国人民银行商财政部后，批准具备条件的商业银行成为柜台交易承办银行办理柜台交易业务	由经财政部会同中国人民银行确认代销试点资格的，并开通相应系统的商业银行营业网点销售

活动一　办理代理发行凭证式国债

业务描述

201×年1月20日，客户杨瑞来行要求购买80 000元的三年期凭证式国债，柜员王莉（柜员号：203002）接待了客户，圆满地完成了业务。

业务流程

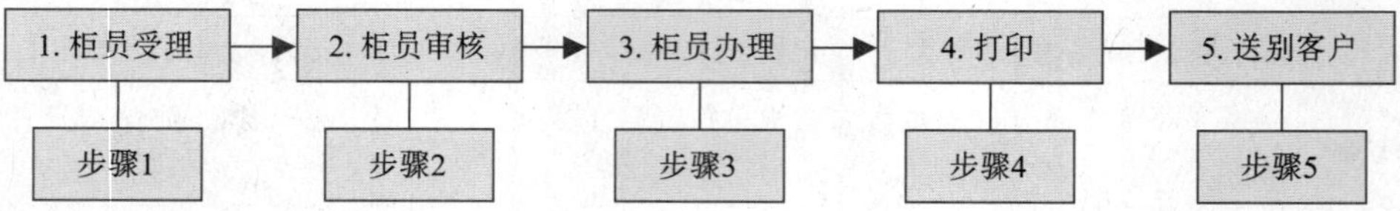

业务实施

步骤1　柜员受理： 询问客户要购买的国债种类和数量，并提请客户提交现金和身份证件。

相关知识

凭证式国债是银行代理国家财政部发行的一种债务凭证，购买起点金额为100元人民币，大于100元人民币必须是百元的整数倍数。凭证式国债按年度、分期次发行，存期一般为二年、三年、五年，购买国债时由银行营业网点向客户签发国债收款凭证，该凭证为记名凭证，可挂失，可在同一城市内通兑，到期或提前兑付凭该凭证支取本息。同时，对于凭证式国债国家免征利息税。凭证式国债不得部分提前兑付，提前兑付的国债要收取手续费。

步骤2　柜员审核： 柜员审核身份证件，清点现金核对相符后登记现金票面，现金入库，留存客户身份证件复印件。

步骤3　柜员办理： 操作柜员终端，进行“凭证式国债开户”交易，依次输入客户姓名、期次、存期、金额身份证件号码等各项开户资料，并按序使用重要空白凭证，输入凭证式国债收款凭证编号。如客户选择密码支取方式，必须由客户通过密码小键盘输入密码，录入后提交。

步骤4　打印： 打印凭证式国债收款凭证（见图5－14）和个人业务存款凭证（见图5－15），请客户在个人业务存款凭证上签名。在凭证式国债收款凭证上加盖存单折专用章及名章，在个人业务存款凭证上加盖现金清讫章及名章。

中华人民共和国凭证式国债收款凭证

模拟银行　　　　　　　　　　　　　　　　ⅨⅡ0000095

购买日期	起息日期	密印	年度	期次	期限	年利率	到期日期	柜员号
201×-1-20	201×-1-20	密	201×	05	3年	4.76%	201×-1-20	203002

账号 **54370200010245631754**　户名 **杨瑞**　原账号________

金额（大、小写）**人民币捌万元整**　¥80 000.00

银行签章

模拟银行KW市分行 存单（折）专用章 （02）

兑取日期	计息天数	年利率	利息	柜员号

缴款人收执

兑取时：复核　出纳　记账　购买时：复核　出纳　记账 王莉

图5-14　凭证式国债收款凭证

步骤5　送别客户：将凭证式国债收款凭证及客户身份证件一并交客户，将个人业务存款凭证按类存放，结束该笔业务。

个人业务存款凭条

201×年1月20日

银行打印	**户名 杨瑞　账（卡）号 54370200010245631754　顺序号 0121** **币种 人民币　钞汇标志 钞　存款金额 ¥80 000.00** **业务种类 国债　存期 三年　转存标志　转存期限** **日期 201×0120　日志号 43050883　交易码 3281　流水号 081230　柜员号 203002**
客户备注	账（卡）号________ 币种________ 存期________ □钞 □汇 □到期转存　约定存期____月 □到期不转存 （模拟银行KW市分行 序号 201×-01-20 清算专用章 (02)）

金额	亿	千	百	十	万	千	百	十	元	角	分

客户确认：本人已确认银行打印记录正确无误。　客户签名：杨瑞

事后监督　　　经办人 王莉

图5-15　个人业务存款凭条

【训练与评价】

201×年4月20日，客户李爽持现金50 000元购买3年期凭证式国债，利率为4.76%，其身份证号码为：421301198302140532，凭证式国债账号为：54370200010245631754，柜员王莉接待了客户，圆满地完成了业务。

要求：完成以下步骤及图5-16、图5-17相关内容。

（自评：☆☆☆☆☆　小组评：☆☆☆☆☆　老师评：☆☆☆☆☆　合计：____☆）

中华人民共和国凭证式国债收款凭证

模拟银行　　　　　　　　　　　　　　　　　　　　　　　　　　　　ⅨⅡ0000096

购买日期	起息日期	密印	年度	期次	期限	年利率	到期日期	柜员号

账号________________ 户名________ 原账号__________

金额（大、小写）

银行签章

兑取日期	计息天数	年利率	利息	柜员号

缴款人收执

兑取时：复核　　出纳　　记账　　购买时：复核　　出纳　　记账

图 5－16　凭证式国债收款凭证

个人业务存款凭条

年　月　日

银行打印	户名	账（卡）号		顺序号	
	币种	钞汇标志	存款金额		
	业务种类	存期	转存标志	转存期限	
	日期	日志号	交易码 3281	流水号 081230	柜员号

客户备注	账（卡）号__________ 币种______序号______ 存期______ □钞 □汇 □到期转存　约转存期____月 □到期不转存	客户确认	本人已确认银行打印记录正确无误。 客户签名：______

金额	亿	千	百	十	万	千	百	十	元	角	分

事后监督　　　　经办人

图 5－17　个人业务存款凭条

活动二　办理代理兑付到期凭证式国债

业务描述

201×年1月20日，客户杨瑞购买的80 000元的三年期凭证式国债到期，杨瑞持本人身份证件及来银行提出申请兑付，柜员王莉（柜员号：203002）接待了客户，圆满地完成了业务。

业务流程

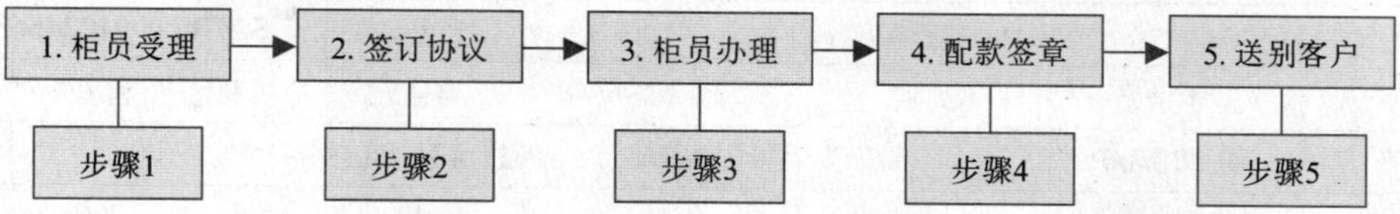

业务实施

步骤1　柜员受理：客户提交凭证式国债收款凭证及本人有效身份证件，柜员与客户确认兑付事宜。

步骤2　柜员审核：柜员审核凭证式国债收款凭证是否为本行签发，同时根据客户提供的凭证式国债收款凭证查询账户情况，审核是否可办理兑付业务，并把客户的身份证件信息记录在凭证式国债收款凭证的背面。

步骤3　柜员办理：

（1）操作柜员终端，进行“凭证式国债兑付”交易，手工输入账号及凭证式国债收款凭证编号，核对屏幕显示账号，编号与凭证式国债收款凭证内容一致后，输入金额，选择到期兑付。

（2）如果账户留有密码需提请客户输入密码，按程序提示进行国债兑付记账处理。

（3）打印凭证式国债收款凭证（见图5－18）、利息清单（见图5－19），审核打印内容是否正确、完整。

步骤4　配款盖章：根据利息清单本息合计金额配款，核点现金并经点钞机复点后，在凭证式国债收款凭证、利息清单上加盖现金清讫章及名章。

中华人民共和国凭证式国债收款凭证

模拟银行　　IX II 0000095

购买日期	起息日期	密印	年度	期次	期限	年利率	到期日期	柜员号
201×－1－20	201×－1－20	密	201×	05	3年	4.76%	201×－1－20	203002

账号54370200010245631754　户名 杨瑞　原账号 54370200010245631754

金额（大、小写）人民币捌万元整　¥80 000.00

银行签章

缴款人收执

模拟银行KW市分行　201×-01-20　清讫章　(02)

模拟银行KW市分行　储蓄（业务）专用章　(01)

存取（日期）	计息天数	年利率	利息	柜员号
201×0120	3年	4.76%	11 424.00	203002

兑取时：复核　出纳　记账　王莉　　购买时：复核　出纳　记账　王莉

图5－18　凭证式国债收款凭证

储蓄存款利息清单

201×年1月20日

户名	杨瑞			账号	54370200010245631754		
储种	本金	类别	利率%	利息	应税利息	利率%	税金
国债	80 000.00		4.76	11 424.00			
网点号	现转标志	税后利息	税后本息合计	操作	备注		
0805	现钞	11 424.00	91 424.00	203002			

第二联 客户留存　　事后监督　　复核（授权）　　经办人 王莉

图 5－19 利息清单

步骤 5 送别客户：将利息清单回执联、现金一并交客户，将凭证式国债收款凭证、利息清单记账联按类存放，结束该笔业务。

【训练与评价】

201×年 4 月 20 日，客户李爽购买的 50 000 元 3 年期凭证式国债到期，李爽持本人身份证件来银行提出兑付申请，柜员王莉接待了客户，圆满地完成了业务。

要求：完成图 5－16、图 5－20 相关内容。

（自评：☆☆☆☆☆　小组评：☆☆☆☆☆　老师评：☆☆☆☆☆　合计：____☆）

储蓄存款利息清单

年　月　日

户名				账号			
储种	本金	类别	利率%	利息	应税利息	利率%	税金
网点号	现转标志	税后利息	税后本息合计	操作	备注		

第二联 客户留存　　事后监督　　复核（授权）　　经办人

图 5－20 利息清单

活动三 办理代理提前兑付凭证式国债

业务描述

201×年 11 月 30 日，客户王红持本人身份证件及 201×年 1 月 1 日购买的 20 000 元的三年期凭证式国债来银行提出提前兑付申请，柜员王莉（柜员号：203002）接待了客户，圆满地完成了业务。

业务流程

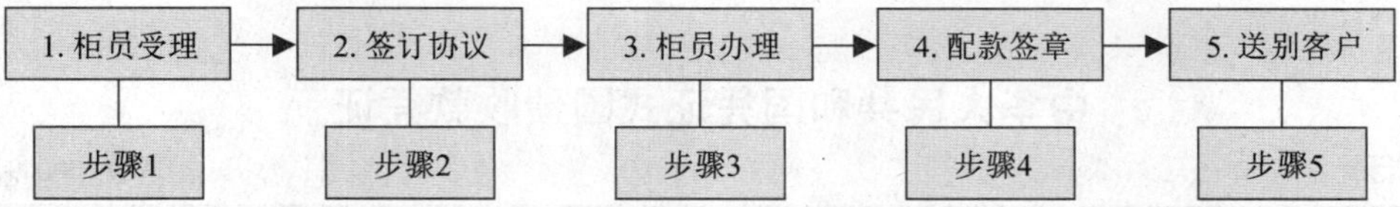

业务实施

步骤1　柜员受理：客户提交凭证式国债收款凭证及本人有效身份证件，柜员与客户确认兑付事宜。

步骤2　柜员审核：柜员审核凭证式国债收款凭证是否为本行签发，同时根据客户提供的凭证式国债收款凭证查询账户情况，审核是否可办理兑付业务，并把客户的身份证件信息记录在凭证式国债收款凭证的背面。

步骤3　柜员办理：

（1）操作柜员终端，进行“凭证式国债兑付”交易，手工输入账号及凭证式国债收款凭证编号，核对屏幕显示账号，编号与凭证式国债收款凭证内容一致后，输入金额，选择提前兑付。

（2）如果账户留有密码需提请客户输入密码，按程序提示进行国债兑付记账处理。

（3）打印凭证式国债收款凭证（见图5－21）、利息清单（见图5－22）、提前兑付手续费清单，审核打印内容是否正确、完整。

相关知识

提前兑付凭证式国债本息时，应按实际持有天数及相应的利率档次计付利息；凭证式国债只能全部提前兑付，不能部分提前兑付。

若上述业务中凭证式国债计息规定：从购买之日起，三年期和五年期本期国债持有期限不满半年不计付利息；满半年不满一年的按年利率0.385%（活期存款利率）计付利息；满一年不满二年的按年利率2.70%计付利息；满二年不满三年的按年利率3.69%计付利息；五年期本期国债持满三年不满四年按年利率4.76%计付利息；持满四年不满五年的按年利率5.13%计付利息。银行将于到期日将国债到期本息一次性拨付至投资者指定个人结算账户，不计复利，逾期兑付不加计利息。转入账户的本息资金按活期存款利率计付利息。提前兑付的国债按兑付本金数的1‰收取手续费。

则客户王红属于“满半年不满一年”的情况，应按活期存款利率0.385%计付利息。

$$
\begin{aligned}
\text{王红的应兑付的本息} &= \text{本金} - \text{手续费} + \text{利息} \\
&= 20\,000 - 20\,000 \times 1‰ + 20\,000 \times 0.385\% \div 360 \times 333 \\
&= 20\,000 - 20 + 71.23 = 20\,051.23\ (\text{元})
\end{aligned}
$$

步骤4　配款盖章：根据本息合计扣除提前兑付手续费后的金额配款，核点现金并经点钞机复点后登记票面。在凭证式国债收款凭证、利息清单、提前兑付手续费清单上加盖现金清讫章及名章。

步骤5　送别客户：将利息清单回执联、现金、提前兑付手续费清单回执联一并交客户，将凭证式国债收款凭证、利息清单、提前兑付手续费清单、记账联按类存放，结束该笔业务。

中华人民共和国凭证式国债收款凭证

模拟银行　　　　IXⅡ0000097

购买日期	起息日期	密印	年度	期次	期限	年利率	到期日期	柜员号
201×-1-1	201×-1-1	密	201×	01	3年	4.76%	201×-1-1	203002

账号 54370200010245631869　户名 王红　原账号 54370200010245631869　缴款人收执

金额（大、小写）人民币贰万元整　　¥20 000.00

银行签章

兑取日期	计息天数	年利率	利息	柜员号
201×1130	333	0.385%	71.23	203002

模拟银行KW市分行 201×-11-30 清讫章 (01)

模拟银行KW市分行 存单（折）专用章 (01)

兑取时：复核　　出纳　　记账 王莉　　购买时：复核　　出纳　　记账 王莉

图5-21　凭证式国债收款凭证

储蓄存款利息清单

201×年11月30日

户名	王红			账号	54370200010245631798		
储种	本金	类别	利率%	利息	应税利息	利率%	税金
国债	20 000.00		0.385	71.23			
网点号	现转标志	税后利息	税后本息合计	操作	备注		
50701	现钞	71.23	20 071.23	3001			

模拟银行KW市分行 201×-11-30 清讫章 (01)

结算

第二联　客户留存　　事后监督　　复核（授权）　　经办人 王莉

图5-22　利息清单

【训练与评价】

201×年8月20日，客户李悦持本人身份证件及201×年5月1日购买的50 000元3年期凭证式国债来行办理提前兑付，账号为5437020001024567389，柜员王莉接待了客户，圆满地完成了业务。

要求：计算利息并完成图5-23、图5-24相关内容。

（自评：☆☆☆☆☆　小组评：☆☆☆☆☆　老师评：☆☆☆☆☆　合计：____☆）

中华人民共和国凭证式国债收款凭证

模拟银行　　　　　　　　　　　　　　　　　　IX Ⅱ 0000096

购买日期	起息日期	密印	年度	期次	期限	年利率	到期日期	柜员号

账号________________ 户名__________ 原账号______________

金额（大、小写）

银行签章

兑取日期	计息天数	年利率	利息	柜员号

缴款人收执

兑取时：复核　　出纳　　记账　　购买时：复核　　出纳　　记账

图 5－23　凭证式国债收款凭证

储蓄存款利息清单

年　月　日

户名				账号			
储种	本金	类别	利率%	利息	应税利息	利率%	税金
网点号	现转标志	税后利息	税后本息合计	操作	备注		

第二联　客户留存　　事后监督　　复核（授权）　　经办人

图 5－24　利息清单

任务四
了解代理证券、基金业务

【案例导读】

小李的“3 万元”

小李刚从学校毕业没多久，就在一家外企里摇身一变成了小白领，朋友们都羡慕小李有一份不菲的收入，可小李却有自己的苦衷。原来小李是一个不折不扣的“月光族”，每个月和朋友上街“血拼”几次后，账户上的钱就所剩无几了，离购房的梦想是越行越远。好在年终公司晚宴上小李拿到了企盼已久的 3 万元年终奖，这次小李决定开始认真理财了，首先她想到了投资。小李想拿这 3 万元去投资股票，可对股票又不懂，行情也不清楚，再说也没有时间盯盘；想将其存为定期存款吧，可利息又少得可怜；听朋友说到银行买点基金是一个不错的主意，可小李却对基金不了解。

活动一　办理第三方存管业务

业务描述

201×年1月10日，客户李爽持本人身份证件来行办理第三方存管业务，柜员王莉（柜员号：203001）接待了客户，圆满地完成了业务。

业务流程

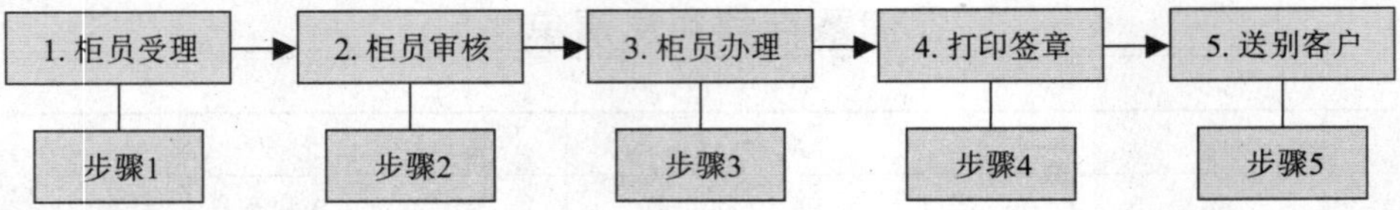

业务实施

步骤1　柜员受理：提请客户填写《证券代理业务协议书》（一式三联）和《模拟银行客户交易结算资金第三方存管业务申请表》（一式三联）（见图5－25），将本人有效身份证件原件及复印件、同名证券账户卡原件及复印件、借记卡一并交银行柜员。

相关知识

第三方存管业务是指证券公司将客户交易结算资金（俗称保证金）独立于自有资金，交由独立于证券公司的第三方存管机构存管。这里的第三方存管机构，目前是指具备第三方存管资格的商业银行。银行负责客户交易资金的存管，为投资者提供银证转账、客户交易结算资金存取及查询资金变动等功能。

步骤2　柜员审核：银行操作员审核《证券代理业务协议书》和《模拟银行客户交易结算资金第三方存管业务申请表》填写是否规范、内容是否完整，证件和资料是否齐全、有效。

步骤3　柜员办理：进入"新客户签约交易菜单"刷卡读入借记卡号，提请投资者输入借记卡密码，录入券商机构代码、同名股东代码卡个数，选择股东账号类别及输入股东代码卡号，提请投资者设置存管账户密码与证券交易密码，选择邮寄对账单选项，录入投资者资料，经审核无误，提交系统处理。

步骤4　打印、签章：柜员收到受理成功信息后，打印并审核《新客户签约》回单一式二联，交投资者签字确认，在《证券代理业务协议书》、《模拟银行客户交易结算资金第三方存管业务申请表》和《新客户签约》回单上加盖银行业务章和操作员名章。

步骤5　送别客户：将投资者提交的《证券代理业务协议书》和《模拟银行客户交易结算资金第三方存管业务申请表》的银行留存联和《新客户签约》回单的第一联留存；另一

第一联：银行留存

模拟银行客户交易结算资金第三方存管业务申请表

申请日期：201×年1月10日

申请人姓名	李爽		
申请人证件类型	身份证		
证件号码	421301198302140532		
联系电话	88776655	手机	130989890×
联系地址	KW市北京路×号		
邮政编码	×50000		
电子邮箱地址	stin×@126. com		
开户证券公司	金×证券		
第三方存管资金账号	4902802892089022		
借记卡卡号	（注：请您填写已办理第三方存管业务的借记卡） 4213 4500 8765 9875 631		
申请事项	请您在办理业务的方框内打√ 申请业务类型： ☑签约 ☐取消签约 ☐第三方存管账户密码变更 ☐借记卡密码变更 ☐借记卡卡号变更　　借记卡卡号变更为： ☐手机号码变更　　手机号码变更为： ☐其他变更		

兹申明以上填写内容属实，办理签约业务时，本人已填写、知悉并自愿遵守《证券代理业务协议书》

申请人签名：李爽

申请日期：201×年1月10日

银行经办网点（盖章）：　　模拟银行KW市分行 存单（折）专用章（01）　　银行操作员：王莉

受理日期：201×年1月10日

（银行打印区）

图5-25　模拟银行客户交易结算资金第三方存管业务申请表

联《新客户签约》回单、《证券代理业务协议书》和《模拟银行客户交易结算资金第三方存管业务申请表》的客户留存联连同借记卡、证件的原件交还投资者，《证券代理业务协议书》和《模拟银行客户交易结算资金第三方存管业务申请表》的证券公司留存联汇总后移交证券公司。

【训练与评价】

201×年2月20日，客户李悦持本人身份证件来行办理第三方存管业务，柜员王莉（柜员号：203001）接待了客户，圆满地完成了业务。

李悦身份证号：452901197605030910 手机：1309090909 联系电话：77665544

联系地址：KW市×路×号 邮编：×50000 开户证券公司：金×证券

第三方存管资金账号：536367457654 借记卡卡号：8765 9839 8908 9056536

要求：完成图5-26相关内容。

第一联：银行留存

模拟银行客户交易结算资金第三方存管业务申请表

申请日期：年 月 日

申请人姓名			
申请人证件类型			
证件号码			
联系电话		手机	
联系地址			
邮政编码			
电子邮箱地址			
开户证券公司			
第三方存管资金账号			
借记卡卡号	（注：请您填写已办理第三方存管业务的借记卡）		
申请事项	请您在办理业务的方框内打√ 申请业务类型： □签约 □取消签约 □第三方存管账户密码变更 □借记卡密码变更 □借记卡卡号变更 借记卡卡号变更为： □手机号码变更 手机号码变更为： □其他变更		

兹申明以上填写内容属实，办理签约业务时，本人已填写、知悉并自愿遵守《证券代理业务协议书》

申请人签名：

申请日期：

银行经办网点（盖章）： 银行操作员：

受理日期：

（银行打印区）

图5-26 模拟银行客户交易结算资金第三方存管业务申请表

（自评：☆☆☆☆☆ 小组评：☆☆☆☆☆ 老师评：☆☆☆☆☆ 合计：____☆）

活动二　办理代理基金交易账户开户

业务描述

201×年3月1日，客户杨东持本人身份证件来银行申请开立个人基金账户（身份证件号码：432301197604073016），柜员王莉（柜员号：203002）接待了客户，圆满地完成了业务。

业务流程

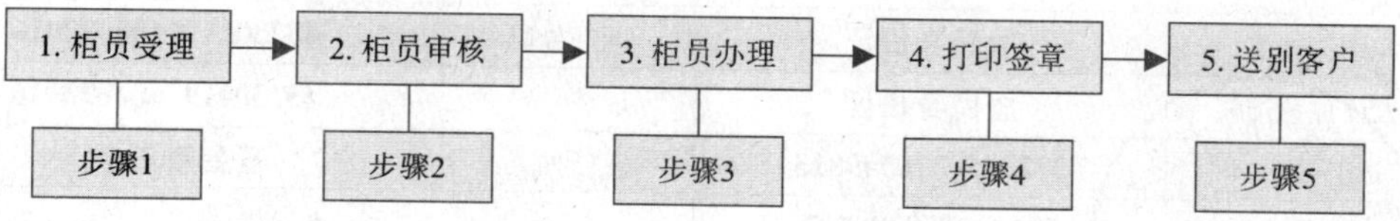

业务实施

步骤1　柜员受理：客户来银行办理基金账户申请业务时，除提供本人有效身份证件外，还应填写一式二联《代理基金开（销）户申请书》（见图5-27）。

相关知识

代理基金业务是指银行接受基金管理人委托，从事代理销售证券投资基金及注册登记的业务。证券投资基金具有组合投资、分散风险、专业管理、规避风险、税负合理（根据我国现行政策，投资者从基金收益中获取的收益免税）等特点。其基本规定如下：

1. 投资人在银行办理证券投资基金交易前，应首先在银行开立基金交易账户。

2. 基金交易账户是银行代理基金注册登记机构为投资人以实名设立的，用以采集投资人客户信息，记录和管理投资人在银行交易的基金种类、数量变化情况的账户。

3. 每个投资人针对同一基金登记注册机构只可开立唯一的基金账户，仅限投资者本人使用。开立须本人亲自办理，不得由他人代办。

4. 在开立基金交易账户时，投资人应同时指定一个基金资金账户；银行柜员为投资人办理任何交易均须通过磁条读卡器读入信息。

步骤2　柜员审核：柜员受理客户申请后，应按规定对相关证件资料进行以下审核：

（1）审核客户的有效身份证件，原件和复印件是否齐全，基金业务只能客户本人办理。

（2）审核客户填写的《代理基金开（销）户申请书》的客户信息栏内容是否完整、清晰、正确。如果客户还没有银行资金账号的，还应填交储蓄开户申请表，开立与基金交易卡（基金账户）捆绑的银行资金账号。

步骤3　柜员办理：柜员审核相关证件无误后，确定符合办理基金开户条件的，开立基金交易卡（基金账户），输入客户的详细个人信息，同时开通转账业务，使新开办的基金账户与客户指定的银行资金账户建立捆绑。

模拟银行代理基金开（销）户申请书

201×年3月1日

业务种类	☑开户	□销户	
申请人	杨东	经办人	杨东
借记卡号	3322450376549813		
投资者证件种类	居民身份证	证件号码	432301197604073016
经办人证件种类	居民身份证	证件号码	432301197604073016
基金账号（开户免填）			
基金注册登记人名称			
申请人		经办人	
投资者证件种类	居民身份证	证件号码	432301197604073016
经办人证件种类	居民身份证	证件号码	432301197604073016
借记卡号	3322450376549813	业务种类	基金账户申请
基金账号	231098758390287	客户签名：	杨东
基金注册人名称	杨东	机构投资人预留印鉴：	
委托号 83121	受理时间 201×-3-1		

模拟银行KW市分行 存单（折）专用章 （01）

银行签章　　复核：　　经办：王莉

图5-27　代理基金开（销）户申请书

步骤4　打印、签章：柜员打印《代理基金开（销）户申请书》和证券业务回单（一式二联），交客户签字，并在《代理基金开（销）户申请书》与证券业务回单上加盖业务公章和柜员名章。

步骤5　送别客户：柜员把《代理基金开（销）户申请书》与证券业务回单的客户回单联与客户身份证件、银行资金账户、基金账户一并交还客户，把《代理基金开（销）户申请书》与证券业务回单的银行记账联留存，整理相关的凭证，结束业务，送别客户。

【训练与评价】

201×年4月1日，客户张荣持本人身份证件来行要求开办一个基金账户，身份证件号码为：530101197605060910，借记卡账户为：4213450069549876，开立的基金账号为：29857938476283。柜员王莉（柜员号：203002）接待了客户，圆满地完成了业务。

要求：完成以下步骤及图5-28相关内容。

（自评：☆☆☆☆☆　小组评：☆☆☆☆☆　老师评：☆☆☆☆☆　合计：____☆）

模拟银行代理基金开（销）户申请书

年 月 日

业务种类	□开户	□销户	
申请人		经办人	
借记卡号			
投资者证件种类		证件号码	
经办人证件种类		证件号码	
基金账号（开户免填）			
基金注册登记人名称			
申请人		经办人	
投资者证件种类		证件号码	
经办人证件种类		证件号码	
借记卡号		业务种类	
基金账号		客户签名：	
基金注册人名称			
委托号	受理时间	机构投资人预留印鉴：	

银行签章： 复核： 经办：

图 5－28 代理基金开（销）户申请书

活动三 办理代理基金申/认购

业务描述

201×年 6 月 1 日，客户杨东持本人身份证件、已开立的个人基金账户和银行资金账户要求申购 30 000 元长城久恒基金（基金代码：200001），柜员王莉（柜员号：203002）接待了客户，圆满地完成了业务。

业务流程

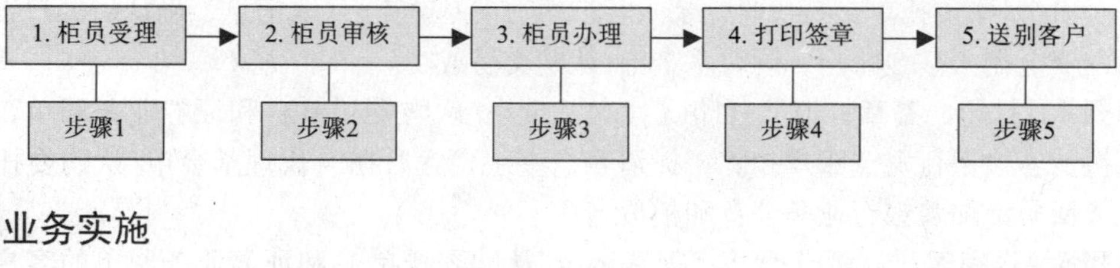

业务实施

步骤 1 柜员受理：客户办理基金的申/认购业务时，应提供本人有效身份证件及复印件、基金交易卡（基金账户）、与交易卡相对应的银行资金账户，并且填写一式二联《代理基金申/认购委托单》（见图5－29）。如果客户银行资金账户余额不足，也可以持现金办理申/认购业务。

模拟银行代理（基金申/认购）委托单

☑基金　☐债券　☐账户金　　　　201×年6月1日

客户填写					
客户名称	**杨东**	证券卡号	**231098758390287**		
被授权人姓名		市场代码			
证券代码	**200001**	证券名称	**长城久恒基金**		
基金客户填写☐认购	☑申购	债券客户填写		账户金客户填写	
金额	**30 000.00**	价格（元/百元）		价格（元/克）	
份额（基金单位）		数量（百元）		数量（克）	
银行打印					
客户名称：杨东 申购日期：201×年6月1日 基金名称：长城久恒基金 基金代码：200001 申购金额：30 000.00	模拟银行KW市分行 业务公章 （01）			银行预留印鉴（机构）	

复核　　　　经办：王莉　　　　客户签名：杨东

图5－29　基金申/认购委托单

步骤2　柜员审核：

（1）审核客户本人的有效身份证件及复印件。

（2）审核客户填写的《代理基金申/认购委托单》内容是否完整、清晰、正确。如果是第一次申购基金时，柜员还需要审核增开基金账户的相关手续是否填写完整，即客户需再次填写开放式基金账户业务申请表，在“增开交易账户”栏内注明要申/认购的基金。

步骤3　柜员办理：

（1）如果客户银行资金账户余额不足时，可持现金来办理基金的申/认购业务，柜员清点现金无误后，应把该款项先存入客户的银行账户。

（2）柜员刷客户银行卡，提示客户输入交易密码，客户输入密码后，进入录入界面，输入基金申/认购委托单交易代码，录入客户填写的基金申/认购信息，确认后客户银行资金账户内的资金划入基金账户，同时基金申/认购交易成功。

步骤4　打印、签章：柜员打印《代理基金申/认购委托单》和证券业务回单，交易手续费直接从客户银行资金账户扣除，提请客户签字，然后在《代理基金申/认购委托单》和证券业务回单上加盖银行业务公章和柜员名章。

步骤5　送别客户：柜员把《代理基金申/认购委托单》和证券业务回单的客户回单联和客户身份证件、基金账户、银行资金账户等一并交给客户，送别客户。

【训练与评价】

201×年6月1日，客户张荣持本人身份证件、已开立的基金账户和银行资金账户要求申购50 000.00元华夏复兴股票证券投资基金（基金代码：000031）。张荣身份证件号码为：530101197605060910，借记卡账户为：4213450069549876，开立的基金账号为：29857938476283。柜员王莉（柜员号：203001）接待了客户，圆满地完成了业务。

要求：完成图5－30相关内容。

模拟银行代理（基金申/认购）委托单

□基金　□债券　□账户金　　　　年　月　日

<table>
<tr><td colspan="6">客户填写</td></tr>
<tr><td>客户名称</td><td></td><td>证券卡号</td><td colspan="3"></td></tr>
<tr><td>被授权人姓名</td><td></td><td>市场代码</td><td colspan="3"></td></tr>
<tr><td>证券代码</td><td></td><td>证券名称</td><td colspan="3"></td></tr>
<tr><td colspan="2">基金客户填写□认购　□申购</td><td colspan="2">债券客户填写</td><td colspan="2">账户金客户填写</td></tr>
<tr><td>金额</td><td></td><td>价格（元/百元）</td><td></td><td>价格（元/克）</td><td></td></tr>
<tr><td>份额（基金单位）</td><td></td><td>数量（百元）</td><td></td><td>数量（克）</td><td></td></tr>
<tr><td colspan="6">银行打印</td></tr>
<tr><td colspan="6">客户名称：
申购日期：
基金名称：
基金代码：
申购金额：
银行预留印鉴（机构）</td></tr>
</table>

复核　　　　经办：　　　　客户签名：

图5－30　基金申/认购委托单

（自评：☆☆☆☆☆　小组评：☆☆☆☆☆　老师评：☆☆☆☆☆　合计：____☆）

活动四　办理代理基金赎回

业务描述

201×年11月1日，客户杨东持本人身份证件、已开立的个人基金账户和银行资金账户要求赎回长城久恒基金（基金代码：200001），柜员王莉（柜员号：203002）接待了客户，圆满地完成了业务。

业务流程

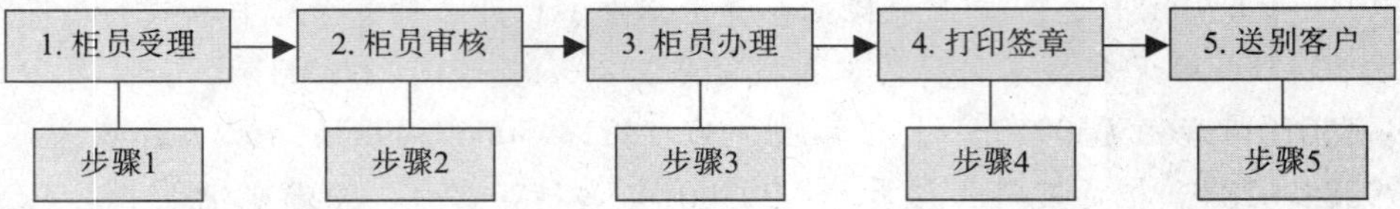

业务实施

步骤 1　柜员受理：客户来银行办理基金赎回业务时，柜员应提请客户提供本人的有效身份证件、基金交易卡、与交易卡相捆绑的银行资金账户，填写一式二联《代理基金赎回/预约赎回委托单》（见图 5－31）。

模拟银行代理（基金赎回/预约赎回）委托单

☑基金　　☐债券　　　　　　　　　　　　　　　　　201×年 11 月 1 日

客户填写				
客户名称	**杨东**	证券卡号	**231098758390287**	
被授权人姓名		市场代码		
证券代码	**200001**	证券名称	**长城久恒基金**	
卖出/赎回数量（百元/份基金单位）		5 000 份	债券卖出价格（元）	
基金赎回方式		☑赎　回 ☐预约赎回	确认编号	
			确认日期	
巨额赎回未成交部分选择		☐延迟到下一开放日 ☐撤销	预约赎回指定日期	年　月　日
银行打印				
客户名称：杨东 赎回日期：201×年 11 月 1 日 基金名称：长城久恒基金 基金代码：200001 赎回份额：5 000			银行预留印鉴（机构）	

模拟银行KW市分行 业务公章

复核　　　　　　　　　　　　经办：王莉　　　　　　　　　　　　客户签名：杨东

图 5－31　代理基金赎回/预约赎回委托单

步骤 2　柜员审核：（1）审核客户本人的有效身份证件原件及复印件；（2）审核客户填写的《代理基金赎回/预约赎回委托单》内容是否完整、清晰、正确；（3）查询客户基金账户，应无挂失、无冻结、无权益、无未完成的交易委托等。

步骤 3　柜员办理：柜员输入基金赎回交易代码，录入客户赎回基金的交易信息，确认后交易成功。日终确认赎回交易价格后，赎回资金将划入与客户基金账户捆绑的银行资金账户。

步骤 4　打印、签章：柜员打印《代理基金赎回/预约赎回委托单》和证券业务回单，提请客户签字；并在《代理基金赎回/预约赎回委托单》和证券业务回单上加盖业务公章和柜员名章。交易手续费直接从客户银行资金账户扣除。

步骤5　送别客户：柜员把客户签好的《代理基金赎回/预约赎回委托单》和证券业务回单客户回单联与客户身份证件、基金卡、银行资金账户等一并交给客户，把客户签好的《代理基金赎回/预约赎回委托单》和证券业务回单银行记账联留存，整理相关的凭证。送别客户。

【训练与评价】

201×年10月1日，客户张荣持本人身份证件、已开立的基金账户和银行资金账户要求赎回华夏复兴股票证券投资基金4 000份（基金代码：000031）。张荣身份证件号码为：530101197605060910，借记卡账户为：4213450069549876，开立的基金账号为：29857938476283。柜员王莉（柜员号：203001）接待了客户，圆满地完成了业务。

要求：完成图5－32相关内容。

模拟银行代理（基金赎回/预约赎回）委托单

□基金　　□债券　　　　　　　　　　　　　　　　年　　月　　日

<table>
<tr><th colspan="5">客户填写</th></tr>
<tr><td>客户名称</td><td></td><td>证券卡号</td><td colspan="2"></td></tr>
<tr><td>被授权人姓名</td><td></td><td>市场代码</td><td colspan="2"></td></tr>
<tr><td>证券代码</td><td></td><td>证券名称</td><td colspan="2"></td></tr>
<tr><td colspan="2">卖出/赎回数量（百元/份基金单位）</td><td></td><td>债券卖出价格（元）</td><td></td></tr>
<tr><td colspan="2" rowspan="2">基金赎回方式</td><td rowspan="2">□赎　回
□预约赎回</td><td>确认编号</td><td></td></tr>
<tr><td>确认日期</td><td></td></tr>
<tr><td colspan="2">巨额赎回未成交部分选择</td><td>□延迟到下一开放日
□撤销</td><td>预约赎回指定日期</td><td>年　月　日</td></tr>
<tr><th colspan="5">银行打印</th></tr>
<tr><td colspan="5">客户名称：
赎回日期：
基金名称：
基金代码：
赎回份额：
银行预留印鉴（机构）</td></tr>
</table>

复核　　　　　　　　　　经办：　　　　　　　　　　客户签名：

图5－32　代理基金赎回/预约赎回委托单

（自评：☆☆☆☆☆　小组评：☆☆☆☆☆　老师评：☆☆☆☆☆　合计：____☆）

小链接

投资开放式基金需要承担的费用

1. 认购费。有前端收费和后端收费两种方式。前端收费是在投资人认购款中一次性扣除，后端收费即在赎回时从赎回金额中扣除。目前国内的开放式股票基金的认购费率一般为认购金额的1% ~2%，复制型基金的认购费率全部为2%，是收费标准中最高的一种。

2. 申购费。申购费率一般为申购金额的1% ~2%，并且适用的费率一般随申购金额的增加而降低，或者随持有时间的增长而降低。

3. 赎回费。法律规定，基金赎回费率不得超过赎回金额的3%，赎回费收入在扣除基本手续费后，余额应该归还基金所有者。

4. 基金管理费。是指支付给实际运用基金资产、为基金提供专业服务的基金管理人的费用。管理费逐日计提，月底由托管人从基金资产中一次性支付给基金管理人，不须另向投资人收取。

5. 基金托管费。是指基金托管人为基金提供服务而向基金投资人收取的费用。托管费逐日计提，按月从基金资产中一次性支付给基金托管人，不须另向投资人收取。

任务五 了解代理个人外汇业务

【案例导读】

出境游、留学引来个人购买外汇热

大家在期盼中迎来了2012年国庆黄金周，如何享受这个“超长”假期是大家愿意讨论的话题。不少人蠢蠢欲动，想到境外去玩几天。出境游就需要当地的货币，因此，想出境游的人都在准备购买外汇。当然，如今留学也热起来了，一些家长也为孩子留学购买外汇。目前，个人外汇购买成了不少人关注的话题。个人购买外汇应注意哪些问题，记者走访了一些商业银行的理财规划师。专家们的建议如下：

第一，根据需要购买外汇。目前，个人年度购汇总额等值5万美元。也就是说，一个三口之家，一年可以换汇15万美元，这完全足够满足到境外旅游或者支付在境外一年的学费和生活费用。购汇额度规定的是购买外汇的上限，购买者不一定非要用足不可，还要根据实际需要购买，若未用完回来后再结汇成人民币，反而会有一定的汇率损失。拥有国际卡的市民，可少换些外汇够零用即可，大笔开销由国际卡代劳，这样做既安全、又方便。

第二，分批换汇或一次性购买。个人在购买外汇时，是一次性购买划算，还是分批换汇更划算呢？专家指出，要视具体情况而定，对有贬值预期的币种，可分批换汇；对有升值预期的币种，可一次购买。比如，人民币对美元、日元小幅升值，留学生可多次分批购汇，可以用较少的人民币购买较多的美元或日元。相反，如果留学生要去的国家货币对人民币升值，就应采取相反的方法，即一次购买。

第三，“货比三家”不可少。购买外汇就像买其他商品一样，也要货比三家。同一家银行在不同时刻的外汇牌价不一样，而同一时刻，不同银行的外汇牌价也存在差别。专家提醒对于不熟悉外汇市场的市民，可以充分利用银行的网站，大部分银行网站都有外汇牌价，工行、农行、中行、建行、交行等大部分银行网站都有及时更新的外汇牌价，工行、中行等网站上还可以查询外汇历史牌价，可以看出某币种一段时间以来的走势。有的银行网站还有非常方便的外汇计算器，只要输入本币金额、本币币种、兑换币种，点击“兑换”就可以根据最新汇率算出兑换后的金额。

第四，套汇购汇有讲究。目前，人民币和美元的汇率相对比较稳定，而美元和其他币种的汇率波动比较大。如果是购买非美元货币，用人民币直接购买，还是先用人民币换美元，再用美元换所要购买的币种，有细微的差别。

（资料来源：刘龙海：“出境游、留学引来个人购买外汇热”，《东南快报》。）

活动一 办理代理个人外汇柜台买卖业务

业务描述

201×年10月1日，客户杨东持本人身份证件、个人外汇储蓄存款账户（活期一本通）来银行办理外汇买卖业务，按实时汇价购入8 000港元，柜员王莉（柜员号：203002）接待了客户，圆满完成了业务。

业务流程

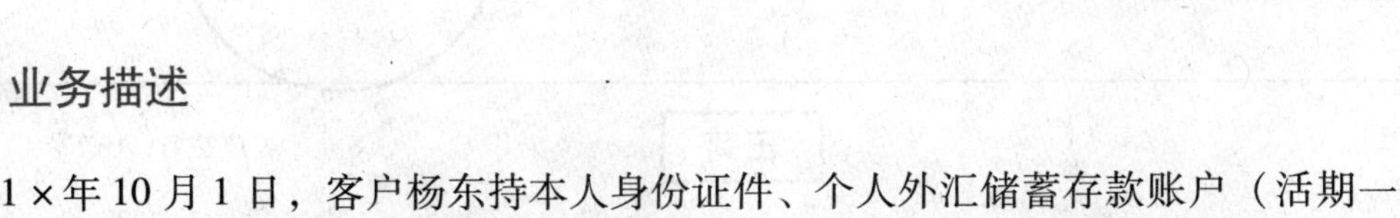

业务实施

步骤1　柜员受理：柜员需提请客户填写一式二联的《个人外汇买卖申请书》（见图5-33），填入申请人姓名、身份证号码、日期、账号或交易金额、买入币种、卖出币种、买入金额或卖出金额。如选择实时交易，则在汇率栏填写“实时”字样；如选择委托交易，则在汇率栏填写委托牌价，交柜台营业人员。同时客户需提交有效身份证件、个人外汇储蓄存款账户（活期一本通）。

第一联　银行留存

模拟银行个人外汇买卖申请书

☑柜台　　　　**201×年10月1日**

客户填写			
客户姓名	**杨东**	证件类型	☑身份证 □护照 □其他____
账（卡）号	**231098758390287**	证件号码	**432301197604073016**
买入币种	**港币**	买入金额	**8000.00**
卖出币种		卖出金额	
交现金额	大写金额：		
	小写金额：		
交易方式	☑ 实时交易	汇率	实时
	□ 委托交易		
银行打印			

客户名称：杨东
交易日期：201×年11月1日北京时间09:45:08时
交易汇率：HK＄100/RMB80.57
交易金额：HK＄8 000.00/RMB6 445.60
账户类型：现汇

模拟银行KW市分行
业务公章
（银行签章）

复核　　　　经办：王莉　　　　客户签名：杨东

图5-33　个人外汇买卖申请书

相关知识

个人外汇买卖可以通过银行营业前台、电话银行或网上银行、自助终端、手机银行进行实盘买卖。个人外汇柜台买卖业务是指持有外币储蓄存款或外币现钞的客户，在银行指定营业机构和规定的交易时间内，通过办理外汇买卖业务的柜台，按银行的外汇买卖报价进行的两种外汇之间的买卖，以规避汇率风险达到个人外汇资产保值增值目的的一种业务。

外汇汇率是指一国货币与另一国货币兑换的比率，是一种货币表示另一种货币的价格，也称为外汇汇价、外汇牌价。根据国际惯例，外汇汇价有两种表示方法：一种是直接标价法，是以一定单位的外国货币为标准来计算应付多少单位的本国货币，我国外汇牌价采取直接标价法；另一种是间接标价法，是以一定单位的本国货币为标准来计算应付多少单位的外国货币。

我国银行业机构报出的外汇牌价一般分为4种：现汇买入价、现汇卖出价，现钞买入价，现钞卖出价。现汇买入价是银行买入现汇时的价格，而现钞买入价是银行买入外币现钞时的价格。现汇（钞）卖出价是银行向客户卖出外汇（钞）的价格，两者相等。

步骤2　柜员审核：

（1）审核客户提交的有效身份证件、活期存折。

（2）审核客户提交的《个人外汇买卖申请书》中各要素填写是否齐全、准确，申请人姓名、身份证号与提供的有效身份证件是否一致，填写的汇率种类与外汇买卖交易的方式是否匹配。

步骤3　柜员办理：刷读客户活期存折，登录系统进入“个人外汇买卖”界面，录入相关资料，汇率执行卖出价。

步骤4　打印、签章：根据系统提示打印《外汇买卖证实书》（一式二联）（见图5-34），提交客户签字确认。在《个人外汇买卖申请书》和《外汇买卖证实书》上加盖业务公章和柜员名章。

个人外汇买卖证实书

科目：（借）　　　　№00051

成交日期	成交时间	交易方式	买入币种	买入金额	汇率	网点	操作
201×-11-01	09:45:08	实时	港币	8 000.00	HK $100/RMB80.57	0805	203002

客户姓名：杨东　　账（卡）号：231098758390287

交易金额：（大写）人民币陆仟肆佰肆拾伍元陆角整　　（小写）RMB6 445.60

您已在我行成功完成外汇买卖

客户签名：杨东

模拟银行KW市分行业务公章

第一联　证实书

复核：　　记账：　　制票：王莉

图5-34　个人外汇买卖证实书

步骤5　送别客户：将有效身份证件、存折及《外汇买卖证实书》客户回单联交客户，结束业务，送别客户。

【训练与评价】

201×年5月1日，客户张荣持本人身份证件、个人外汇储蓄存款账户（活期一本通）来银行办理个人外汇买卖业务。按实时外汇卖出价（USD100/RMB625.48）购入1 000美元，柜员王莉（柜员号：203002）接待了客户，圆满完成了业务。

【要求：完成图5-35、图5-36相关内容】

（自评：☆☆☆☆☆　小组评：☆☆☆☆☆　老师评：☆☆☆☆☆　合计：____☆）

第一联 银行留存

模拟银行个人外汇买卖申请书

☑柜台 年 月 日

客户填写			
客户姓名		证件类型	□身份证 □护照 □其他____
账（卡）号		证件号码	
买入币种		买入金额	
卖出币种		卖出金额	
交现金额	大写金额：		
	小写金额：		
交易方式	□ 实时交易	汇率	实时
	□ 委托交易		
银行打印			
客户名称： 交易日期： 交易汇率： 交易金额： 账户类型： （银行签章）			

复核： 经办： 客户签名：

图 5－35 个人外汇买卖申请书

个人外汇买卖证实书

科目：（借） №00064

成交日期	成交时间	交易方式	买入币种	买入金额	汇率	网点	操作
客户姓名：____ 账（卡）号：____ 交易金额：（大写）____ （小写）____ 您已在我行成功完成外汇买卖 客户签名：____							

第一联 证实书

复核： 记账： 制票：

图 5－36 个人外汇买卖证实书

活动二　办理柜台外币兑换业务

业务描述

201×年12月1日，因出国旅行需要，客户杨东持本人身份证件及有关部门批准材料来银行申请用人民币购买1 000欧元，柜员王莉（柜员号：203002）接待了客户，圆满地完成了业务。

业务流程

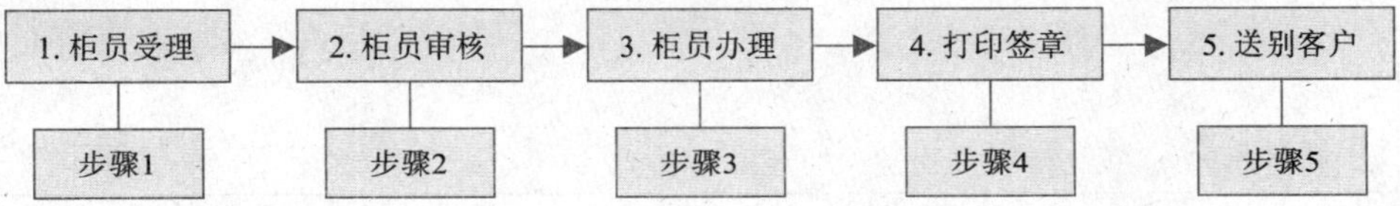

业务实施

步骤1　柜员受理：客户来银行兑换外币时，柜员需提请客户填写《个人结汇、购汇申请书》（见图5－37），提交本人有效身份证件、购汇批准等材料。

相关知识

目前，在我国可兑换的外币主要包括：英镑、港币、美元、瑞士法郎、新加坡元、瑞典克朗、丹麦克朗、挪威克朗、日元、加拿大元、澳大利亚元、欧元、澳门元、菲律宾比索、泰国铢、新西兰元、韩国元等。除此以外的外币在我国是不能兑换的。

步骤2　柜员审核：

（1）审核客户提交的有效身份证件是否真实有效。

（2）审查相关证件及购汇批准件等材料，是否符合外管局人民币兑换外币的相关规定。

（3）审核《个人结汇、购汇申请书》的内容填写是否完整、正确、清晰。

相关知识

根据中国人民银行出台的《个人外汇管理办法》和国家外汇管理局出台的《个人外汇管理办法实施细则》规定，境内个人卖出外汇或购买外汇（即结售汇）实行年度总额管理。年度总额分别为每人每年等值5万美元。个人在一年当中购买等值5万美元以内的外汇，凭本人有效身份证件在银行直接办理。超过限额的，除个人有效身份证件外，还需提供需要支付使用的相关证明材料在外汇指定银行办理。

步骤3　柜员办理：

（1）进入操作系统“外币兑换交易”界面，按照系统提示录入相关要素进行记账操作，同时审查内容登记在打印的兑换水单上。

（2）系统根据外汇牌价自动计算人民币金额，按此金额提请客户交付人民币现钞。

（3）柜员按照“三先三后”的原则清点客户提交的现金，按照核准的外币金额配款。

步骤4　打印、签章：根据系统提示打印一式三联的《结售汇水单》（见图5-38），并交客户确认签字，加盖业务公章及柜员名章。

步骤5　送别客户：将《个人结汇、购汇申请书》和《结售汇水单》的客户回单联、客户有效身份证件及外币一并交付客户，结束业务，送别客户。

个人结汇、购汇申请书

Application for Individual Foreign Exchange Sale and Purchase

<table>
<tr><td>银行打印
For Bank Only</td><td colspan="3"></td></tr>
<tr><td rowspan="8">客户填写
For Customer Only</td><td colspan="3">请选择业务种类　□结汇 FX Sale　☑购汇 FX Purchase
币种及金额 Currency and Amount　EUR 1 000.00</td></tr>
<tr><td colspan="3">外汇申报信息 Claim to the State Administration of Foreign Exchange</td></tr>
<tr><td colspan="3">申请人/代理人姓名
Applicant /Agent's Name　杨　东　/　
申请人/代理人电话
Applicant/Agent's Phone　　/　
申请人职业　　　联系地址
Applicant's Occupation　教　师　　Address　KW市北京路×号</td></tr>
<tr><td rowspan="2">结汇
FX Sale</td><td>境内个人
结汇来源（请按照申请书背面说明填写相应的编号）</td><td></td></tr>
<tr><td>境外个人 Overseas Individual
结汇用途 Purpose of the FX Sale (please refer to the page back in instruction)</td><td></td></tr>
<tr><td rowspan="2">购汇
FX Purchase</td><td>境内个人
购汇用途（请按照申请书背面说明填写相应的编号）</td><td>2 旅游购汇</td></tr>
<tr><td>境外个人 Overseas Individual
购汇来源 Sours of the RMB (please refer to the page back instruction)</td><td></td></tr>
<tr><td colspan="3">申请人或代办人签字
Signature　杨　东　　　日期
Date　201×年12月1日</td></tr>
</table>

模拟银行KW市分行 业务公章

经办：王莉　　复核：周慧　　授权：李敏　　业务公章：

图5-37　个人结汇、购汇申请书

模拟银行结售汇水单

日期：201×年12月1日

客户名称	**杨东**	业务编号	
身份证件名称	**身份证**	证件号码	**432301197604073016**
付款账号		交易日	**201×年12月1日**
收款账号		交割日	**201×年12月1日**
外汇金额	汇　率	人民币金额	
EUR 1 000.00	**8.0781**	**CNY 8 078.10**	
摘要	**个人购汇**		
币种　账号　会计科目	借/贷　金额		
		客户签字：**杨东**	

第一联 记账凭证

模拟银行KM市分行 业务公章

授权：李敏　　复核：周慧　　经办：王莉

图5-38　结售汇水单

【训练与评价】

客户张荣因出国留学需要，201×年6月1日持本人身份证件来银行申请兑换2 000美元，兑换日的汇率为：1美元/6.2719元人民币，张荣身份证号码：530101197605060910。柜员王莉（柜员号：203001）接待了客户，圆满地完成了业务。

要求：完成图5-39、图5-40相关内容。

（自评：☆☆☆☆☆　小组评：☆☆☆☆☆　老师评：☆☆☆☆☆　合计：____☆）

个人结汇、购汇申请书

Application for Individual Foreign Exchange Sale and Purchase

银行打印 For Bank Only			
客户 填写 For Customer Only	请选择业务种类 □结汇 FX Sale □购汇 FX Purchase 币种及金额 Currency and Amount ______		
	外汇申报信息 Claim to the State Administration of Foreign Exchange		
	申请人/代理人姓名 Applicant /Agent's Name ______ / ______ 申请人/代理人电话 Applicant/Agent's Phone ______ / ______ 申请人职业 Applicant's Occupation ______ 联系地址 Address ______		
	结汇 FX Sale	境内个人 结汇来源（请按照申请书背面说明填写相应的编号）	
		境外个人 Overseas Individual 结汇用途 Purpose of the FX Sale (please refer to the page back in-struction)	
	购汇 FX Purchase	境内个人 购汇用途（请按照申请书背面说明填写相应的编号）	
		境外个人 Overseas Individual 购汇来源 Sours of the RMB (please refer to the page back instruction)	
	申请人或代办人签字 Signature ______ 日期 Date ______		

经办： 复核： 授权： 业务公章：

图 5－39 个人结汇、购汇申请书

模拟银行结售汇水单

日期： 年 月 日

客户名称		业务编号		
身份证件名称		证件号码		
付款账号		交易日		
收款账号		交割日		
外汇金额		汇 率	人民币金额	
摘要				
币种 账号 会计科目 借/贷 金额 客户签字：				

第一联 记账凭证

授权： 复核： 经办：

图 5－40 结售汇水单

任务六 掌握代理贵金属业务

【案例导读】

挖掘潜在客户　营销黄金两千克

201×年8月21日，某商业银行滨海支行营业部主任接到一个客户打来的咨询电话。该客户对该行所开展的某几项业务进行了仔细的询问，当客户问到该行的贵金属业务时，表现出极大的兴趣，可对个人贵金属买卖业务又一无所知。该行营业部主任意识到该客户对该行贵金属业务有潜在需求，于是耐心细致地对该客户介绍了该行的贵金属业务：该行目前所经营的贵金属产品品种、价格及优惠活动，然后又告知客户银行的贵金属都出自国家正规的大型造币公司，并且多种产品均由经验丰富的高级设计师设计，成色纯、质量好。尤其重点介绍了该行已经开通了贵金属回购业务，一旦客户急需资金或贵金属涨价，可以将已购买的产品卖给银行获得现金或取得收益，并且向客户介绍了该行办理这些业务非常快捷方便。客户听到这些介绍后非常满意，并在电话中当场表示要购买该行金条1 000克2根，要求该行备好货一会儿前来购买。该行在没有库存的情况下，第一时间与上级行现金中心取得联系，使该行按客户约定的时间将金条及时出售给了客户，得到了该客户的赞许。

（资料来源：http：//www. qhdxw. com/view/250983/，秦皇岛新闻网，2012年11月19日。）

知识准备

一、我国黄金管理体制的历史沿革

1950年出台《金银管理办法》。1983年6月，国务院颁布了《中华人民共和国金银管理条例》——“国家对金银实行统一管理、统购统配政策”。1993年，黄金固定定价制度改为浮动定价制度。1998年，中国人民银行在深圳试办黄金寄售业务。1999年，我国有关专家共同提出了中国放开黄金市场的方案，要经历三个阶段：第一，筹建黄金交易所，改革现行政策及管理体制；第二，全部放开国内市场，允许居民个人持有黄金并进行黄金买卖；第三，与国际市场直接接轨，成为国际黄金市场的真正组成部分。2001年6月1日起，实行黄金周报价制度，使黄金价格进一步与国际黄金市场接轨。2001年11月，黄金制品零售管理审批制改为核准制。2002年10月30日，上海黄金交易所正式开业运行。

二、介绍上海黄金交易所

上海黄金交易所是经国务院批准，由中国人民银行组建，履行上海黄金交易所《黄金交易所管理办法》规定职能，遵循公开、公平、公正和诚实信用的原则组织黄金交易，不以营利为目的，实行自律性管理的法人，于2002年10月30日正式开业。

交易所实行会员制组织形式，会员由在中华人民共和国境内注册登记，从事黄金业务的金融机构、从事黄金、白银、铂等贵金属及其制品的生产、冶炼、加工、批发、进出口贸易的企业法人，并具有良好资信的单位组成。现有会员162家，分散在全国26个省、市、自治区。

三、黄金交易原则

标准黄金、铂金交易通过交易所的集中竞价方式进行，实行价格优先、时间优先撮合成交。非标准品种通过询价等方式进行，实行自主报价、协商成交。会员可自行选择通过现场或远程方式进行交易。

交易所主要实行标准化撮合交易方式。交易时间为每周一至周五（节假日除外）上午9:00~11:30，下午13:30~15:30，晚上21:00~2:30。目前，交易的商品有黄金、白银和铂金，交易标的必须符合交易所规定的标准。黄金有Au99.95、Au99.99、Au50g、Au100g四个现货实盘交易品种，和Au（T+5）与Au（T+D）两个延期交易品种及Au（T+N1）、Au（T+N2）两个中远期交易品种；白银有Ag99.9、Ag99.99现货实盘交易品种和Ag（T+D）现货保证金交易品种；铂金有Pt99.95现货实盘交易品种；中国银行、中国农业银行、中国工商银行、中国建设银行和深圳发展银行、兴业银行和华夏银行等作为交易所指定的清算银行，实行集中、直接、净额的资金清算原则。交易所实物交割实行“一户一码制”的交割原则，在全国37个城市设立55家指定仓库，金锭和金条由交易所统一调运配送。

想一想

个人交易黄金是不是在上海黄金交易所进行交易？

活动一　办理个人实物贵金属业务

业务一描述

201×年4月20日，客户谢柳（身份证号：350102198202164024；通讯地址：KW市中山路58号；联系电话：22331166；邮政编码：356000）到模拟银行KW市分行莲花支行个人业务柜购买20克黄金，柜员王霞（柜员号：203013）接待了她，并办理了该项业务。

业务一流程

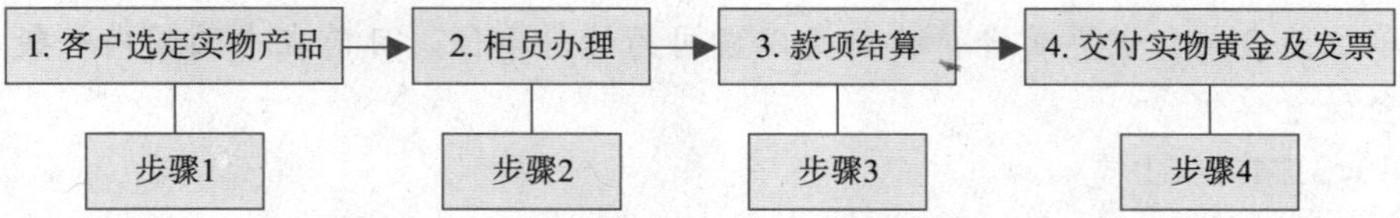

业务一实施

步骤1　客户选定实物产品：客户通过黄金产品展示柜或产品宣传手册选定黄金产品。

相关知识

实物黄金买卖包括金条、金币和金饰等交易，以持有黄金作为投资。一般的饰金买入及卖出价的差额较大，视作投资并不适宜，金条及金币由于不涉及其他成本，是实金投资的最佳选择。

金币有两种，即纯金币和纪念性金币。纯金币的价值基本与黄金含量一致，价格也基本随国际金价波动，具有美观、鉴赏、流通变现能力强和保值功能。纪念性金币具有纪念意义，主要为满足集币爱好者收藏，投资增值功能不大。

黄金现货市场上实物黄金的主要形式是金条和金块，也有金币、金质奖章和首饰等。黄金现货投资有两个缺陷：须支付储藏和安全费用，持有黄金无利息收入。

> 小贴士
>
> 实物金既可以像纸黄金那样买卖交易，也可以买了以后申请提取实物金。

步骤2　柜员办理：银行柜员查询销售价格，填写贵金属销售清单（见图5－41），提交业务系统处理。

贵金属销售清单

客户姓名：**谢柳**　　　　电　话：**22331166**

销售网点：**模拟银行KW市分行莲花支行**　　　　销售日期：**201×年4月20日**

商品名称	规格	购买数量	销售单价	合计金额
黄金	**20克**	**1**	**332元**	**6 640元**
合计	**20克**	**1**	**332元**	**6 640元**

经办：**王霞**　　　　复核：**李建国**

图5－41　贵金属销售清单

相关知识

计量黄金重量的主要计量单位为：盎司、克、千克（公斤）、吨等。国际上一般通用的黄金计量单位为盎司，世界黄金价格都是以盎司为计价单位。目前在中国国内一般习惯于用克来做黄金计量单位。

1 盎司 =31.103481 克

步骤 3　款项结算： 客户用现金或银行卡与银行办理款项结算。

步骤 4　交付实物黄金及发票： 柜员登记黄金产品信息并将黄金产品和发票交付客户。

【训练与评价】

201×年 10 月 20 日，客户谢柳（身份证号：350102198202164024；通讯地址：KW 市中山路 58 号；联系电话：22331166；邮政编码：356000）又到模拟银行 KW 市分行莲花支行个人业务柜购买 100 克黄金，其中 20 克 2 根，30 克 2 根，当日金价 329 元/克。柜员张一强（柜员号：203013）接待了她，并办理了该项业务。

要求：完成以下步骤及图 5－42 相关内容。

（自评：☆☆☆☆☆　小组评：☆☆☆☆☆　老师评：☆☆☆☆☆　合计：____☆）

贵金属销售清单

客户姓名：　　　　　　　　　　　　　　电　话：

销售网点：　　　　　　　　　　　　　　销售日期：

商品名称	规格	购买数量	销售单价	合计金额
合计				

经办：　　　　　　　　　　　　复核：

图 5－42　贵金属销售清单

业务二描述

客户谢柳看着近期国际金价大幅上升，就琢磨着将手中的黄金变现，201×年 11 月 25 日，谢柳到模拟银行 KW 市分行莲花支行个人业务柜将三年内合计购买的 1000 克黄金变现。柜员王静（柜员号：203109）接待了她，并办理了贵金属回购业务。

业务二流程

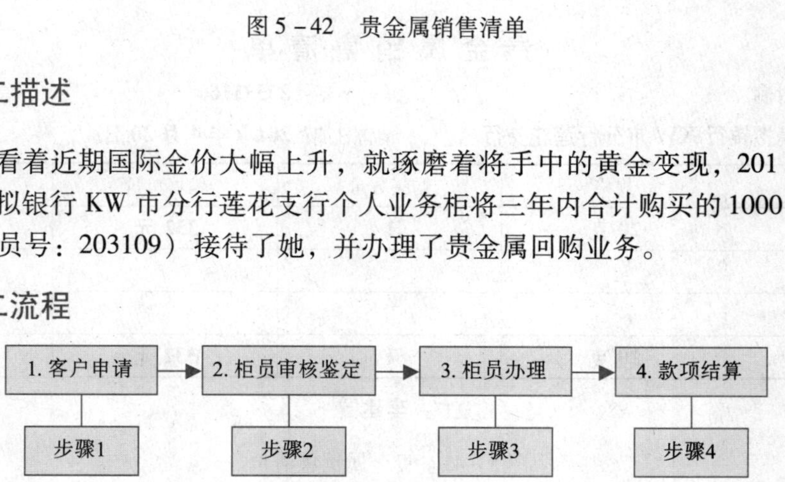

业务二实施

步骤1　客户申请：客户携带身份证、原始购买凭证、银行卡、鉴定证书及包装、防伪标志等完好的黄金产品到银行柜台，填写黄金购回凭证，并将实物黄金及有关资料提交银行柜员。

相关知识

各大银行回购条件有很大不同，但是有一个共同点，只回购自己银行的金条，不回购金币等纪念性黄金。有的银行回购存管在本行的黄金，如果投资者取出金条拿走，无法回购。

金条在回购过程中存在一定手续费，各个机构手续费也有很大差异，回购时间不同价格不同，回购产品品种不同价格不同，通常回购价按照上海黄金交易所的实时黄金价格下浮一定金额，各行销售的黄金产品回购手续费在4～15元/克不等。

小贴士

交通银行于2013年4月11日率先实行黄金跨行回购。可回购成色在99.9%以上的金首饰、金摆件、金条。

步骤2　柜员审核、鉴定：银行柜员审核客户提交的所有相关资料并进行黄金产品购回鉴定，对符合购回标准的黄金产品予以收取并进行登记。

步骤3　柜员办理：银行柜员查询购回价格并提交业务系统处理。

步骤4　款项结算：银行柜员与客户办理款项结算。

活动二　办理个人账户贵金属业务

业务描述

201×年6月19日，客户张茜（身份证号：350102198401232014；通讯地址：KW市仙乐路132号；联系电话：2881298；邮政编码：326000）到模拟银行KW市分行进行个人账户贵金属买卖业务，柜员杨晓（柜员号：104021）受理了该项业务。

业务流程

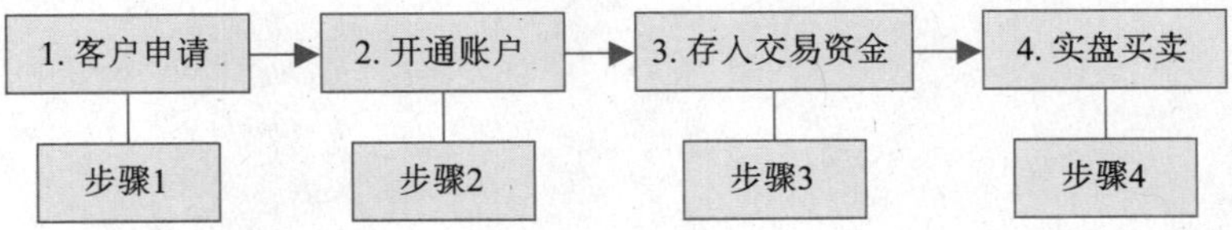

业务实施

步骤1　客户申请：客户持有身份证件到银行各分行下属支行、营业网点申请开办账户贵金属买卖业务，银行柜员提供给客户协议、风险提示书、影像资料等。

相关知识

个人账户贵金属交易业务是指银行依托本行业务处理系统，为客户提供的一种以人民币计价的以账户贵金属为标的交易产品。客户在银行开立账户贵金属账户后，可按照银行提供的买卖双边报价，在规定的交易时间内对账户中的贵金属份额进行买卖。个人账户贵金属交易业务包含账户黄金、账户白银、账户铂金等产品。一般最小交易单位均为1克，最小递增单位均是0.1克。

客户的账户贵金属份额仅在账户中记录，不提取实物，且不同类别账户贵金属份额不得串用。客户可以通过银行网点、网上银行、手机银行和电话银行办理。

银行个人账户贵金属交易时间紧随国际贵金属市场交易时间，交易方式有实时和委托交易，客户可直接按银行的买卖报价实时成交，或指定价格进行委托挂单。委托挂单分为获利买入挂单、获利卖出挂单和止损卖出挂单。

步骤2　开通账户：客户根据个人需要开通网上银行、电话银行、手机银行、银行指定网点投资业务。首次购买账户贵金属需开通证券交易账户和账户贵金属账户。

> **小贴士**
>
> 个人账户贵金属业务需客户开通电子银行业务，尤其是网上银行个人业务，内容详见“项目六”。

步骤3　存入交易资金：客户存入足额资金。

步骤4　实盘买卖：客户通过各网上银行、电话银行、手机银行、网点柜台、自助银行终端等交易方式，以银行为交易对手买入或卖出账户金、银。最小交易单位均为1克，最小递增单位是0.1克。

> **小贴士**
>
> 当天可多次进行交易，卖出贵金属后资金金额到账。

复习与思考

一、判断改错题

1. 我国银行开展代理业务必须遵循先收后付、先存后支、不予垫款的工作原则。（　　）

2. 代理收付款业务是指银行利用自身的清算功能和结算网络，接受客户的委托向第三方代为办理指定款项收转、支付的业务。（　　）

3. 商业银行从事代收代付业务时，不会面临信用风险。（　　）

4. 代发工资实行实名制，个人有效身份证件号码由领款人到银行前台提供和确认。（　　）

5. 银行处理代收代扣业务的方式有实时代缴和主机批量扣划两种方式。（　　）

6. 代发工资续转业务与代发流程基本一样，代理行必须重新为发薪单位设置代发工资编号，为职工建立新的代发工资储蓄账户。（　　）

7. 记账式国债又称为“储蓄式国债”。（　　）

8. 证券投资基金一般分为开放式基金和封闭式基金两种。（　　）

9. 新基金在发行期内买入为申购，申购价为 1 元，但在发行期及封闭期内不能赎回。（　　）

10. 代理保险业务是指银行接受保险公司的委托，以兼业代理人的身份代为办理财产保险和人身保险等保险业务，并向保险公司收取代理手续费的一项中间业务。（　　）

二、单项选择题

1.（　　）国债又称无纸化国债，它是指将投资者持有的国债登记于证券账户中，投资者仅取得收据或对账单以证实其所有权的一种国债。

A. 记账式　　B. 无记名式
C. 凭证式　　D. 储蓄式

2.（　　）国债又称为“储蓄性国债”。

A. 记账式　　B. 无记名式
C. 凭证式　　D. 电子式

3. 在我国，外汇牌价采取以（　　）方法。

A. 人民币直接标价方法　　B. 外币直接标价
C. 人民币间接标价方法　　D. 外币间接标价

4. 证券投资基金一般分为开放式基金和（　　）基金两种。

A. 流通式　　B. 稳健型
C. 封闭式　　D. 风险型

5. 客户保险缴费的方式中的趸缴是指（　　）。

A. 一次性缴付　　B. 分两次缴付

C. 预缴　　D. 推迟缴付

6. 代理收费业务的基本流程包括开立和（　　）两个环节。

A. 受理　　B. 审核

C. 办理　　D. 代收代扣

7. 我国的国债由于信誉度非常好，又被称为（　　）。

A. 金边国债　　B. 黄金国债

C. 铂金国债　　D. 金牌国债

8. 代发工资业务流程主要包括开立、代发、（　　）和取款四个环节。

A. 受理　　B. 审核

C. 续转代发　　D. 通知

三、多项选择题

1. 代发工资业务从领款形式上看，包括（　　）三种形式。

A. 活期存折　　B. 储蓄卡

C. 信用卡　　D. 电话银行

2. 国债的券面形式可分为（　　）三大品种。

A. 储蓄国债（电子式）　　B. 凭证式国债

C. 记账式国债　　D. 账页式国债

3. 银行外汇买卖业务的交易途径包括（　　）。

A. 柜台交易　　B. 自助终端交易

C. 电话交易　　D. 网上交易

4. 凭证式国债的存期可以是（　　）。

A. 一年　　B. 二年

C. 三年　　D. 五年

5. 目前银行实物黄金买卖包括（　　）。

A. 金条　　B. 金币

C. 金饰　　D. 纸黄金

6 项目六 结算业务

学习目标

- ☐ 掌握汇兑业务有关业务规定及基本业务操作
- ☐ 掌握委托收款业务有关业务规定及基本业务操作
- ☐ 掌握银行本票业务有关业务规定及基本业务操作
- ☐ 掌握银行汇票业务有关业务规定及基本业务操作

任务一 处理汇兑业务

【案例导读】

开学季　如何减少异地汇款手续费

9 月，开学季到来。做家长的又将陆续为那些在异地上学的子女们汇款了。如何将汇款费用降至最低或者省掉，应该是这些家长们需要了解的。

目前国内主要的异地汇款方式为柜台办理、ATM 机转账、网银转账和手机银行转账四种，不同转账方式的花费不尽相同。柜台汇款属于最下策，一方面需要填写繁复的汇款单据；另一方面大部分银行都需要缴纳千分之五的汇款手续费，如果汇 1 万元就需要缴纳 50 元的费用。比较来看，一些小型的股份制银行、地方性商业银行的异地汇款手续费要便宜得多，甚至是免费的。

同时，ATM 机转账则是比较方便省时的方式，如恒丰银行的九州卡就可以免掉跨行取款和汇款手续费。同时，个别银行普通客户，每月前三笔异地跨行取款业务也可享免手续费。一些外资银行虽也推出异地跨行取款免费的政策，但其门槛过高，适用人群相对狭窄。

另外，除了单纯从各家银行的汇款费率考虑外，还应相应比较银行间的开户工本费、年费、挂失费及款项到账时间等必要的服务项目，以此避免“捡了芝麻丢了西瓜”的事情发生。

相对于柜台汇款和ATM转账来说，通过手机银行和网上银行转账汇款的折扣更加明显。记者了解到，2012年交通银行手机银行曾开展优惠活动，到2012年12月31日前，跨行或者同行异地转账都是免费的。同时，网络的方便快捷，让银行服务更加多元化。若平常在建行通过柜台办理异地汇款，需要支付千分之五的手续费，单笔最低费用为1元，最高限额50元；使用网上银行，手续费为千分之四，单笔手续费最低1元，最高限额25元；记者算了一笔账，同样是转账1万元，通过网上支付，单笔则能省下25元。

不过，相比银行，很多第三方支付方式能够直接省掉这笔支出。用淘宝购物并不是什么新鲜的事情，但在淘宝上挂出“生活费”来出售，已成为部分学生免除异地汇款手续费的新途径。依附于支付宝的第三方支付，学生在淘宝上开店挂卖生活费，然后让自己的父母来拍。此种方式不仅省去了手续费，同时开启了新一轮的“汇款潮流”。

（新华网：http：//news. xinhuanet. com/finance/2012－09/03/c_ 123665529. htm。）

知识准备

汇兑是汇款人委托银行将其款项支付给收款人的结算方式。汇兑结算广泛应用于各种款项的结算。汇兑因汇款方式的不同可以分为信汇和电汇两种，由汇款人选择使用，目前大多采用电汇方式。

一、汇兑业务流程（见图6－1所示）

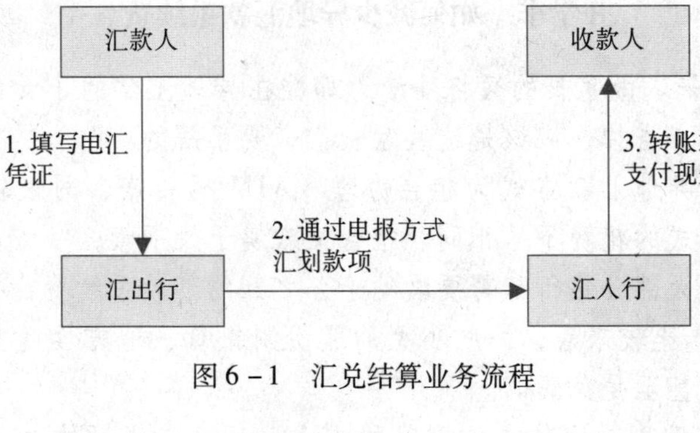

图6－1 汇兑结算业务流程

二、汇兑业务相关规定（见表 6-1）

表 6-1　　汇兑结算种类及相关规定一览表

1. 种类	（1）电汇	• 汇款人委托银行用电报汇款方式将款项支付给收款人 • 电汇速度快、费用较高
	（2）信汇	• 汇款人委托银行用普通邮政的汇款方式将款项支付给收款人 • 信汇速度较慢、费用较低（注：目前已基本上取消信汇业务）
2. 金额限制	• 没有结算起点金额限制	
3. 适用范围	• 单位与单位、单位与个人、个人与个人之间的同城、异地款项的汇划（单位需办理汇兑业务，必须先在银行开立结算账户） • 可以用于转账，收、付款人均为个人的也可以支取现金	
4. 签发汇兑凭证	• 汇兑凭证上欠缺记载事项之一的，银行不予受理 • 表明“信汇”或“电汇”的字样 • 无条件支付的委托 • 确定的金额 • 收款人名称（其在银行开立存款账户的，必须记载其账号） • 汇款人名称（其在银行开立存款账户的，必须记载其账号） • 汇入地点、汇入行名称；汇出地点、汇出行名称 • 委托日期（是指汇款人向汇出银行提交汇兑凭证的当日） • 汇款人签章 • 汇款人和收款人均为个人的，需要在汇入银行支取现金的，应在信、电凭证的汇款金额大写栏，先填写“现金”字样，后填写汇款金额	
5. 汇款回单	• 汇款人办理汇款业务后，及时向银行索取汇款回单 • 汇款回单只能作为汇出行受理汇款的依据，不能作为该笔汇款已转入收款人账户的证明	
6. 转汇	• 应由原收款人向银行填制信、电汇凭证上加盖“转汇”戳记，并由本人交验其身份证件 • 转汇的汇款人必须是原收款人	
7. 申请撤销	• 汇款人对汇出银行尚未汇出的款项可以申请撤销，申请撤销时，应出具正式函件或本人身份证件及原信、电汇回单	

三、汇兑业务收费（见表6－2）

表6－2　　　　　　　　　　　　　　　　汇兑业务收费标准表

<table>
<tr><th>项目</th><th>说明</th><th colspan="2">收费标准</th><th>文件依据</th><th>备注</th></tr>
<tr><td rowspan="10">汇兑业务</td><td rowspan="7">在本行开户的单位和个人</td><td>1万元（含）以下</td><td>5元/笔</td><td rowspan="10">《国家计委、中国人民银行关于制定电子汇划收费标准的通知》（计价格〔2001〕791号）、《国家计委、中国人民银行关于进一步规范银行结算业务收费的通知》（计价费〔1996〕184号）</td><td rowspan="10">统一执行政府指导价格</td></tr>
<tr><td>1万元至10万元（含）</td><td>10元/笔</td></tr>
<tr><td>10万元至50万元（含）</td><td>15元/笔</td></tr>
<tr><td>50万元至100万元（含）</td><td>20元/笔</td></tr>
<tr><td>100万元以上</td><td>每笔按万分之0.2收取，最高不超过200元</td></tr>
<tr><td>财政金库、救灾、抚恤金等</td><td>免收</td></tr>
<tr><td>职工工资、退休金、养老金等</td><td>2元/笔</td></tr>
<tr><td rowspan="2">未在本行开立结算账户的个人汇款</td><td>5 000元（不含）以下的</td><td>按汇款金额的1%收取（不足1元的收取1元）</td></tr>
<tr><td>5 000元（含）以上的</td><td>均按50元/笔收取</td></tr>
<tr><td>加　急</td><td>2小时以内到账的在普通收费的标准上加收30%</td><td></td></tr>
</table>

活动一　汇出行受理汇兑业务

业务描述

201×年10月9日，模拟银行KW市分行开户恒生电子有限公司，来行申请以电汇方式汇款60 000元，收款人为模拟银行Z市分行开户蓝光科技有限公司，该款为技术服务费。柜员李明（柜员号：401001）接待了客户，并完成了相关业务。

业务流程

业务实施

步骤1　客户申请：汇款人委托银行办理汇兑，应向汇出银行提交信、电汇凭证，详细填明收款人名称、账号、汇入地点、汇入银行名称、汇款金额、汇款用途等各项内容，并在信、电汇凭证第二联上加盖预留银行印鉴。汇款人需要在汇入银行领取款项的，应在凭证上“附加信息及用途”栏注明“留行待取”字样。

小贴士

汇款人确定不得转汇的，应在“备注”栏内注明

步骤2　柜员审核：审核汇款人账户内是否有足够支付的余额；电汇凭证必须记载的各项内容是否齐全、正确，凭证审核要点见图6－2。

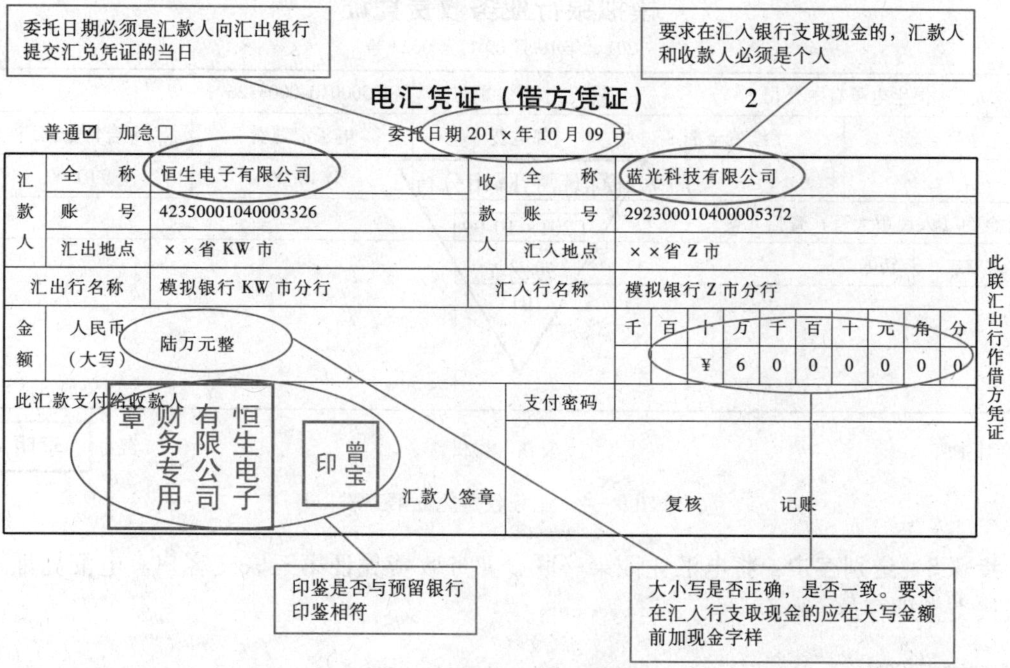

图6－2　电汇凭证审核要求图

【知识链接】

汇兑业务验印要求

对于转账汇款业务，柜员应审核汇款人在第二联电汇凭证上的签章是否符合规定，提交验印系统与预留银行的签章是否相符。对于大额汇款，原则上要通过录音电话与客户确认，录音信息应定期刻制光盘，作档案保存三年。如发现可疑人员或可疑事项，在电脑验印自动通过的情况下，也须对照开户单位的预留印鉴卡片通过高倍放大镜仔细审核并进行手工折角验印，同时要求其提交身份证明并及时与付款单位取得联系，进一步核实付款的真实性。

步骤3　柜员办理：操作柜员终端，进行“汇出汇款”交易操作，操作内容见图6－3。

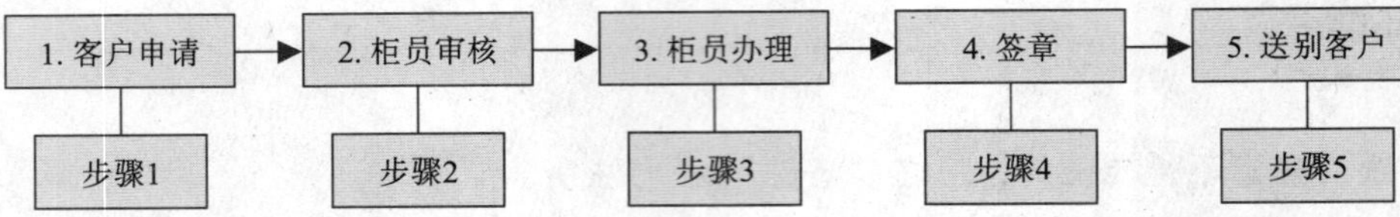

图6－3　“汇出汇款”业务界面

步骤4　签章：打印一式三联业务收费凭证（见图6－4），在业务收费凭证、电汇凭证上加盖转讫章、柜员名章。

模拟银行业务收费凭证　　3

201×年10月09日第0023号

付款人	恒生电子有限公司		账号	42350001040003326
工本费金额	手续费金额	邮电费	电子汇划费	合计金额
			¥10.00	¥10.00
合计金额（人民币大写）壹拾元整				
付款方式	转账			
备注				

模拟银行KW市分行
201×-10-09
转讫章
(01)

客户回单

会计主管　　　　复核（授权）　　　　经办 李明

图6－4　业务收费凭证第三联

步骤5　送别客户：将电汇凭证第一联、业务收费凭证第三联交客户。电汇凭证第二、三联按类整理存放。

【训练与评价】

201×年9月19日，模拟银行KW市分行开户单位软银商务服务有限公司（账号：42350001040001391）申请办理电汇业务，金额13 520.50元，收款人为模拟银行Z市分行开户丽林商贸有限公司（账号：29230001040003361）。

要求：完成图6－5、图6－6相关内容。

（自评：☆☆☆☆☆　小组评：☆☆☆☆☆　老师评：☆☆☆☆☆　合计：____☆）

电汇凭证（借方凭证）　　2

普通☐　加急☐　　　　委托日期　　年　月　日

汇款人	全　称		收款人	全　称											
	账　号			账　号											
	汇出地点	省　市		汇入地点	省　市										
汇出行名称		模拟银行 KW 市分行	汇入行名称		模拟银行 Z 市分行										
金额	人民币（大写）				千	百	十	万	千	百	十	元	角	分	
此汇款支付给收款人 汇款人签章			支付密码												
			复核　记账												

此联汇出行作借方凭证

图 6－5　电汇凭证第二联

模拟银行业务收费凭证　　3

年　月　日　　　　第××号

付款人		账号		
工本费金额	手续费金额	邮电费	电子汇划费	合计金额
合计金额（人民币大写）				
付款方式				
备注				

客户回单

会计主管　　　　复核（授权）　　　　经办

图 6－6　业务收费凭证第三联

活动二　汇入行办理收到汇兑款项业务

业务描述

201×年 10 月 9 日，模拟银行 Z 市分行收到系统内电子汇划一笔，收款人为本行开户单位蓝光科技有限公司，系“活动一”中模拟银行 KW 市分行开户单位恒生电子有限公司所汇电汇款。

业务流程

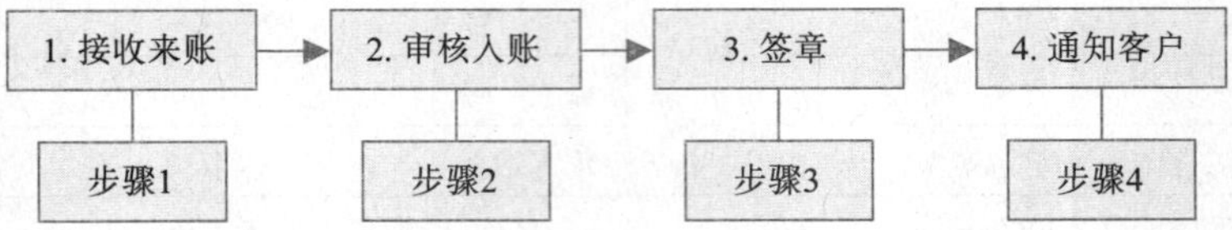

业务实施

步骤1　接收来账：柜员操作系统，进行“接收入账”操作（见图6－7），选择“打印清单”，打印电子汇划划（收）款补充报单一式三联（见图6－8），进行来账查询和核对。

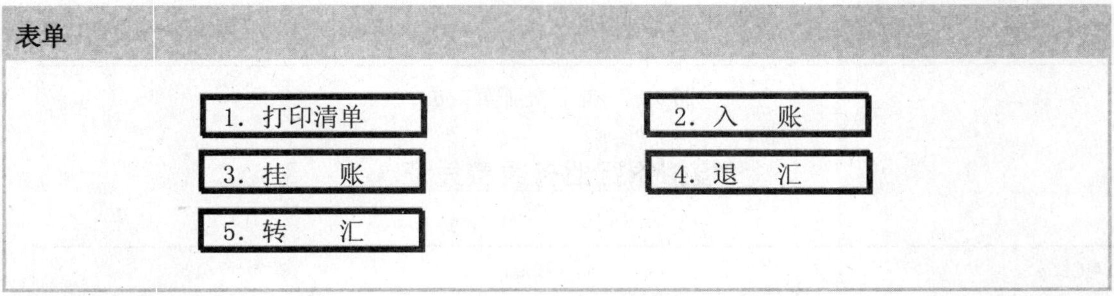

图6－7　“接收入账”操作界面

电子汇划划（收）款补充报单　3　№0021

201×年10月09日

付款人	全称	恒生电子有限公司	收款人	全称	蓝光科技有限公司
	账号	42350001040003326		账号	29230001040005372
	开户银行	模拟银行KW市分行		开户银行	模拟银行Z市分行
金额（大写）陆万元整					
用途	货款				
备注： 汇划日期：201×年10月09日　汇划流水号：00541 汇出行行号：50701　原凭证种类：电汇凭证 原凭证号码：0031 原凭证金额：60 000.00					

客户回单

图6－8　电子汇划划（收）款补充报单第三联

步骤2　审核入账：进行“接收入账”交易，选择“入账”交易，系统自动入账。如果接收的汇划信息账号不全或不符的，选择挂账后，向汇出行发出查询，待汇出行回复后作相应的转汇、入账或退汇账务处理。

小贴士

电子汇划划收款补充报单一式三联，第一联代转账借方凭证，第二联代转账贷方凭证，第三联作收款人回单。

步骤3　签章：在一式三联电子汇划划（收）款补充报单加盖转讫章、柜员名章。

步骤4　通知客户：将电子汇划划（收）款补充报单第三联交收款人，并将盖章后的凭条按流水整理存放，结束该笔业务。

【知识链接】

留行待取或个人现金汇款的处理：收款人持便条及身份证件来行办理取款，若“留行待取”的应向收款人问明情况，抽出专夹保管的电汇补充报单，认真审查收款人的相关信息是否一致，由收款人填写一式二联支款凭证，在支款凭证上填写身份证件的名称、号码及发证机关。如系凭签章取款的，收款人签章必须加盖印章并与汇款凭证上的预留签章相符。

【训练与评价】

201×年9月24日，模拟银行Z市分行收到系统内电子划汇款项一笔，系“活动一”练习中模拟银行KW市分行所汇托收款项，审核无误后办理入账。

要求：完成图6－9相关内容。

（自评：☆☆☆☆☆　小组评：☆☆☆☆☆　老师评：☆☆☆☆☆　合计：____☆）

电子汇划划（收）款补充报单　　3　№0021

年　月　日

<table>
<tr><td rowspan="3">付款人</td><td>全　称</td><td></td><td rowspan="3">收款人</td><td>全　称</td><td></td><td rowspan="6">客户回单</td></tr>
<tr><td>账　号</td><td></td><td>账　号</td><td></td></tr>
<tr><td>开户银行</td><td></td><td>开户银行</td><td></td></tr>
<tr><td colspan="6">金额（大写）</td></tr>
<tr><td colspan="2">用途</td><td></td><td colspan="3" rowspan="2"></td></tr>
<tr><td colspan="3"></td></tr>
</table>

图6－9　电子汇划划（收）款补充报单

任务二
委托收款结算业务

【案例导读】

委托收款结算方式的适用范围

委托收款是一种方便灵活、使用范围广泛、便于收款人主动收取款项的结算方式。这种结算方式不受金额起点的限制，也不受地区限制，同城或异地均可使用。

凡在银行或其他办理结算业务的金融机构开立账户的企事业单位和个体经济户，办理商品交易、劳务费用以及其他应收款项结算均可采用委托收款方式。在银行废止同城托收无承付结算方式后，对信用状况较好的企业，可以改用委托收款。城镇公用服务事业单位向用户单位收取水费、电费、邮电费、煤气费等劳务费的结算，也可以采用委托收款。为了简化手续，方便收付款单位，银行对上述有固定计量、计价标准，不易发生争议的劳务费用结算，可以办理专用委托收款。收款单位按照合同规定的条款，提供劳务，定期填制银行规定的专用委托收款凭证，连同有关单证送交其开户银行办理委托收款，银行无须由付款单位逐笔审查同意，即可办理划款，转入收款人账户。办理这类结算业务的前提，必须是收付双方有协议，如发生争议，银行便终止办理。

知识准备

委托收款是收款人委托银行向付款人收取款项的结算方式。委托收款结算方式适用于清偿债务、收取公用事业费，办理委托收款业务必须具有可靠、有力的收款依据，或者双方事先约定。

一、委托收款业务流程（见图6-10所示）

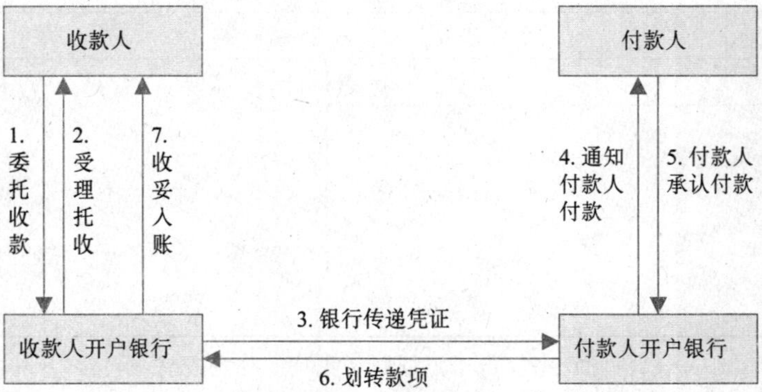

图6-10 委托收款结算业务流程

二、委托收款结算业务相关规定（见表6－3）

表6－3　　委托收款结算业务相关规定一览表

1. 种类	（1）邮寄收款方式	• 收款人委托银行用普通邮政的方式划回款项（由收款人选用）
	（2）电划收款方式	• 收款人委托银行用电报方式划回款项（由收款人选用）
2. 金额限制	• 无起点金额限制	
3. 适用范围	• 单位和个人凭已承兑商业汇票、债券、存单等付款人债务证明办理款项的结算，均可以使用委托收款结算方式 • 同城、异地均可以使用	
4. 付款日期	• 银行承兑汇票的付款日期为汇票到期日，如果收到凭证日在到期日后，付款日期为收到凭证日 • 其他债务证明的付款日期为付款人接到通知日的次日起第4日，如果付款人接到通知日的次日起第4日在债务证明到期日之前，则以债务证明到期日为付款日	
5. 申办条件	• 收款人应提交委托收款凭证和有关的债务证明 • 在同城范围内，收款人收取公用事业费或根据国务院规定，可以使用同城特约委托收款。收取公用事业费，必须具有收付双方事先签订的经济合同，由付款人向开户银行授权，经开户银行同意后，报经中国人民银行当地分支行批准	
6. 拒绝付款	• 付款人对收款人委托收取的款项需要拒绝付款的，可以办理拒绝付款 • 拒绝付款的，付款人应在收到委托收款及债务证明或在收到通知日的次日起3日内出具拒绝证明	

活动一　收款人开户行受理委托收款业务

业务描述

201×年2月13日，模拟银行KW市分行开户中力数码商城（账号：42350001040001652）持商业承兑汇票来行办理委托收款，汇票付款人为模拟银行Z市分行开户单位丽林商贸有限公司（账号：29230001040003361），汇票金额为278 000元。柜员李明（柜员号：401001）接待了客户，圆满地完成了业务。

业务流程

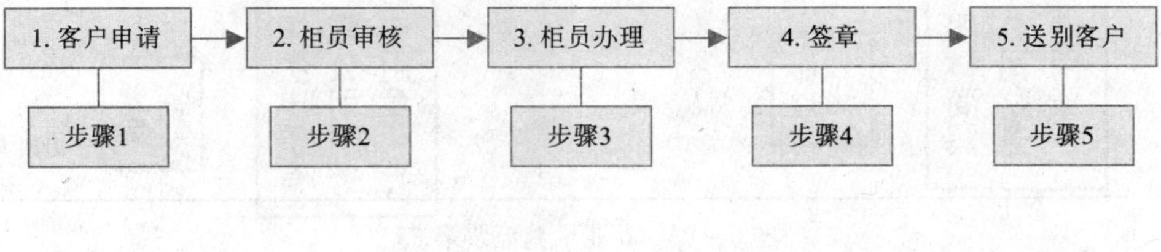

业务实施

步骤1　客户申请：客户提交一式五联托收凭证（见图6-11）、商业承兑汇票（见图6-12）。

托收凭证（贷方凭证）　　2

委托日期201×年02月13日

业务类型	委托收款（□邮划　□电划）　托收承付（□邮划　□电划）				
付款人	全　称	丽林商贸有限公司	收款人	全　称	中力数码商城
	账　号	29230001040003361		账　号	42350001040001652
	地　址	Z市　开户行		地　址	KW市　开户行
金额	人民币（大写）	贰拾柒万捌仟元整		千百十万千百十元角分	¥ 2 7 8 0 0 0 0 0
款项内容	货款	托收凭据名称	商业承兑汇票	附寄单证张数	1
商品发运情况		合同名称号码			
备注： 收款人开户银行收到日期 年　月　日	上列款项随附有关债务证明，请予以办理 中力数码商城财务专用章　周英印 收款人签章			复核记账	

此联收款人开户银行作贷方凭证

图6-11　托收凭证第二联

商业承兑汇票　　2

0000000
0000021

出票日期（大写）贰零壹×年玖月零柒日

付款人	全　称	丽林商贸有限公司	收款人	全　称	中力数码商城
	账　号	29230001040003361		账　号	42350001040001652
	开户银行	模拟银行Z市分行		开户银行	模拟银行KW市分行
出票金额	人民币（大写）	贰拾柒万捌仟元整		千百十万千百十元角分	¥ 2 7 8 0 0 0 0 0
汇票到期日（大写）	贰零壹×年零贰月壹拾叁日		付款人开户行	行号	50702
交易合同号码	第××023号			地址	Z市××路××号
本汇票已经承兑，到期无条件支付票款 丽林商贸公司财务专用章　张红印 承兑人签章 承兑日期201×年09月07日			本汇票请予以承兑于到期日付款 恒生电子有限公司财务专用章　曾宝印 出票人签章		

此联付款人开户行作借方凭证

图6-12　商业承兑汇票第二联

步骤2　柜员审核：审核托收凭证和债务证明，审核时重点注意以下事项：

1. 委托收款以银行以外的单位为付款人的，凭证是否记载付款人开户行名称。以银行以外的单位或在银行开立存款账户的个人为收款人的，凭证是否记载收款人开户行名称。未在银行开立存款账户的个人为收款人的，凭证是否记载被委托银行名称，欠缺上述记载事项之一的，银行不予受理。
2. 委托收款凭证上记载的收款人与收款依据的债权人是否一致。
3. 凭证上记载付款人和付款人账号的，账号与户名是否相符。
4. 凭证的金额、委托日期、收款人名称是否更改。
5. 其他记载事项是否原记载人在更改处签章。
6. 收款人在本行开户的，第二联托收凭证上的签章与预留印鉴是否相符。
7. 凭证上记载的付款人、收款人开户行名称是否为其全称或规范化简称。

步骤3　柜员办理：操作柜员终端，选择“发出委托收款”交易（见图6－13），根据凭证的内容逐一录入相关要素，确认无误后提交。

表单

收款人名称：	中力数码商城	收款人账号：	42350001040001652
托收金额：	27 800.00	附件名称：	商业承兑汇票
附件号码：	00000021	附件金额：	27 800.00
附件张数：	1	委托方式：	电划
付款人名称：	丽林商贸有限公司	付款人账号：	29230001040003361
付款人地址：	Z市××路××号	付款人开户行：	模拟银行Z市分行

图6－13　“发出委托收款”交易界面

步骤4　签章：交易成功后，在第一、二、三联托收凭证上套打托收编号，并手工在第四、五联托收凭证左上角填写托收编号。在托收凭证第一联上加盖业务受理章、柜员名章，托收凭证第三联上加盖结算专用章。

小贴士

收款人开户行如不办理全国或省辖联行业务，向付款人开户行发出委托收款凭证，均应在备注栏加盖“款项”收妥划收××（行号）转划我行戳记，以便付款人开户行向指定的转划行填发报单。

步骤5　送别客户：托收凭证第一联交客户。托收凭证第二联专夹保管。托收凭证第三、四、五联连同商业承兑汇票寄交付款人开户行。

【训练与评价】

201×年9月19日，模拟银行KW市分行开户单位中百购物中心（账号：42350001040006472）持本日到期的商业承兑汇票及委托收款凭证，金额23 720.00元，委托银行收取汇票款，该商业承兑汇票为在模拟银行Z市分行开户新力商贸有限公司（账号：29230001040005722）。

要求：完成图6－14相关内容。

（自评：☆☆☆☆☆　小组评：☆☆☆☆☆　老师评：☆☆☆☆☆　合计：____☆）

托收凭证（贷方凭证）　　2

委托日期　　年　月　日

<table>
<tr><td colspan="2">业务类型</td><td colspan="17"></td></tr>
<tr><td rowspan="3">付款人</td><td>全　称</td><td colspan="3"></td><td rowspan="3">收款人</td><td>全　称</td><td colspan="12"></td></tr>
<tr><td>账　号</td><td colspan="3"></td><td>账　号</td><td colspan="12"></td></tr>
<tr><td>地　址</td><td></td><td>开户行</td><td></td><td>地　址</td><td colspan="4"></td><td colspan="4">开户行</td><td colspan="4"></td></tr>
<tr><td rowspan="2">金额</td><td rowspan="2" colspan="8">人民币
（大写）</td><td>千</td><td>百</td><td>十</td><td>万</td><td>千</td><td>百</td><td>十</td><td>元</td><td>角</td><td>分</td></tr>
<tr><td></td><td></td><td></td><td></td><td></td><td></td><td></td><td></td><td></td><td></td></tr>
<tr><td colspan="2">款项内容</td><td colspan="2"></td><td>托收凭据名称</td><td colspan="4"></td><td colspan="6">附寄单证张数</td><td colspan="4"></td></tr>
<tr><td colspan="2">商品发运情况</td><td colspan="3"></td><td colspan="4">合同名称号码</td><td colspan="10"></td></tr>
<tr><td colspan="3">备注：
收款人开户银行收到日期
年　月　日</td><td colspan="6">上列款项随附有关债务证明，请予以办理
收款人签章</td><td colspan="10">复核记账</td></tr>
</table>

此联收款人开户银行作贷方凭证

图6－14　托收凭证第二联

活动二　付款人开户行收到委托收款结算凭证业务

业务描述

201×年2月16日，模拟银行Z市分行收到“任务二活动一”中邮寄托收凭证及相关附件，审核无误后通知丽林商贸有限公司。

业务流程

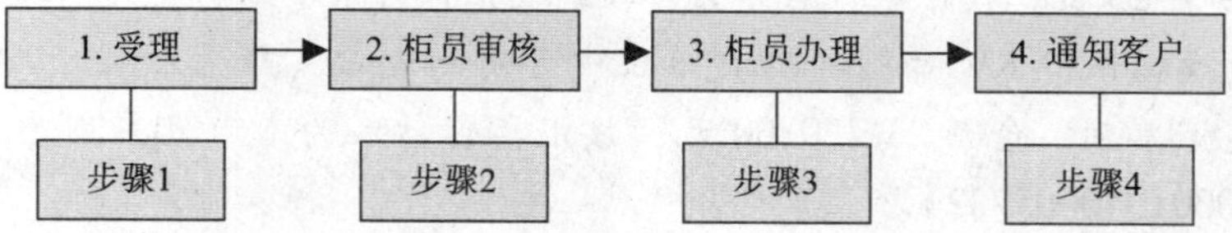

业务实施

步骤 1　受理：收到收款人开户行邮寄的托收凭证第三（见图 6－15）、四、五联及商业承兑汇票。

托收编号：00031 号　　**托收凭证**（借方凭证）　　3

委托日期 201×年 02 月 13 日　　付款期限　　年　　月　　日

业务类型		委托收款（□邮划　□电划）		托收承付（□邮划　□电划）			
付款人	全　称	丽林商贸有限公司		收款人	全　称	中力数码商城	
	账　号	29230001040003361			账　号	42350001040001652	
	地　址	Z 市	开户行		地　址	KW 市	开户行
金额	人民币（大写）	贰拾柒万捌仟元整				千 百 十 万 千 百 十 元 角 分	¥ 2 7 8 0 0 0 0 0
款项内容	货款	托收凭据名称	商业承兑汇票	附寄单证张数	1		
商品发运情况			合同名称号码				
备注： 收款人开户银行收到日期 年　月　日		收款人开户银行签章 模拟银行KW市分行 结算专用 201×02 月 13 日			复核　记账		

此联收款人开户银行作借方凭证

图 6－15　托收凭证第三联

步骤 2　柜员审核：审核付款人是否在本行开户；所附单证数与托收凭证是否相符；托收凭证第三联是否加盖收款人开户行结算专用章。

若是银行承兑汇票，抽出银行承兑汇票存根联进行票据要素的核对确认，通过“银行承兑汇票查询”交易确认该票据状态是否为“承兑”或“到期扣款”以及挂失标志是否为“正常”。若是商业承兑汇票，通过“挂失解挂登记簿查询”交易确认该票据号码下明细情况，挂失标志是否为“正常”状态。

步骤 3　柜员办理：在第三、四、五联托收凭证上填写收到日期和付款期限，在托收凭证第五联上加盖业务专用章。

步骤 4　通知客户：将托收凭证第五联交客户签收，托收凭证第三、四联、商业承兑汇票专夹保管。

【训练与评价】

201×年9月23日，模拟银行Z市分行收到模拟银行KW市分行邮寄委托收款凭证和所附单证，为模拟银行KW市分行开户单位中百购物中心（账号：42350001040006472）托收商业承兑汇票款，金额23 720.00元，该汇票付款人为本行开户新力商贸有限公司（账号：29230001040005722）。

要求：完成图6－16相关内容。

（自评：☆☆☆☆☆　小组评：☆☆☆☆☆　老师评：☆☆☆☆☆　合计：____☆）

托收凭证（借方凭证）　　3

委托日期　年　月　日

业务类型	委托收款（□邮划　□电划）　托收承付（□邮划　□电划）															
付款人	全　称			收款人	全　称											
	账　号				账　号											
	地　址		开户行		地　址		开户行									
金额	人民币（大写）						千	百	十	万	千	百	十	元	角	分
款项内容		托收凭据名称			附寄单证张数											
商品发运情况		合同名称号码														
备注： 收款人开户银行收到日期 年　月　日		收款人开户银行签章 年　月　日			复核　记账											

此联收款人开户银行作借方凭证

图6－16　托收凭证第三联

活动三　委托收款到期全额付款业务

业务描述

201×年2月17日，模拟银行KW市分行收到丽林商贸有限公司出具的付款通知书，同意支付“活动一”中托收款项。

小链接

1. 银行接收到付款人出具的付款通知书，应根据付款通知书及时将款项划给收款人。

2. 银行未在付款人签收的次日起 3 日内收到付款通知书，也未接到拒绝付款通知书的，且付款人账户有足够资金支付全部款项的，应于付款人签收的次日起第 4 日上午营业时，将款项划给收款人。

3. 付款人提前收到由其付款的债务证明，应通知银行于债务证明的到期日付款。付款人未于接到通知日的次日起 3 日内通知银行付款，且付款人接到通知日的次日起第 4 日在债务证明到期日之前的，银行应于债务证明到期日将款项划给收款人。

业务流程

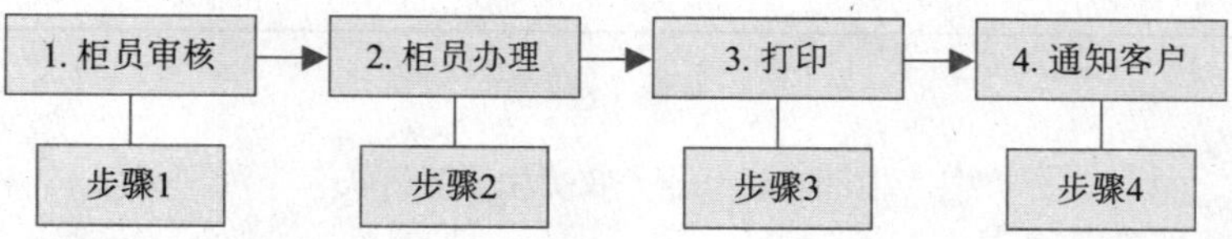

业务实施

步骤 1　柜员审核：抽出专夹保管的第三、四联委托收款凭证及有关债务证明，审核无误。

步骤 2　柜员办理：进行“委托收款付款”操作（见图 6－17）。

表单

付款人名称：	丽林商贸有限公司	付收款人账号：	29230001040003361
付款人地址：	Z 市××路××号	汇划途径：	电子汇划
凭证种类：	托收凭证	币　　别：	人民币
凭证日期：	201×-02-13	凭证编号：	00031
汇款金额：	278 000.00	是否付款：	付款
收款人名称：	中力数码商城	收款人账号：	42350001040001652
汇入行行号：	50701	汇入行名称：	模拟银行KW市分行
手　续　费：	1.00	邮　电　费：	15.00
费用收取标志：	转账	备　　注：	

图 6－17　“发出委托收款”交易界面

步骤3 打印：系统确认交易成功后，柜员打印一式三联业务收费凭证。

步骤4 签章：在托收凭证第三、四联、商业承兑汇票、业务收费凭证上加盖转讫章、柜员名章（见图6－18）。

模拟银行业务收费凭证 3

201×年2月18日 第0023号

付款人	丽林商贸有限公司		账号	29230001040003361
工本费金额	手续费金额	邮电费		合计金额
	¥1.00	¥15.00	模拟银行KW市分行 201×-02-18 转讫章 (01)	¥16.00
合计金额（人民币大写）壹拾陆元整				
付款方式	转账			
备注				

客户回单

会计主管 复核（授权） 经办 王小明

图6－18 业务收费凭证第三联

小链接

付款人账户金额不足的处理

付款人因账户金额不足不能支付托收款项，柜员应在委托收款凭证上注明日期和“无款支付”字样，并填制一式三联付款人未付款通知（或支付结算通知书），经会计主管同意并签章后，进行“委托收款付款”交易，录入相关要素，在“是否付款”栏内选择“不付款”。将未付款项通知书第一联和托收凭证第三联留存备查；未付款项通知书第二、三联连同托收凭证第四联及有关债务凭证一并寄收款人开户行。

【训练与评价】

201×年9月23日，模拟银行Z市分行收到模拟银行KW市分行邮寄委托收款凭证和所附单证，为模拟银行KW市分行开户单位中百购物中心（账号：42350001040006472）托收商业承兑汇票款，金额23 720.00元，该汇票付款人为本行开户新力商贸有限公司（账号：29230001040005722）。9月25日新力商贸有限公司通知开户银行同意付款。

要求：完成图6－19相关内容。

（自评：☆☆☆☆☆　小组评：☆☆☆☆☆　老师评：☆☆☆☆☆　合计：____☆）

模拟银行业务收费凭证　　3

年　月　日　　　　第00×号

付款人		账号		
工本费金额	手续费金额	邮电费		合计金额
合计金额（人民币大写）				
付款方式				
备注				

客户回单

会计主管　　　　复核（授权）　　　　经办

图6－19　业务收费凭证第三联

活动四　收款人开户行办理委托收款款项划回业务

业务描述

201×年2月18日，模拟银行KW市分行收到系统内电子汇划一笔，系活动1委托收款款项划回。

业务流程

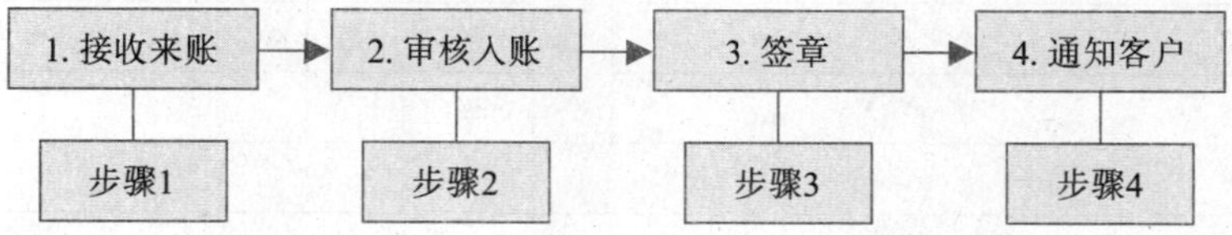

业务实施

步骤1　接收来账：打开柜员操作系统，进行“接收入账”操作，选择“打印清单”，打印电子汇划划（收）款补充报单一式三联（见图6－20），进行来账查询和核对。

步骤2　审核入账：与留存的托收凭证第二联核对无误后注明转账日期，操作系统，进行“接收入账”交易，选择“入账”交易，系统自动入账。

步骤3　签章：在一式三联电子汇划划（收）款补充报单、托收凭证第二联上加盖转讫章、柜员名章。

步骤4　通知客户：将电子汇划划（收）款补充报单第三联交收款人，并将盖章后的凭条按流水整理存放，结束该笔业务。

电子汇划划（收）款补充报单 3 №0133

201×年02月18日

<table>
<tr><td rowspan="3">付款人</td><td>全　称</td><td>丽林商贸有限公司</td><td rowspan="3">收款人</td><td>全　称</td><td>中力数码商城</td></tr>
<tr><td>账　号</td><td>29230001040003361</td><td>账　号</td><td>42350001040001652</td></tr>
<tr><td>开户银行</td><td>模拟银行Z市分行</td><td>开户银行</td><td>模拟银行KW市分行</td></tr>
<tr><td colspan="6">金额（大写）贰拾柒万捌仟元整</td></tr>
<tr><td colspan="2">用途</td><td>货款</td><td colspan="3" rowspan="2"></td></tr>
<tr><td colspan="3">备注：
汇划日期：201×年02月18日　汇划流水号：00541
汇出行行号：50702　原凭证种类：托收凭证
原凭证号码：0031
原凭证金额：278 000.00</td></tr>
</table>

客户回单

图6-20 电子汇划划（收）款补充报单第三联

【训练与评价】

201×年9月25日，模拟银行KW市分行收到系统内电子划汇款项一笔，系“活动一”练习中托收款项划回，审核无误后办理入账。

要求：完成图6-21相关内容。

（自评：☆☆☆☆☆ 小组评：☆☆☆☆☆ 老师评：☆☆☆☆☆ 合计：____☆）

电子汇划划（收）款补充报单 3 №××

年 月 日

<table>
<tr><td rowspan="3">付款人</td><td>全　称</td><td></td><td rowspan="3">收款人</td><td>全　称</td><td></td></tr>
<tr><td>账　号</td><td></td><td>账　号</td><td></td></tr>
<tr><td>开户银行</td><td></td><td>开户银行</td><td></td></tr>
<tr><td colspan="6">金额（大写）</td></tr>
<tr><td colspan="2">用途</td><td></td><td colspan="3" rowspan="2"></td></tr>
<tr><td colspan="3"></td></tr>
</table>

客户回单

图6-21 电子汇划划（收）款补充报单第三联

任务三
银行本票业务

【案例导读】

大额支付不必现金大搬家 一张本票全搞定

根据央行的统一要求，2008年5月8日起，依托小额支付系统办理银行本票的业务正式在全国各商业银行同步上线。市民无论是买车、买房，甚至是申购基金，需要同城同行或跨行结算时，都不必现金大搬家。

市民在遇上买车、买房等大额付款时，可以使用银行本票。举例说，购房者沈先生需从自己开设在招商银行的个人结算账户中支付首付款项给在工行某分行营业部开户的房地产公司，沈先生可向招商银行申请签发一张收款人为该房地产公司的银行本票，然后把本票交付给房地产公司，该房地产公司则可持票通过工行某分行营业部即时收取房款首付资金。

根据银行规定，个人或企业在提取大额现金时均需要进行提前预约。银行本票的好处在于，只要借记卡或存折账面有足够余额，可以在此范围内开出大额资金，上不封顶。

（资料来源：节选自“大额支付不必现金大搬家 今日起一张本票全搞定”，每日经济新闻。）

知识准备

银行本票是申请人将款项交存银行，由银行签发的承诺自己在见票时无条件支付确定的金额给收款人或者持票人的票据。

一、银行本票业务流程（见图6－22）

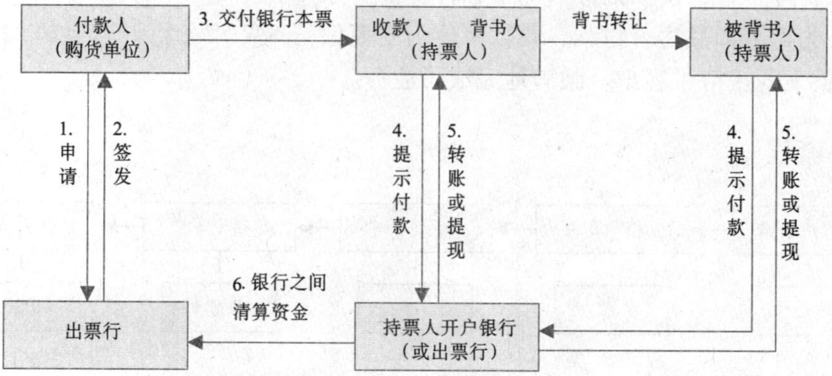

图6－22　银行本票业务流程

二、银行本票业务相关规定（见表 6－4）

表 6－4 银行本票种类及相关规定一览表

1. 种类	（1）转账银行本票	• 用于转账
	（2）现金银行本票	• 注明“现金”字样 • 用于支取现金
2. 签发	• 申请人、收款人均为个人，才可为其签发现金银行本票 • 申请人或收款人为单位的，银行不得为其签发现金银行本票 • 本票的金额、日期、收款人名称不得更改，更改的票据无效。对票据上的其他记载事项，原记载人可以更改，更改时应当由原记载人签章证明	
3. 提示付款期	• 自出票日起最长不超过 2 个月（不论大月、小月，一律按次月对日计算，到期日遇法定假日顺延） • 持票人超过付款期限提示付款的，代理付款人不予受理	
4. 背书转让	• 一律记名，允许背书转让	
5. 挂失	• 填明“现金”字样的银行本票丧失，可以由失票人通知付款人或者代理付款人挂失止付。未填明“现金”字样的银行本票丧失，不得挂失止付	
6. 适用范围	• 同城结算单位、个体经济户和个人不管其是否在银行开户，他们之间在同城范围内的所有商品交易、劳务供应以及其他款项的结算都可以使用银行本票 • 收款单位和个人持银行本票可以办理转账结算，也可以支取现金	

活动一　办理签发本票业务

业务描述

201×年 8 月 3 日，模拟银行 KW 市分行客户李永来行申请签发转账本票一张，金额为 126 000 元，为购买商品房首付款，收款单位为工商银行 KW 市分行开户金桥房地产开发股份公司。柜员王莉接待了客户，圆满地完成了业务。

业务流程

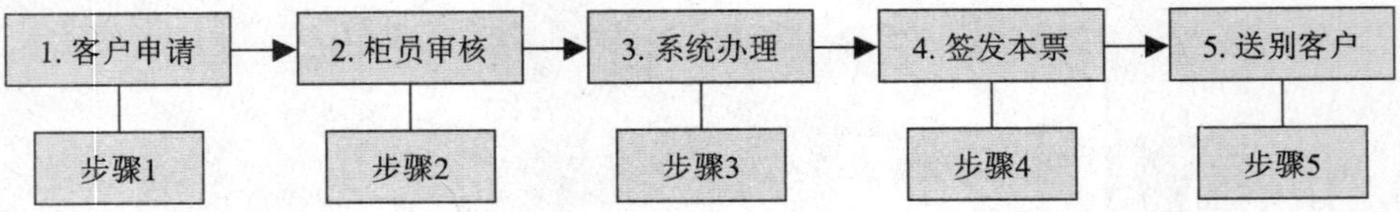

业务实施

步骤1 受理客户提交一式三联本票申请书（见图6-23）。

银行本票申请书（借方凭证） 2

申请日期 201×年8月3日 第00014号

申请人	李永	收款人	金桥房地产开发股份公司
账号或住址	201000138200016	账号或住址	203000133078003
开户银行	模拟银行KW市分行	开户银行	工商银行KW市分行
支付金额	人民币（大写） 壹拾贰万陆仟元整		
上列款项请在我账户内支付 李 永 申请人签章		支付密码	
		附加信息及用途： 授权： 复核： 经办：	

千	百	十	万	千	百	十	元	角	分
	¥	1	2	6	0	0	0	0	0

此联是签发行办理本票的借方凭证

图6-23 银行本票申请书第二联

小贴士

银行本票申请书一式三联，第一联存根由申请人留存，第二联作出票行借方凭证，第三联由出票行作开出本票科目贷方凭证。

步骤2 收到申请人提交的本票申请书后，应认真审查申请书内容填写是否完整、清晰，签章是否为预留印鉴，申请人要求不得转让的，是否注明“不得转让”字样。经审查无误后，才能受理其申请。

步骤3 操作柜员终端，进行“签发本票”操作。

步骤4 柜员签发一式二联本票（见图6-24）。经复核无误后在本票第一联加盖授权人、柜员名章。本票第二联加盖柜员名章，将本票交压数机保管员用压数机在本票“人民币（大写）”栏右端压印小写金额。完成后交印章保管员在第二联加盖本票专用章；在三联本票申请书上加盖转讫章、柜员名章。

步骤5 将本票第二联、本票申请书第一联交客户。本票第一联专夹保管，申请书第二、三联按类整理存放，结束该笔业务。

<table>
<tr><td rowspan="6">提示付款期限自出票之日起贰个月</td><td colspan="4">银行本票　　2　　00000000
00005619</td></tr>
<tr><td colspan="4">出票日期（大写）贰零壹×年捌月零叁日</td></tr>
<tr><td colspan="3">收款人：金桥房地产开发股份公司</td><td>申请人：李永</td></tr>
<tr><td>凭票即付</td><td>人民币（大写）</td><td>壹拾贰万陆仟元整</td><td>千 百 十 万 千 百 十 元 角 分
¥ 1 2 6 0 0 0 0 0</td></tr>
<tr><td colspan="3">☑转账　☐现金</td><td>密押 ×××××
行号 50701</td></tr>
<tr><td colspan="4">备注　　出票行签章（模拟银行KW市分行 本票专用章）　　出纳　　复核　　经办 王莉</td></tr>
</table>

图 6-24　银行本票第二联

【训练与评价】

201×年 10 月 18 日，模拟银行 KW 市分行开户单位软银商务服务公司（账号：42350001040001391）申请签发转账本票一张，金额 115 300 元，用于支付大通公司货款（建设银行开户，账号：5030502210040033）。

要求：完成图 6-25、图 6-26 相关内容。

（自评：☆☆☆☆☆　小组评：☆☆☆☆☆　老师评：☆☆☆☆☆　合计：____☆）

本票申请书（借方凭证）　　2

申请日期　　年　月　日　　　　第　号

<table>
<tr><td>申请人</td><td></td><td>收款人</td><td colspan="2"></td><td rowspan="6">此联是签发行办理本票的借方凭证</td></tr>
<tr><td>账号或住址</td><td></td><td>账号或住址</td><td colspan="2"></td></tr>
<tr><td>开户银行</td><td></td><td>开户银行</td><td colspan="2"></td></tr>
<tr><td>支付金额</td><td colspan="3">人民币
（大写）</td><td>千 百 十 万 千 百 十 元 角 分</td></tr>
<tr><td colspan="2" rowspan="2">上列款项请在我账户内支付</td><td>支付密码</td><td colspan="2"></td></tr>
<tr><td colspan="3">附加信息及用途：

授权：　　复核：　　经办：</td></tr>
</table>

图 6-25　本票申请书第二联

提示付款期限自出票之日起贰个月

银行本票　　2　　00000000 0000××

出票日期（大写）　　年　　月　　日

收款人：　　　　申请人：

凭票即付	人民币（大写）	千	百	十	万	千	百	十	元	角	分

□转账　　□现金　　　　密押＿＿＿＿

行号＿＿＿＿

备注　　出票行签章　　出纳　　复核　　经办

图 6－26　银行本票第二联

活动二　代理解付转账本票业务

业务描述

201×年 8 月 11 日，模拟银行 KW 市分行开户单位北通公司提交申请人为精工机械公司（中国建行银行 KW 市分行开户）的银行本票一份，金额为 200 000 元。柜员王莉接待了客户，圆满地完成了业务。

业务流程

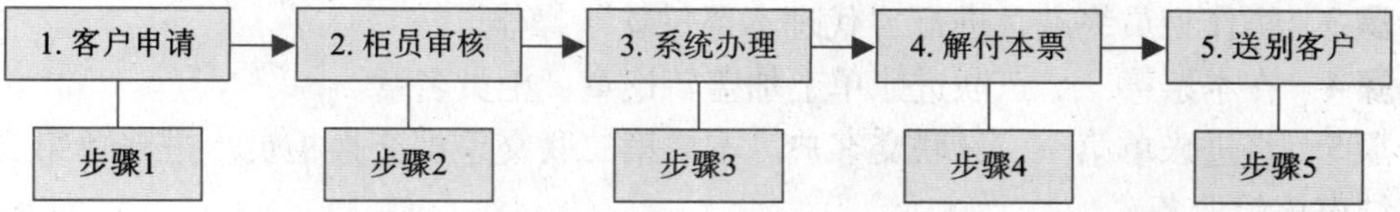

活动步骤

步骤 1　受理客户提交银行本票第二联（见图 6－27）、一式三联进账单。

小链接

持票人可直接向出票行提示付款或委托开户银行向出票行收款。直接向出票行提示付款时，应在本票背面“持票人向银行提示付款签章”处签章。如果收款人是个人，则加盖个人名章。如果收款人是单位，则加盖预留银行印鉴。委托开户银行收款时，应在本票背面作委托收款背书。

提示付款期限自出票之日起贰个月

银行本票 2

00000000
00003211

出票日期（大写）贰零壹×年捌月壹拾壹日

收款人：北通公司　　申请人：精工机械公司

凭票即付	人民币（大写）	贰拾万元整	千	百	十	万	千	百	十	元	角	分
				¥	2	0	0	0	0	0	0	0

☑转账　☐现金　　密押 ×××××

行号 02005

（印章：中国建设银行 本票专用章）

备注　出票行签章　出纳　复核　经办 兰 明

被背书人	被背书人
背书人签章 年 月 日	背书人签章 年 月 日
持票人向银行提示付款签章：（印章：北通公司财务专用章）（印章：曾宝印）	身份证件名称：　发证机关： 号码

（贴粘单处）

图 6－27　银行本票第二联

步骤 2　审核本票是否是统一印制的凭证，是否真实，是否超过提示付款期；本票填明的持票人是否在本行开户，与进账单上的收款人名称是否相符；出票行的签章是否符合规定；本票压数机压印的金额是否正确；持票人是否在本票背面签章。

步骤 3　操作柜员终端，进行“代理本票付款”操作。

步骤 4　在本票第二、三联进账单上加盖转讫章、柜员名章。

步骤 5　将进账单第一、三联交客户。本票第二联交票据交换柜员。进账单第二联按类存放，结束该笔业务。

【训练与评价】

201×年 10 月 20 日，模拟银行 KW 市分行开户单位软银商务服务公司（账号：42350001040001391）持转账本票一张申请进账，金额 23 300 元，本票申请人为中国工商银行 KW 市分行开户金元贸易有限公司（账号：2030003340050078）。

要求：完成图 6－28、6－29 相关内容。

（自评：☆☆☆☆☆　小组评：☆☆☆☆☆　老师评：☆☆☆☆☆　合计：____☆）

进账单（回单）　　1

年　月　日

出票人	全称		收款人	全称	
	账号			账号	
	开户银行			开户银行	
金额	人民币（大写）				千 百 十 万 千 百 十 元 角 分
票据种类		票据张数			
票据号码					
	复核　记账				开户银行签章

此联是开户银行交给持（出）票人的回单

图 6－28　进账单第一联

提示付款期限自出票之日起贰个月

银行本票　　2　　00000000
0000××

出票日期（大写）　年　月　日

收款人：　　申请人：李

凭票即付	人民币（大写）	千 百 十 万 千 百 十 元 角 分

□转账　□现金　　密押

行号

备注　出票行签章　出纳　复核　经办

图 6－29　银行本票第二联

任务四
银行汇票业务

【案例导读】

华东三省一市银行汇票业务开通

人民银行上海总部表示为进一步畅通江、浙、皖、沪四地中小金融机构汇路、便利四地企业的资金往来、促进四地经济贸易的发展，小额支付系统华东三省一市银行汇票业务于2008年12月1日起在江苏、浙江、安徽、上海地区正式上线运行。根据业务规定，江、浙、皖、沪四地内的各类型银行业金融机构将均可以直接或代理签发华东三省一市银行汇票。

上线首日，上海市各上线商业银行共签发华东三省一市银行汇票275笔，金额10 572.44万元；兑付华东三省一市银行汇票28笔，金额3 003.31万元。这标志着中国人民银行自2007年下半年启动的华东三省一市银行汇票改革工作已按计划完成。

据统计，从12月1日起苏、浙、沪、皖四地126家总、分行级银行业金融机构所辖的近万个银行网点同时开办该项业务。初步估计，小额支付系统华东三省一市银行汇票业务上线后，每年将至少可加快2 000亿元资金在"泛长三角"周转、流动，极大地提高了区域内银行和企业的资金使用效益。

知识准备

银行汇票是出票银行签发的，由其在见票时按照实际结算金额无条件支付给收款人或者持票人的票据。银行汇票的出票银行为银行汇票的付款人。

一、银行汇票业务流程（见图6-30）

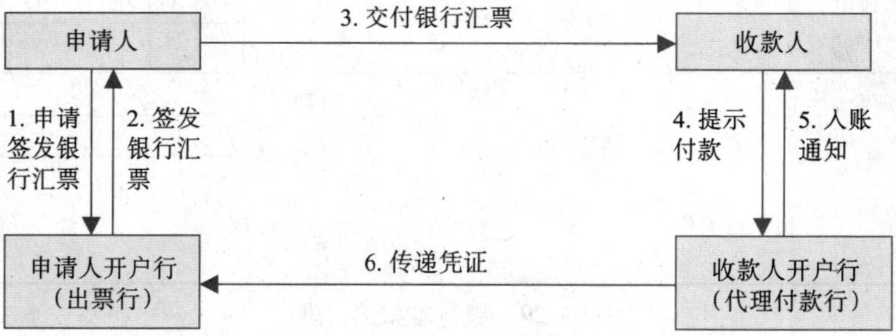

图6-30 银行汇票业务流程

二、银行汇票种类及相关规定（见表6-5）

表6-5 银行汇票种类及相关规定一览表

1. 种类	（1）转账银行汇票	• 申请人或收款人为单位或个人的，均可申请
	（2）现金银行汇票	• 申请人和收款人均为个人的，才能申请；为单位的不能申请 • 填明"现金"字样的银行汇票可以支取现金
2. 特点	• 适用范围广、信用可靠、见票即付、适用灵活、余款自动退回	
3. 使用范围	• 单位、个体经营户和个人需要在同城、异地进行商品交易、劳务供应和其他经济活动及债权债务的结算，均可以使用银行汇票	

续表

4. 提示付款期	• 自出票日起 1 个月，持票人超过付款期限提示付款的，代理付款人不予受理 • 持票人向银行提示付款时，必须同时提交银行汇票和解讫通知，未填明实际结算金额和多余金额或实际结算金额超过出票金额的，银行不予受理 • 更改实际结算金额的银行汇票无效
5. 背书转让	• 可以背书转让，但填明“现金”字样的银行汇票不得背书转让
6. 挂失	• 填明“现金”字样和代理付款人的银行汇票丧失，可以由失票人通知付款人或代理付款人挂失支付
7. 退票	• 在票据的有效期内可以办理退票 • 超过三十天没有使用的银行汇票，持票人可到出票银行办理退票

活动一　办理签发银行汇票业务

业务描述

201×年 11 月 6 日，模拟银行 KW 市分行开户恒生电子有限公司来行申请办理银行汇票一份，汇票金额为 100 000 元，用途为货款，收款人为模拟银行 Z 市分行开户深蓝科技有限公司。柜员王莉接待了客户，并完成了相关业务。

业务流程

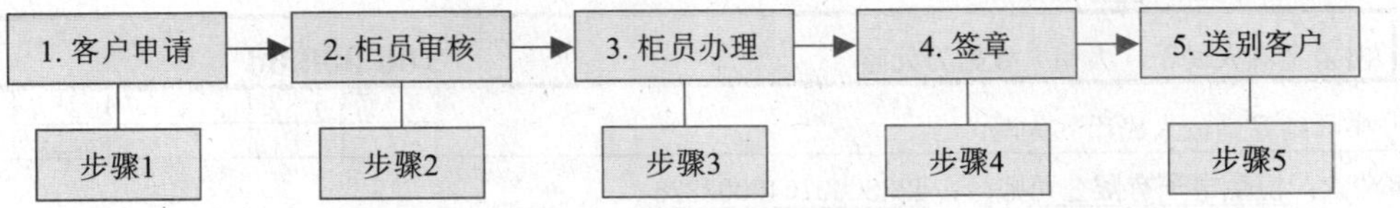

业务实施

步骤 1　受理客户提交一式三联银行汇票申请书（见图 6－31）。

小链接

银行汇票申请书一式三联，第一联存根由申请人留存，第二联作出票行借方凭证，第三联由出票行作汇出汇款科目贷方凭证。

步骤 2　收到申请人提交的本票申请书后，应认真审查申请书内容填写是否完整、清晰，签章是否为预留印鉴，如果申请书填明“现金”字样，应审查申请人和收款人是否为个人。经审查无误后，才能受理其申请。

银行汇票申请书（借方凭证）　　2

申请日期　201×年11月6日　　　　第00531号

申请人	恒生电子有限公司	收款人	深蓝科技有限公司
账　　号	42350001040003326	账　　号	203000212490033
用　　途	模拟银行KW市分行	代理付款行	
支付金额	人民币（大写）　壹拾万元整	千 百 十 万 千 百 十 元 角 分	¥ 1 0 0 0 0 0 0 0
上列款项请在我账户内支付 恒生电子有限公司财务专用章　曾宝印		支付密码	
		附加信息及用途： 授权：　复核：　经办：	

此联是签发行办理本票的借方凭证

图6-31　银行汇票申请书第二联

步骤3　操作柜员终端，进行“银行汇票签发”操作。打印一式四联银行汇票（见图6-32）。经复核无误后在汇票第一联加盖授权人、柜员名章。汇票第二联加盖柜员名章，将汇票交压数机保管员用压数机在汇票“人民币（大写）”栏右端压印小写金额。

银行汇票　　2　　00000000 54230031

提示付款期限自出票之日起壹个月

出票日期（大写）贰零壹×年壹拾壹月零陆日　　代理付款行：行号：

收款人：深蓝科技有限公司

出票金额人民币（大写）壹拾万元整　　100 000.00

实际结算金额人民币（大写）	千	百	十	万	千	百	十	元	角	分

申请人：恒生电子有限公司账号：42350001040003326

出票行：模拟银行KW市分行行号：50701

备注：购货款

凭票付款

出票行签章　（模拟银行KW市分行 汇票专用章）　王莉

密押：										
多余金额										复核记账
千	百	十	万	千	百	十	元	角	分	

此联代理付款行付款后作联行往账借方凭证附件

图6-32　银行汇票第二联

步骤4　交印章保管员在第二联加盖汇票专用章；在第一、二、三联银行汇票申请书上加盖转讫章、柜员名章。

步骤5　将银行汇票第二联、银行汇票申请书第一联交客户。银行汇票第一、四联专夹保管，申请书第二、三联按类整理存放。

【训练与评价】

201×年11月10日，模拟银行KW市分行开户单位软银商务服务有限公司（账号：42350001040001391）申请办理银行汇票，金额120 000元，收款人为模拟银行Z市分行开户丽林商贸有限公司（账号：29230001040003361）。

要求：完成图6－33、图6－34相关内容。

（自评：☆☆☆☆☆　小组评：☆☆☆☆☆　老师评：☆☆☆☆☆　合计：____☆）

银行汇票申请书（借方凭证）　2

申请日期　　年　月　日　　　　第××号

申请人		收款人	
账　号		账　号	
用　途		代理付款行	
支付金额	人民币（大写）	千 百 十 万 千 百 十 元 角 分	
上列款项请在我账户内支付		支付密码	
		附加信息及用途： 授权：　　复核：　　经办：	

此联是签发行办理本票的借方凭证

图6－33　银行汇票申请书第二联

银行汇票　2　　00000000　0000××××

提示付款期限自出票之日起壹个月

出票日期（大写）　年　月　日	代理付款行：　　行号：
收款人：	
出票金额人民币（大写）	
实际结算金额人民币（大写）	千 百 十 万 千 百 十 元 角 分

申请人：________　账号：________

出票行：________　行号：______

备注：______

凭票付款

出票行签章

密押：	
多余金额	
千 百 十 万 千 百 十 元 角 分	复核记账

此联代理付款行付款后作联行往账借方凭证附件

图6－34　银行汇票第二联

活动二　代理兑付银行汇票业务

业务描述

201×年11月8日，模拟银行KW市分行开户恒生电子有限公司持银行汇票的汇票联及解讫通知联和三联进账单（出票金额50 000元，实际结算金额50 000元）来行办理进账业务。汇票申请人为模拟银行Z市分行开户金山贸易有限公司。柜员王莉接待了客户，并完成了相关业务。

业务流程

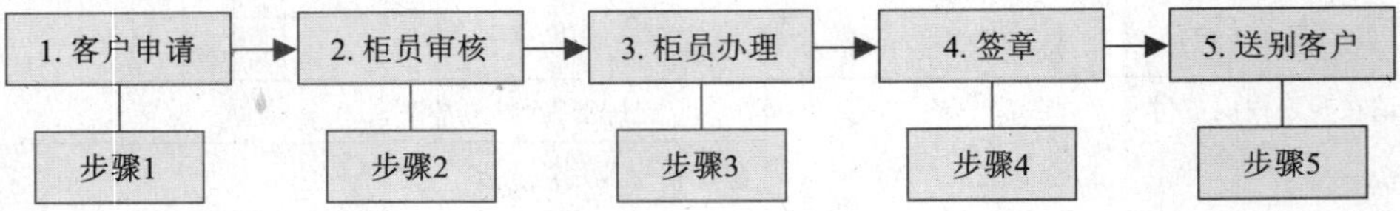

业务实施

步骤1　受理客户提交银行汇票第二联（见图6－35）、一式三联进账单。

银行汇票　2　00000000 97542039

提示付款期限自出票之日起壹个月

出票日期（大写）**贰零壹×年壹拾壹月 零捌日**　　代理付款行：**模拟银行KW** 行号：**50701**

收款人：**恒生电子有限公司**

出票金额人民币（大写）**伍万元整**　　**50 000.00**

	千	百	十	万	千	百	十	元	角	分
实际结算金额人民币（大写）**伍万元整**			¥	5	0	0	0	0	0	0

申请人：**金山贸易有限公司**账号：**20150001050001728**

出票行：**模拟银行Z市分行**行号：**50702**

备注：**购货款**

凭票付款

出票行签章　（模拟银行KW市分行 汇票专用章）　李飞

密押：										
多余金额										
千	百	十	万	千	百	十	元	角	分	
—	—	—	—	0	—	—	—	—	—	复核记账

此联代理付款行付款后作联行往账借方凭证附件

图6－35　银行汇票第二联

步骤2　审核汇票和解讫通知联是否同时提交，其号码和记载的内容是否一致；是否超过提示付款期限；汇票填明的持票人名称和进账单上的收款人名称是否相符；出票行的签章是否符合规定，加盖的“汇票专用章”是否与印模相符；密押是否正确，压数机压印的金额是否由统一制作的压数机压印，与大写的出票金额是否一致；汇票实际结算金额大小写是否一致，是否在出票金额以内，与进账单所填金额是否一致，多余金额结计是否正确；如果全额解付，必须在汇票第二、三联的实际结算金额栏填入全部金额，多余金额栏填写“－0－”。

步骤3　操作柜员终端，进行“银行汇票解付”操作。

步骤4　在银行汇票第二、三联及三联进账单上加盖转讫章、柜员名章。

步骤5　将进账单第一、三联交客户。银行汇票第二、三联，进账单第二联按类存放。

【训练与评价】

201×年11月10日，模拟银行KW市分行开户单位软银商务服务有限公司（账号：42350001040001391）持银行汇票一份申请进账，票面金额38 000元，实际结算金额为32 000元。申请人为模拟银行Z市分行开户新力商贸有限公司（账号：29230001040005722）。

要求：完成图6－36、图6－37相关内容。

（自评：☆☆☆☆☆　小组评：☆☆☆☆☆　老师评：☆☆☆☆☆　合计：____☆）

进账单（回单）　　1

年　月　日

<table>
<tr><td rowspan="3">出票人</td><td>全　称</td><td colspan="2"></td><td rowspan="3">收款人</td><td>全　称</td><td colspan="10"></td><td rowspan="7">此联是开户银行交给持（出）票人的回单</td></tr>
<tr><td>账　号</td><td colspan="2"></td><td>账　号</td><td colspan="10"></td></tr>
<tr><td>开户银行</td><td colspan="2"></td><td>开户银行</td><td colspan="10"></td></tr>
<tr><td rowspan="2">金额</td><td colspan="5" rowspan="2">人民币
（大写）</td><td>千</td><td>百</td><td>十</td><td>万</td><td>千</td><td>百</td><td>十</td><td>元</td><td>角</td><td>分</td></tr>
<tr><td></td><td></td><td></td><td></td><td></td><td></td><td></td><td></td><td></td><td></td></tr>
<tr><td colspan="2">票据种类</td><td></td><td>票据张数</td><td colspan="12" rowspan="3">开户银行签章</td></tr>
<tr><td colspan="2">票据号码</td><td colspan="2"></td></tr>
<tr><td colspan="4">复核　　记账</td><td></td></tr>
</table>

图6－36　进账单第一联

银行汇票 2

00000000
0000××××

提示付款期限自出票之日起壹个月

出票日期（大写） 年 月 日　　代理付款行：　　行号：

收款人：

出票金额人民币（大写）

实际结算金额人民币（大写）

千	百	十	万	千	百	十	元	角	分

申请人：________ 账号：________

出票行：________ 行号：____

备注：____

凭票付款

出票行签章

密押：

多余金额

千	百	十	万	千	百	十	元	角	分

复核　记账

此联代理付款行付款后作联行往账借方凭证附件

图6－37　银行汇票第二联

7 项目七 电子银行业务

学习目标

- □ 了解网上银行、电话银行、手机银行、自助银行等电子银行业务
- □ 掌握网上银行个人客户、企业客户柜面业务流程

任务一 掌握网上银行个人客户业务

【案例导读】

银行新服务改变百姓生活方式

由于社会的飞速发展、网络的普及、电子商务的迅速崛起，11 月 11 日从以往单纯的民间“光棍节”，成为了每年一度的电商购物狂欢节，包括天猫、京东、苏宁、当当等诸多电商纷纷加入了这一战壕，为的就是抢占年底前的这一波购物热潮。而对于已经铆足了劲冲着电商战而去的李先生而言，竞争越激烈，就意味着消费越实惠。李先生说，为了备战“双十一”，自己已经早早地将网银支付额度提高了，就怕到时候网上支付跟不上。而另一方面，随着目前电商们纷纷开通手机支付，李先生也早早地下载了客户端，绝对是网上银行、手机银行，一个都不能少。比起传统的现金支付，网银支付不仅更加方便快捷，也更加安全。坐在家里，鼠标一点，东西就能送到家，太方便了！

其实，除了网络购物方便外，网上银行、手机银行甚至电话银行，都开通了诸多百

姓日常生活离不开的服务项目，带给我们更多的生活便利，如手机充值，缴纳水费、电费、燃气费，甚至购买理财产品和基金等。在李先生看来，电子银行的功能如此强大，改变了一代人的生活方式。

（资料来源：舟子："北京银行新服务改变百姓生活方式"，《华夏时报》，2012年11月10日。）

知识准备

电子银行业务是指银行通过面向社会公众开放的通讯通道或开放型公众网络，以及为特定自助服务设施或客户建立的专用网络等方式，向客户提供的离柜金融服务。主要包括网上银行、电话银行、手机银行以及其他离柜业务。

网上银行：是指银行利用Internet技术，通过Internet向客户提供开户、查询、对账、行内转账、跨行转账、信贷、网上证券、投资理财等传统服务项目，使客户可以足不出户就能够安全便捷地管理活期和定期存款、支票、信用卡及个人投资等。可以说，网上银行是在Internet上的虚拟银行柜台。

电话银行：是指使用计算机电话集成技术，利用电话自助语音和人工服务方式为客户提供金融服务的一种业务系统。

手机银行：是利用移动通信网络及手机上网功能为客户提供账户查询、交费、短信通知、账户转账等银行产品的一种业务。

其他产品：包括POS机终端、ATM自动柜员机及其他自助设备、银行的自助终端等。

网上银行个人客户业务是指银行利用互联网技术，通过各商业银行互联网站登录各行网上银行个人客户服务系统，向个人客户提供金融信息服务、交易服务及金融产品销售服务，并允许客户通过互联网进行查询、转账、缴费、结算、支付、证券、基金等网上个人金融服务。

小贴士

个人网上银行注册客户按照注册方式分为柜面注册客户和自助注册客户。

活动一　办理柜台签约

业务描述

201×年10月28日，客户戴健（身份证号：350102198007132013，通讯地址：KW市花莲路35号，联系电话：23415666，手机号码：13911886677，邮政编码：306000）持本人借记卡（卡号：4809962001200723289）到模拟银行KW市分行申请办理个人网上银行业务，柜员李慧（柜员号：203058）接待了他，帮助客户开通了网上银行，并指点客户进行网上银行体验。

业务流程

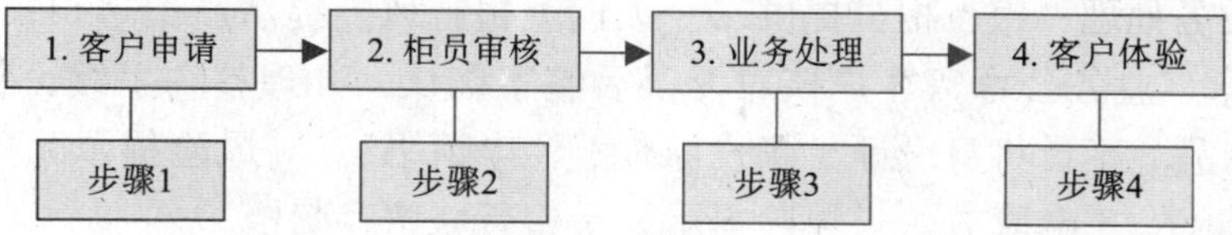

业务实施

步骤1　客户申请：客户持本人身份证件、结算账户（存折或银行卡）信息，填写《电子银行个人客户申请书》（见图7-1）。

模拟银行电子银行个人客户申请表

201×年10月28日　　　　N000016

<table>
<tr><td>姓名</td><td>戴健</td><td>性别</td><td colspan="3">男</td></tr>
<tr><td>证件类型</td><td>身份证</td><td>证件号码</td><td colspan="3">350102198007132013</td></tr>
<tr><td>出生日期</td><td>1980年7月13日</td><td>手机号码</td><td colspan="3">13911886677</td></tr>
<tr><td>通讯地址</td><td>KW市花莲路35号</td><td>邮政编码</td><td>306000</td><td>固定电话</td><td>23415666</td></tr>
<tr><td>结算卡号/账号</td><td colspan="5">4809962001200723289</td></tr>
<tr><td colspan="6">产品组合推荐（选择打√）</td></tr>
<tr><td colspan="6">□组合1：网上银行（U盾）+手机银行（电子银行口令卡）+电话银行（电子银行口令卡）</td></tr>
<tr><td colspan="6">□组合2：网上银行（U盾）+手机银行（电子密码器）+电话银行（电子密码器）</td></tr>
<tr><td colspan="6">□组合3：网上银行（电子密码器）+手机银行（电子密码器）+电话银行（电子密码器）</td></tr>
<tr><td colspan="6">说明：1. 您可任选一种产品组合，我行将为您注册组合中的产品，开通相应渠道对外支付功能，采用括号中的身份确认工具进行身份认证。
2. 选择上述产品组合后，无需再填写以下内容。</td></tr>
<tr><td colspan="6">个性化功能定制（选择打√）</td></tr>
<tr><td rowspan="3">☑开通网上银行</td><td rowspan="2">身份确认工具</td><td colspan="2">☑U盾</td><td colspan="2">□电子密码器</td></tr>
<tr><td colspan="4">□电子银行口令卡　开通短信认证：□是　□否</td></tr>
<tr><td colspan="5">开通对外支付：□是　□否</td></tr>
<tr><td rowspan="2">□开通手机银行</td><td>身份确认工具</td><td colspan="2">□电子密码器</td><td colspan="2">□电子银行口令卡</td></tr>
<tr><td colspan="5">开通对外支付：□是　□否</td></tr>
<tr><td rowspan="2">□开通电话银行</td><td>身份确认工具</td><td colspan="2">□电子密码器</td><td colspan="2">□电子银行口令卡</td></tr>
<tr><td colspan="5">开通对外支付：□是　□否</td></tr>
<tr><td rowspan="2">□短信（余额变动提醒）</td><td rowspan="2">服务期限______个月</td><td rowspan="2">到期自动展期</td><td colspan="3">□是　自动展期周期______个月</td></tr>
<tr><td colspan="3">□否</td></tr>
<tr><td colspan="6">本人承诺上述所提供的开户资料真实、有效，如有伪造、欺诈，自愿承担法律责任。
本人已阅读并了解本申请表中“中国银行股份有限公司个人账户开户及综合服务协议书”的有关条款，保证遵照该协议的有关约定、客户须知、服务协议和银行最新业务章程、业务规则、业务规定办理相关业务。

申请人签字　戴健　　银行签章（模拟银行KW市分行）　　经办人　李慧</td></tr>
</table>

图7-1　电子银行个人客户申请书

步骤2　柜员审核：银行柜员审核身份证件真实有效，账户与综合业务系统信息一致，《申请书》填写完整正确。

步骤3　业务处理：银行柜员提供《个人网上银行风险提示》给客户，复核《申请书》无误后加盖名章、业务公章，客户核对无误后签字确认，办理签约手续，领取动态口令卡（牌）等安全产品。柜员将身份证、账户原件、《申请书》、《风险提示》等客户联返还客户；身份证复印件、《申请书》、《风险提示》等银行联留存归档。

步骤4　客户体验：登录银行网站首页，下载安全证书并安装，进入网上银行功能界面，体验便捷服务。

小链接

网银账户追加

在银行柜台上开通网银后登录，在账户查询中就会有当时签约的账户信息，如果有同一家银行同一个人名下的其他账户，可以通过姓名和账号追加进去；如果没有通过柜台正式签约的属于非签约账户，只能进行查询，不能支付转账。为方便，可以在第一次柜台签约网银的时候就把本人所有的账户都签约上去，自己名下的信用卡可以直接追加，不需要柜台签约。同一个人名下的所有账户共用一个网银的媒介——动态口令卡或网银盾，不需要任何修改。网银也可实现自助关联账户功能。

【训练与评价】

201×年11月1日，客户李爽（女）持银行卡来行办理网上银行柜台签约业务，柜员李慧接待了客户，圆满完成了业务。

李爽身份证号码：421301198302140532　　电话：68776655

银行卡号：4213 4928 6005 1978　　手机号码：13700011223

地址：KW市北京路×号　　邮编：650000

要求：完成图7－2相关内容。

模拟银行电子银行个人客户申请表

年　月　日　　NO00027

姓名		性别		
证件类型		证件号码		
出生日期		手机号码		
通讯地址		邮政编码		固定电话
结算卡号/账号				
产品组合推荐（选择打√）				
□组合1：网上银行（U盾）+手机银行（电子银行口令卡）+电话银行（电子银行口令卡）				
□组合2：网上银行（U盾）+手机银行（电子密码器）+电话银行（电子密码器）				
□组合3：网上银行（电子密码器）+手机银行（电子密码器）+电话银行（电子密码器）				
说明：1. 您可任选一种产品组合，我行将为您注册组合中的产品，开通相应渠道对外支付功能，采用括号中的身份确认工具进行身份认证。 2. 选择上述产品组合后，无需再填写以下内容。				
个性化功能定制（选择打√）				
☑开通网上银行	身份确认工具	☑U盾	□电子密码器	
		□电子银行口令卡　开通短信认证：□是　□否		
	开通对外支付：□是　□否			
□开通手机银行	身份确认工具	□电子密码器	□电子银行口令卡	
	开通对外支付：□是　□否			
□开通电话银行	身份确认工具	□电子密码器	□电子银行口令卡	
	开通对外支付：□是　□否			
□短信（余额变动提醒）	服务期限________个月	到期自动展期	□是　自动展期周期______个月	
			□否	
本人承诺上述所提供的开户资料真实、有效，如有伪造、欺诈，自愿承担法律责任。 本人已阅读并了解本申请表中“中国银行股份有限公司个人账户开户及综合服务协议书”的有关条款，保证遵照该协议的有关约定、客户须知、服务协议和银行最新业务章程、业务规则、业务规定办理相关业务。 申请人签字____________　银行签章　经办人__________				

图7－2　电子银行个人客户申请书

（自评：☆☆☆☆☆　小组评：☆☆☆☆☆　老师评：☆☆☆☆☆　合计：____☆）

活动二　办理柜台销户

业务描述

201×年12月30日，客户戴健（身份证号：350102198007132013；通讯地址：KW市

花莲路35号；联系电话：23415666；邮政编码：306000）到模拟银行KW市分行申请办理个人网上银行销户业务，柜员明杰（柜员号：203035）为其注销了网上银行账户。

业务流程

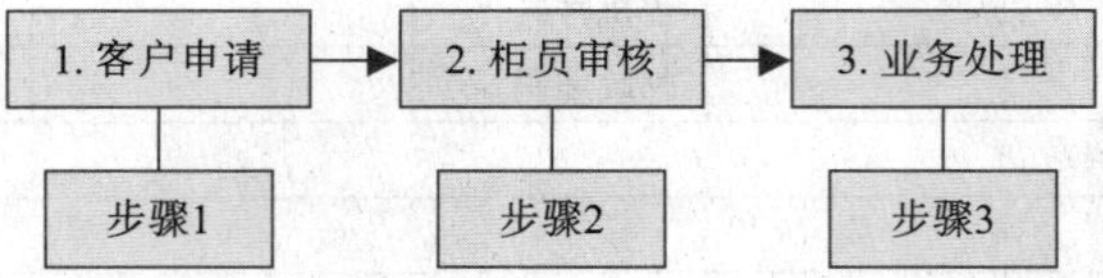

业务实施

步骤1　客户申请：客户持有本人身份证件、账户（存折或银行卡）信息，填写《个人账户信息变更/销户申请表》（见图7－3）。

模拟银行个人账户信息变更/销户申请表

201×年12月30日　　　　NO00009

姓名	**戴健**	性别	**男**		
证件类型	**身份证**	证件号码	**350102198007132013**		
出生日期	**1980年7月13日**	手机号码	**13911886677**		
通讯地址	**KW市花莲路35号**	邮政编码	**306000**	固定电话	**23415666**
结算卡号/账号	**62166664000011111**				
账户信息变更（选择打√）					
☑销借记卡/销户/解锁	账号/卡号（主卡）	**62166664000011111**			
	账号/卡号（附属卡）				
	销户原因：**换卡**				
电子银行业务变更（选择打√）					
☑网上银行 ☑手机银行	□查询/打印关联账户清单	□同步用户证件信息	□重置密码		
	☑关闭渠道	□注销电子渠道	□找回用户名		
	□个人用户解锁	□个人用户挂失	□个人用户解除挂失		
	☑动态口令牌	□手机交易码	□挂失		
	□解挂	□更新信息	☑注销		
□电话银行	□重置电话银行密码	□注销电话银行	□密码重置/修改		

申请人申明：本人承诺上述所提供的资料真实、有效，如有伪造、欺诈，自愿承担法律责任。本人自愿按银行相关规定申请办理上述业务。

申请人签字 **戴健**　　银行签章　　经办人 **明杰**　　复核人 **杨敏**

图7－3　个人账户信息变更/销户申请表

步骤2　柜员审核： 柜员审核身份证件真实有效，账户与综合业务系统信息一致，《申请表》填写完整正确。

步骤3　业务处理：《申请表》复核后加盖名章、业务公章。客户核对无误后签字确认。柜员将身份证、账户原件、《申请表》客户联等返还客户；《申请表》银行联留存归档。

任务二
熟悉网上银行企业客户业务

【案例导读】

投资理财　企业网银简单又高效

王女士是一家小型企业的财务人员，经常要花一两个小时往返于公司和银行之间办理业务。比如对账，她要先到银行领取纸质对账单，核对盖章后再交回银行。自从开通了企业网上银行后，对账就不用再跑银行了。账户余额、每一笔进出款的明细，在办公室登录网银，就一目了然，而且还节省纸张，低碳环保。

通过网银为企业投资理财，王女士深得老板赏识。经老板同意后，她到银行网点完成签约，接着通过网银选定了一款高收益理财产品，点几下鼠标轻松完成了申购，为企业获得超过活期存款十倍的收益，而且省去了到银行询问、填单、排队购买的麻烦。

如今，王女士对网银的使用越来越熟练，又陆续掌握了通过网银代发工资等业务。以前，发工资对她来说是件很麻烦的事，要先做工资文件盘，开支票，盖章后再拿去银行发放工资，最后还要再返回银行拿发放明细。用了网银后，通过电脑上传工资文件后，点一下鼠标，只需几分钟，工资就打到员工账户上了。自从使用了企业网上银行，公司的财务运作变得高效、快捷，资金流转效率大大提高，而且企业网上银行交易手续费远远低于柜面，给公司节约了不少成本。

（资料来源：龙弟海："农行企业网银 财务管理好帮手"，《重庆商报》，2012年8月2日。）

知识准备

网上银行企业客户服务是指通过商业银行通过互联网或专线网络，为企业客户提供各种查询服务，企业集团内部和企业之间的同城或异地转账、在线支付等结算业务及账户高级管理等业务。

网上银行企业客户服务客户对象为：在商业银行开立会计结算账户（基本账户、一般账户、专用账户、临时账户），同意并与该商业银行签订《网上银行企业客户服务协议》，同时拥有必要的上网条件的企业客户。如各类企业单位、事业单位、机关团体、部队院校、证券基金公司、保险公司、地方财政核算中心、全国性的集团客户等。

活动一　办理柜台签约

业务描述

201×年7月3日，KW市鑫港有限责任公司（通讯地址：KW市工农路121号；联系电话：0×93－35621344；邮政编码：456000）部门经理张阳，到模拟银行KW市分行申请办理网上银行企业客户服务业务，柜员杨仪（柜员号：203213）受理了该项业务。

业务流程

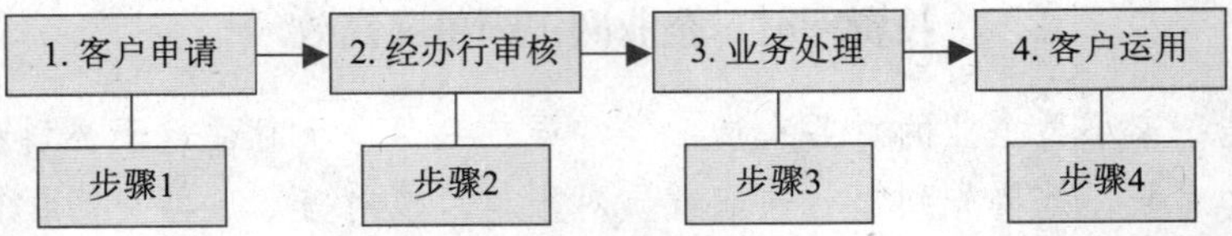

业务实施

步骤1　客户申请：在本行对公网点开立单位存款账户的客户提交经办行：营业执照；税务登记证；组织机构代码证；法人身份证、企业财务身份证复印件；申请开通网银服务的报告；如是企业，财务人员需携带授权书。

客户填写：综合开网银申请书（见图7－4），加盖预留印鉴章；网银单位授权书（见图7－5），加盖公章、私章；综合服务协议（见图7－6）与单位结算授权书（表7－7）复印件（提示：这两份应在开户完成后复印下来留作开网银使用）；企业网银风险提示书。

步骤2　经办行审核：经办行进入电子验印系统进行验印，在申请表上加盖“已检验”章戳。

步骤3　业务办理：网银经办员进行系统录入，受理业务：服务开通、账户签约维护、客户用户角色管理。经办行将客户递交的全部资料、申请表上报至上级机构，上级机构审批通过后，返还全部资料、申请表给经办网点。经办行上级机构在网上银行系统添加客户资料信息，为客户申请和下载证书，注册IC卡或USBKEY后，通知经办行领取。客户与经办行办理账户签约，IC卡或USBKEY签约手续。

模拟银行网上银行服务申请表（综合开户开网银专用）

＊申请单位名称	KW市鑫港有限责任公司	
＊市场细分	☑查询对账版（认证工具为“手机交易码”）□中小企业版 □企业理财版	
申请服务类型	新增	☑网银新开户（包括：客户注册、服务维护、账户注册、账户限额修改、操作员注册、认证工具申请＋绑定等一系列新增服务类型） 认证工具选择（查询对账版不需选择）：☑E－Token ☑USBKEY。
服务选择	服务选择	☑账户查询 ☑对账服务 □转账汇划 □对私转账汇款 □代发工资 □其他代理 □定期账户查询 □企业定期存款 □企业通知存款 □定向账户支付 □第三方存管 □银期转账 □代收业务 □跨行账户查询 □跨行实时汇划 □其他
相关系统编号（银行填写）	□CSPB商户号＿＿＿＿＿＿＿＿	

客户账户信息	序号	＊账号	＊币种	账户名称（全称，如与单位名称相同，可不填）	＊账号申请服务代码	＊本企业转账限额（柜员需对限额进行核准）		授权模板名称	账户类型（银行填写）
						单笔限额	每日累计限额		
	1	40916＊＊＊＊363	¥		A	元	元		基本户
	2								
	3								
	4								
	5								

操作员信息（角色/功能可填的选项为查询、经办、授权、对账等；分/子公司不单独申请本公司的网银操作员，可不填写操作员信息）

操作员信息	＊姓名	＊角色/功能	可操作的账户序号	＊证件类型	＊证件号码	＊密码发送	＊移动电话	银行填写	
								＊操作员标识	＊认证工具序列号
	赵磊	查询/对账	1	身份证	3508＊00301	☑密码信封 ☑手机短信	139＊＊21		
						□密码信封 □手机短信			

客户确认	
	本单位自愿申请××银行网上银行上述服务，已经了解并同意遵守《××银行电子银行章程》、《××银行网上银行企业服务业务规则》及相关协议，知悉并同意风险提示内容，承诺所提供的上述资料正确、属实，且相关申请材料复印件与原件相符。对因违反协议与业务规定而造成的损失和后果，本单位愿意承担一切责任。 本单位已领取“动态口令牌”＿1＿个、USBKEY＿1＿个以及密码信封＿1＿个（如无，请填0），且所领取动态口令牌或USBKEY与客户认证工具绑定交易打印的“网上银行企业服务签约单”（客户回执）打印内容确认一致。
	＊单位盖章（银行预留印鉴）：KW市鑫港有限责任公司财务专用章 吴明印 | ＊授权办理网银业务经办人签名：**张阳** 联系电话：0×93－35621344 ＊日期：201×年7月3日10时35分

银行专用					
	开户行经办柜员签章：**杨仪**	开户行复核柜员签章：**黄芳**	开户行盖章：模拟银行KW市分行业务公章	受理单位审核人签章：**卢立伟**	受理单位负责人签章：**赵明健**
	印鉴核实人签章（印鉴核实相符）：**王强**				
	集中签约行维护经办签章及维护日期：				
	集中签约行维护复核签章及维护日期：				

图7－4 综合开网银申请书

单位授权书

模拟银行 **KW分** 行：

兹授权我单位（请填写姓名） **张阳** 共（ **1** ）人（以下简称指定领取人），身份证号：**35020119＊＊＊＊＊＊3021**，代表本单位前往贵行办理企业网上银行相关业务，授权上述指定领取人领取网上银行客户认证工具（“动态口令”、“数字证书令牌”USBKEY）及相应密码信封，并由指定人领取人填写《客户认证工具、密码信封领取单》。

我单位同意并授权贵行从账户 **4214＊＊＊＊1234**（账号）或其他已申请贵行网银服务的账户按照××银行公布的收费标准和规定扣收服务年费。

法定代表人（企业负责人）签章：**吴明**

单位银行预留印鉴（单位公章）：KW市鑫港有限责任公司财务专用章　吴明印

日期：**201×** 年 **7**月 **3**日

银行签章：**杨仪**

银行印鉴审核人员签章：**王强**

日期：**201×** 年**7**月 **3**日

客户认证工具、密码信封领取单

一、密码信封领取确认：

□我单位密码发送方式选择“打印密码信封”，本人已领取操作员密码信封，密码信封完整无损。

二、认证工具领取确认：

本人已领取企业网上银行客户认证工具（“动态口令牌”、“数字证书令牌”USBKEY），所领取认证工具的序号与客户认证工具绑定交易打印的“网上银行—企业服务签约单”（客户回执）打印内容确认一致。

序号	客户操作员 ID或姓名	操作员密码 信封个数	信封认证工具（“动态口令”E－Token/ “数字证书令牌”USBKEY）编号	备注
1	赵磊	1	2035301008	
2				
3				
4				
5				

注：

1. 指定领取人根据所在单位授权领取认证工具、密码信封须填写此表格。

2. 指定领取人应为单位授权书中指定的领取人员。如密码发送方式选择“打印密码信封”，须填写“操作员密码信封个数”栏，如密码发送方式选择“发送手机短信”，则无须填写该栏位。

领取时间：**201×** 年 **7**月 **3**日 **10**时 **30**分　　指定领取人签章：**张阳**

银行经办人员签章：**杨仪**　　银行复核人员（事中）签章：**王强**

图7－5　网银单位授权书

单位银行结算账户综合服务协议签署表

<table>
<tr><td colspan="2">甲方：KW 市鑫港有限责任公司
地址：KW 市工农路 121 号
负责人：张阳</td><td>乙方：模拟银行 KW 分行
地址：KW 市龙腾中路水韵华都一层
负责人：杨仪</td></tr>
<tr><td rowspan="2">产品、协议名称</td><td colspan="2">甲方自愿在乙方开立单位银行结算账户，已充分了解后附相关协议和产品的具体内容。下列打“√”的协议为甲、乙双方就甲方自愿叙做的业务达成协议，并承诺共同遵守。</td></tr>
<tr><td colspan="2">☑模拟银行人民币单位银行结算账户管理协议
☑模拟银行外部公司客户对账服务协议
☑模拟银行网上银行企业客户服务协议
☑支付密码器使用协议
☑个人代付业务协议
☑电子回单箱（产品专项说明）
☑对公短信通（产品专项开办须知）
（请将未选项打“×”并用横线划去，对应附件内容同时无效</td></tr>
<tr><td>特别约定</td><td colspan="2"></td></tr>
<tr><td>重要提示</td><td colspan="2">1. 双方就甲方自愿叙做的上述勾选产品进行了充分的协商，甲方已全面、准确的理解有关双方权利义务的全部条款，并同意将被勾选的上述协议作为本签署表附件。
2. 特别约定内容如与协议内容有冲突以特别约定内容为准，但不得违反法律、法规。
3. 甲、乙双方须在本表及附件上加盖骑缝章。
4. 本签订表所附协议共叁项共肆页。
5. 甲、乙双方法定代表人（负责人）本人或其授权签字人签署本表并加盖公章之日起，本表及所附协议生效（另行约定有其他生效条件的所附协议除外），本表及所附协议一式两份，甲、乙双方各执一份，具有同等法律效力。</td></tr>
<tr><td>签章</td><td>甲方（签章）：
法定代表人（负责人）或授权签字人：
吴明
201× 年　7月　3日</td><td>乙方（签章）：
法定代表人（负责人）或授权签字人：
赵明健
201× 年　7月　3日</td></tr>
</table>

图 7－6　综合服务协议

人民币单位银行结算账户相关业务授权书

模拟银行 **KW 分行**

我单位 **KW 市鑫港有限责任公司** 账号：**41258888888888** 法定代表人（或单位负责人）**吴明**，兹授权：

下列 **壹** （大写）人办理相关业务：

姓名	证件种类	证件号码	是否为本单位员工	联系电话	授权办理业务种类
张阳	身份证	35020119 * * 3021	是	0 * 93 - 35621344	ABCDEF 共（大写）陆 项
					____ 共（大写）____ 项

办理业务种类

☑A 办理人民币单位银行结算账户、□变更手续

☑B 办理企业网上银行手续

☑C 签署综合服务协议（□账户管理协议□外部公司客户对账服务协议□支付密码器使用协议□网上银行企业客户服务协议□个人代付协议□电子回单箱□对公短信通）

☑D 预留签章式样：将其个人签章及□本单位公章□财务专用章作为预留银行印鉴

☑E 办理日常结算及购买空白支付凭证业务

☑F 作为我单位大额交易有权确认人员，联系电话：138 * * * * * *06

□G 其他：

本授权书自本单位法定代表人/负责人签字并加盖公章之日起生效，至书面通知贵行终止之日起终止。

（随附：法定代表人（或单位负责人）及授权人身份证正、反面复印件）

本授权有效期限至办妥上述委托事项或至重新变更授权为止。

单位法定代表人/负责人：**吴明**　　　　单位名称：**KW 市鑫港有限责任公司**

（签名或盖章）　　　　单位公章：

201× 年 7 月 3 日

图 7 - 7 单位结算授权书

小贴士

网上银行企业客户业务受理后，上级机构批复中心将客户信息录入数据系统后，一周后方可生效。

步骤 4 客户运用：客户登录银行网站首页，下载安全证书并安装，进入网上银行功能界面，运用网上银行企业客户业务。

活动二　办理柜台注销

业务描述

201×年11月28日，KW市鑫港有限责任公司（通讯地址：KW市工农路121号；联系电话：0×93－35621344；邮政编码：456000）到模拟银行KW分行申请办理网上银行企业客户柜台注销业务，柜员杨仪（柜员号：203005）办理了业务。

业务流程

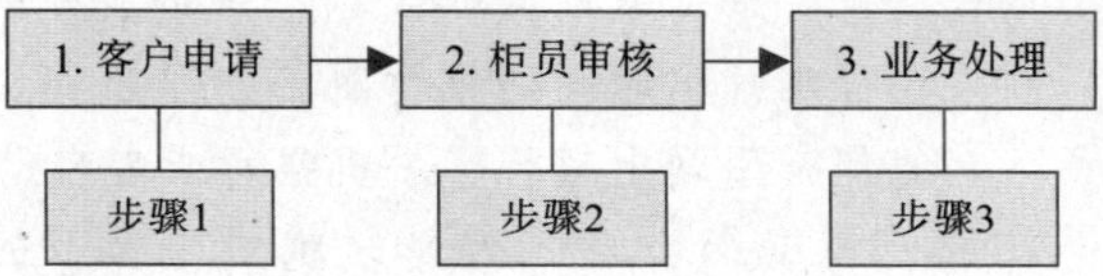

业务实施

步骤1　客户申请：客户持本人身份证件、账户（存折或银行卡）信息，填写《终止网上银行客户服务申请表》并加盖公章。

> **小贴士**
>
> 网上银行企业客户业务注销无需上级机构审批，各支行及营业网点即可完成注销业务。

相关知识

《终止网上银行客户服务申请表》格式与《综合开网银申请表》相似，在“申请服务类型”栏目不同。此处就不详细说明。

步骤2　柜员审核：柜员审核身份证件真实有效，账户与综合业务系统信息一致，《申请表》填写完整正确。

步骤3　业务处理：《申请表》复核后加盖名章、业务公章。客户核对无误后签字确认。柜员将身份证、账户原件、《申请表》客户联等返还客户；《申请表》银行联留存归档。

任务三
了解其他电子银行业务

【案例导读】

自己"搞定"银行业务

"当大部分人还在网点排队交电话费的时候，我就已经开始用网上支付了。"刘小姐一边熟练地使用网上银行支付春节回家的火车票款，一边谈她的"移动银行"经历。作为一名办公室白领，刘小姐很难抽出时间到银行网点办理业务。"我现在一年能去一两次银行网点就不错了，其他都是用网上银行、手机银行或者自助银行自己搞定。"

像刘小姐这样自己"搞定"银行业务已经越来越成为当下的流行趋势。据统计，2012 年某行电子银行的交易额达 333 万亿元，比上年增长 17.2%，累计办理的业务笔数达 370 亿笔，同比增长 21%。该行电子渠道完成的业务量在全部业务量中的占比已达到 75%，这意味着每 4 笔业务中就有 3 笔是通过电子渠道办理的。客户足不出户就可以轻松办理绝大部分银行业务，真正将银行从"您身边的银行"转变为了"您家中的银行"。

为了顺应手机通讯和移动互联快速发展的趋势，目前银行大力推广移动金融服务，有力地促进了电子银行业务在新兴移动载体和高科技平台上的延伸和推广。业务涵盖了短信手机银行、WAP 手机银行、iPhone 手机银行、Android 手机银行、WindowsPhone 手机银行、iPad 个人网银、苹果电脑版个人网上银行、企业手机银行等一系列移动金融产品。据统计，某行截至 2012 年年末，手机银行客户数已超过 7 000 万户，较上年同期增长近 55%，交易额增长了近 16 倍。

业内人士认为，当前电子化的金融服务已经成为发展潮流，很好地实现了客户交易模式和服务方式的转型。通过使用网上银行、电话银行、手机银行、自助设备等电子银行服务渠道，很多人逐渐养成了不到银行网点办理金融业务的消费习惯。这样既极大地方便了客户，减少了客户在网点的等待时间，节约了往返交通成本，提高了服务效率，又大量减少了银行柜面办理业务过程中的纸质凭证和其他资源消耗，在推进无纸化金融服务方面发挥了重要作用。现在银行正从传统模式变身为"鼠标加水泥"、电子银行渠道与物理网点渠道并驾齐驱的现代化银行，在提升银行服务客户能力和水平的同时，也引领着银行服务进入电子金融、绿色金融的发展阶段，着力为客户提供更为便捷、安全、高效的卓越现代金融服务。

（资料来源：毛宇舟："工行电子银行业务全面发展　已占总业务量 75%"，中国经济网，2013 年 1 月 9 日。）

活动一 受理电话银行/手机银行柜台申请

业务一描述

201×年9月13日，客户郑洁（身份证号：350204198901174023；通讯地址：KW市人民路87号，联系电话：2887616，邮政编码：364000）到模拟银行KW市分行申请开通电话银行业务，柜员李娜（柜员号：203009）受理了这项业务。

业务流程

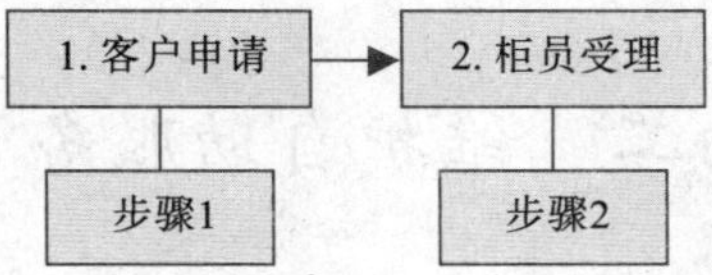

业务实施

步骤1 客户申请：客户持本人身份证件、账户（存折或银行卡）信息，填写《电子银行个人客户申请表》（见图7-1），签订《电子银行服务协议书》。

步骤2 柜员受理：柜员审核身份证件真实有效，账户与综合业务系统信息一致，《申请表》填写完整正确，《申请表》、《协议书》加盖名章、业务公章，客户核对无误后签字确认。柜员将身份证、账户原件，《申请表》、《协议书》客户联等返还客户；《申请表》、《协议书》银行联留存归档。客户设定电话银行服务密码。

业务二描述

201×年11月23日，客户张晓琴（身份证号：350204197908241024；通讯地址：ND市人民路112号；联系电话：5865616；邮政编码：335000）到模拟银行ND市分行申请开通手机银行业务，柜员熊钢（柜员号：203871）受理了这项业务。

业务二流程

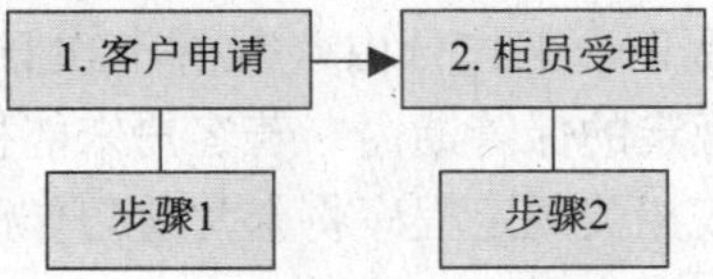

业务实施

步骤1 客户申请：客户持本人身份证件、账户（存折或银行卡）信息，填写《电子银行个人客户申请表》（见图 7 - 1），准确填写手机号，签订《电子银行服务协议书》。

相关知识

开通手机银行的另外两种方式：

1. 通过网上银行发起申请。登录银行网站首页，直接将任一网银注册账户导入为手机银行注册账户，填写准确的手机号码，设定登录密码，自助开通手机银行服务。

2. 通过手机网站发起申请。准确填写本人有效身份证件号码、账户凭证原件（银行卡）号码和手机号码，设置登录密码，自助开通手机银行服务。

步骤 2　柜员受理：柜员审核身份证件真实有效，账户与综合业务系统信息一致，《协议书》加盖名章、业务公章，客户核对无误后签字确认。柜员将身份证、账户原件，《协议书》客户联等返还客户；《协议书》银行联留存归档。客户设定登录密码。

活动二　维护自助服务设备

业务描述

201×年 12 月 1 日，客户赵林持本人借记卡（卡号：2030530111247562）在模拟银行 KM 分行内的 ATM 设备上取款，因多次密码输入错误，其银行卡被自助设备吞卡，客户赵林向柜员李娜（柜员号：203009）说明情况，柜员办理了该业务。

业务流程

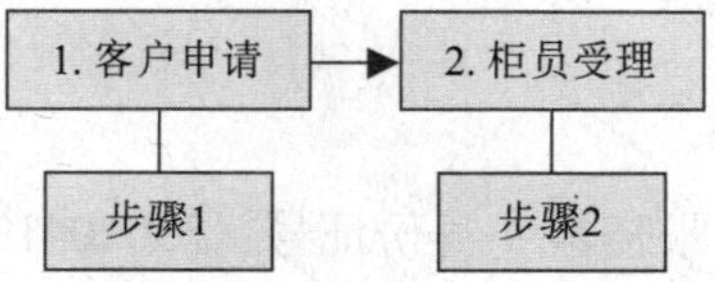

业务实施

步骤 1　客户申请：客户向柜员详细说明情况。

步骤 2　柜员受理：柜员安抚客户焦虑情绪，登记被吞卡情况（见图 7 - 8），并告知客户凭本人有效身份证件在吞卡后 3 个工作日内（从吞卡次日算起）到自动柜员机所属网点办理领卡手续。被吞卡在银行规定的保管期内，若客户未能提供银行要求的证件、证明资料或逾期未领的，其所属网点将按相关规定程序将卡片剪角作废进行销毁处理。

小贴士

客户的被吞卡无法取回（或被销毁），若需继续使用，可找开户行办理挂失、补办手续，7 天后即可补办新卡。

相关知识

银行各营业网点配备有自动取款机（ATM）、自动存款机（CDM）、存取一体机（CRS）、自助服务终端（BSM）等自助式的银行专用设备。

自助设备维护的内容：负责对自助设备的钞箱状态、交易情况、运行状态进行全程监控；负责自助设备加钞、卸钞、清机及简单故障处理；负责更换自助设备的客户凭条、流水纸带、打印色带；负责取出设备内吞卡，并将卡片交送有关网点或集中处理；定期对设备进行保洁；负责处理自助设备业务差错（包括跨行交易）的错账，以及错账引起的投诉问题的处理；根据有关业务部门提供的设备变更情况，进行系统升级等参数维护。

银行卡吞没及处理登记簿

吞卡日期	ATM 号	卡号	持卡人姓名	吞卡原因	经办人签章	领卡人或上缴信息		
						客户签收	签收时间	证件号码
201×年12月1日	203000	2030530111247562	赵林	密码错误	李娜			

图 7－8 银行卡吞没及处理登记簿

小链接

每年 1000 万张卡忘在 ATM 里　银行推先吐卡再出钞

在 ATM 机上取款后忘了拔卡，卡中金额被盗取万余元，储户状告银行，被法院驳回。2 月 27 日，这起由 ATM 机取款遗忘银行卡引起的案件，在广州一审宣判。每年，国内有上千万张（次）银行卡因取款人粗心，被取款机吞掉。现在，有银行下决心解决这个麻烦，办法是：调整程序，先吐卡，再出钞。

对于银行自助设备吞卡问题，光大银行进行过大量的数据调研和客户行为分析，结论是：绝大多数的吞卡是在取款后发生的。取款流程升级后，客户取款后忘记拿卡造成的吞卡量降低了90%。这种更改很有必要，在英国基本上所有的ATM机都是先吐卡，再出钞，很少发生吞卡的现象。不过，一些银行帮助粗心储户的办法也不全是调整出卡顺序，还有一些另外的尝试。比如招商银行的ATM机，每取一笔现金，继续取款时都要再输密码。这些办法都是为了储户资金安全，也得到了储户的认可。

复习与思考

一、判断改错题

1. 凡办理个人金融业务的营业网点均应受理手机银行、电话银行、网上银行业务。（　　）

2. 网上银行是一种新的金融产品，也可以理解为互联网上的虚拟银行柜台。（　　）

3. 电子银行产品中的网上银行清晰直观、操作方便，对客户知识要求较高。（　　）

4. 网上银行突破了银行、客户在服务上时间和空间的限制，能够为客户提供差异化、系统化的服务。（　　）

5. 电子银行从业人员在维护客户过程中，可以直接通过远程登录帮助客户完成网上银行交易。（　　）

6. 互联网使银行服务活动的节奏大大加快，产品老化加速，创新周期缩短，竞争越来越成为时间的竞争。（　　）

二、单项选择题

1. 网上银行是指以因特网技术为核心，以（　　）为基础的交易平台和服务渠道，在线为公众提供办理结算、信贷服务的商业银行或金融机构。

A. 互联网　　B. ABIS

C. 办公资源网　　D. 经营信息网

2. 网上银行是一种新型的（　　），也可以理解为互联网上的虚拟银行柜台。

A. 金融产品　　B. 服务渠道

C. 理财产品　　D. 结算方式

3. 客户通过（　　）提供的服务，除了能全面地管理自己的账户信息，还可以享受到3A（任何地方、任何时间、任何方式）式的服务。

A. 营业网点　　B. 客户经理

C. 电子银行　　D. 自助设备

4. 个人客户通过网上银行“我的账户”菜单下的“账户查询”交易选择一张借记卡可以查询到（　　）。

A. 该卡下所有币种主账户的资金余额情况

B. 该卡下所有人民币主账户和子账户的资金余额情况

C. 该卡下所有币种主账户和人民币子账户的资金余额情况

D. 该卡下所有币种主账户和子账户的资金余额情况

5. 网点注册客户通过网上银行“基本信息维护”交易功能中不能修改的要素是（　　）。

A. 固定电话　　B. 姓名拼音

C. 电子信箱　　D. 联系地址

6. 可以在个人客户柜面注册交易下录入的但目前不能在个人网上银行交易中不能维护的项目是（　　）。

A. 手机号码　　B. 邮政编码

C. 预留问题及答案　　D. E-mail

7. 以下个人网上银行交易中存在时间限制的是（　　）。

A. 网银账户互转　　B. 信用卡还款

C. 账户明细查询　　D. 银行转证券

8. 若客户于2013年4月21日使用个人网上银行信用卡“交易明细查询”功能进行查询，则查询页面默认的起止日期和终止日期为（　　）。

A. 2013年3月20日和2013年4月20日

B. 2013年3月20日和2013年4月21日

C. 2012年3月21日和2013年4月20日

D. 2012年3月20日和2013年4月21日

9. 个人客户陈先生在福建厦门分行注册了个人网上银行，现在他想将他在江苏南京开的长城借记卡添加进去，他（　　）办理该业务。

A. 必须在原注册网点　　B. 不能在厦门分行的任一营业网点

C. 必须在江苏南京的任一营业网点　　D. 可以在全国任一网点

10. 办理个人客户电子银行业务时，客户必须首先提供（　　）信息。

A. 电子银行密码　　B. 本人有效身份证件号码

C. 注册账户号　　D. 电子银行客户号

三、多项选择题

1. 电子银行业务是商业银行传统业务的延伸，它使银行的产品和服务能够通过新型途径服务于广大客户，目前代表性电子渠道主要包括（　　）等。

A. 网上银行　　B. 电话银行

C. 手机银行　　D. 自助银行

2. 下列说法不正确的是（　　）。

A. 与传统业务相比较，电子银行最明显的特点是电子银行为客户提供自助式银行服务

B. 电子银行业务为客户提供比传统服务更高级别的银行服务

C. 电子银行业务是为高端客户提供服务的一种高科技产品

D. 电子银行是高成本、高风险的虚拟银行

3. 1998 年（　　）率先在我国推出网上银行业务。

A. 中国银行　　B. 农业银行

C. 工商银行　　D. 招商银行

四、案例分析题

1. 客户李某于2008 年11 月5 日下午在我行办理了个人网银注册业务，并获得了密码信封和动态口令卡。随后，李某将密码信封和口令卡随意装在了自己的外衣口袋中就到附近的网吧上网。次日，李某发现口袋里的东西不见了，赶紧查询余额，发现账户资金×万多元不翼而飞。报案后，经查询得知：5 日晚其网银证书在该网吧被人下载，随后用网上支付途径转走两笔；6 日上午，又通过网上支付途径转走全部资金。

（1）在本案例中，李某资金被盗的原因有哪些？（　　）

A. 李某没有及时安全的下载证书

B. 李某没有妥善保管自己的密码信封和口令卡

C. 李某不应该去网吧上网

D. 李某没有办理消息服务业务

（2）作为银行工作人员，你应该如何向客户建议，以增强客户的防范风险能力？（　　）

A. 建议客户使用数字安全证书

B. 建议客户妥善保管密码信封并及时下载网上银行证书

C. 建议客户不要在网吧等公众场所下载、使用网上银行证书

D. 建议客户办理消息服务业务

（3）如果李某在5 日下午及时发现自己的密码信封和动态口令卡丢失，他可以采取怎样的措施来防止资金受损？（　　）

A. 拨打955××客服电话进行网银绑定账户的挂失

B. 立刻到注册网点进行证书补办操作

C. 立刻打电话报警

D. 立即到营业网点对网上银行绑定账户进行挂失

（4）李某发现资金被盗报案以后，警方应该通过怎样的途径来获取线索？（　　）

A. 查询被盗银行卡的转账交易记录，掌握对方账户号码

B. 查询被盗银行卡的网上支付记录，通过交易商户了解更多的信息

C. 查询被盗银行卡的网上支付记录，通过网吧监控查找可疑人员

D. 询问银行柜员，了解李某办理注册业务的过程

2. 某行某企业客户的会计人员张某同银行工作人员很熟悉。一日，张某持企业营业执照、组织机构代码证、法人及操作人员身份证的复印件及加盖了单位印鉴的协议和相关申请表，要求开户行为其所在企业办理网上银行注册并开通单笔代付业务。开户行工作人员随即为企业做了注册操作，将制作完成的操作人员证书交给了张某。

（1）在本案例中，银行工作人员有哪些失误？（　　）

A. 在客户申请资料不完整的情况下办理了注册业务

B. 未验证账户预留印鉴

C. 为熟人办理了网上银行注册业务

D. 证书发放流程不合规

(2) 在本案例中，该企业内部管理存在的主要问题是（　　）。

A. 印鉴及资质文件管理不善，张某有条件单独接触到这些重要物品

B. 未能提前发现张某的不轨企图

C. 未办理能够及时掌握账户情况的消息服务业务

D. 不应该办理网上银行业务

(3) 在本案例中，银行未按规定查验并留存的企业申请资料是（　　）。

A. 税务登记证复印件

B. 开户许可证复印件

C. 法人授权委托书

D. 法人身份证实书

(4) 在本案例中，客户证书发放环节存在什么问题?（　　）

A. 未将证书发放给企业财务人员

B. 未将证书发放给企业指定的操作人员

C. 多个证书由无授权委托书的单人领取

D. 应将证书发放给企业法人

参考文献

1. 王汝梅：《银行柜员业务知识》，电子工业出版社，2007 年版。
2. 黎贤强、叶咸尚：《商业银行柜台综合业务》，浙江大学出版社，2005 年版。
3. 武飞、张敏敏、朱静：《商业银行柜台业务》，中国人民大学出版社，2009 年版。
4. 才凤玲、王红梅、田保财：《商业银行实务》，清华大学出版社，2007 年版。
5. 董瑞丽：《商业银行综合业务技能》，中国金融出版社，2008 年版。
6. 王家申：《银行柜员岗位知识与技能》，机械工业出版社，2007 年版。
7. 何小锋：《中国银行业从业人员资格认证考试指导丛书》，中国发展出版社，2009 年版。
8. 中国人民银行支付结算司：《新版票据与结算凭证使用手册》，中国金融出版社，2004 年版。
9. 闫寒：《商业银行柜面业务》，中国财政经济出版社，2010 年版。
10. 郑鹏：《商业银行柜面业务实训》，中国财政经济出版社，2010 年版。